Reika

Ein hochnäsiges Mädchen, das stets etwas im Schilde führt. Sie wurde erzogen wie eine Adelstochter.

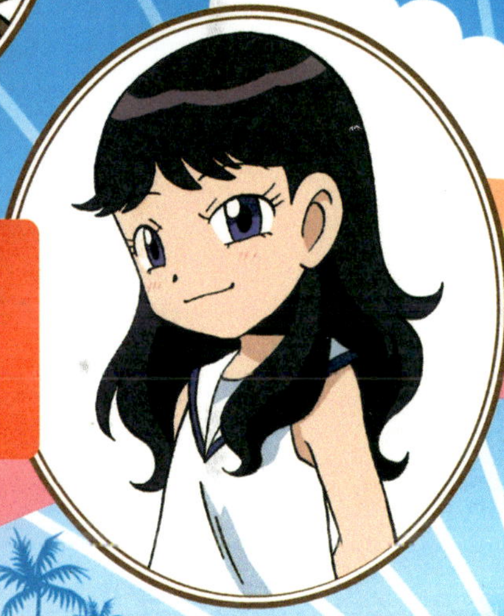

Sae

Yunas bildhübsche neue Klassenkameradin, die aus Kobe herzog.

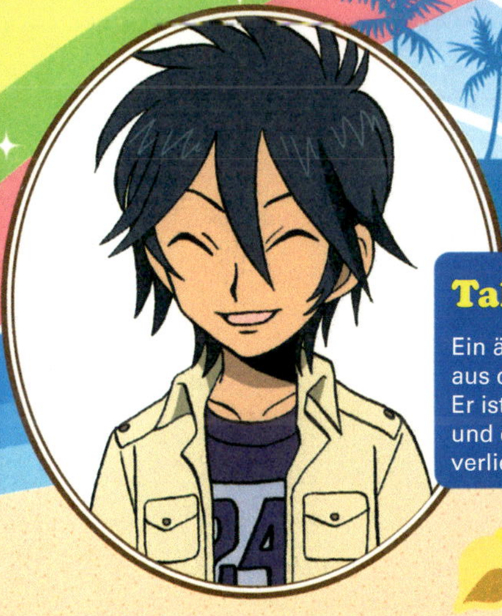

Takumi

Ein älterer Schulkamerad aus der Fußball-AG. Er ist sportlich begabt und ein wenig selbstverliebt.

Ein Quiz rund um Stitch! Kannst du auch alles beantworten?

Frage 1:
Unter welcher Experimentnummer ist Stitch bekannt?

- 626
- 662
- 266

Frage 2:
Wie lautet der Name von Stitchs Herzensdame?

- Eve
- Angel
- Devil

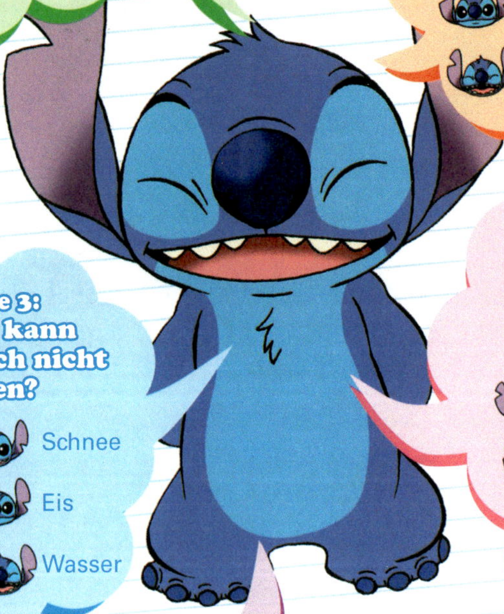

Frage 3:
Was kann Stitch nicht leiden?

- Schnee
- Eis
- Wasser

Frage 4:
Als was arbeitet Zuruko?

- Polizistin
- Lehrerin
- Kosmetikerin

Frage 5:
Wer ist Reikas Schwarm?

- Takumi
- Koji
- Taro

Am Ende des Bandes findest du die Lösungen!

Disney Stitch!

Best Friends Forever!

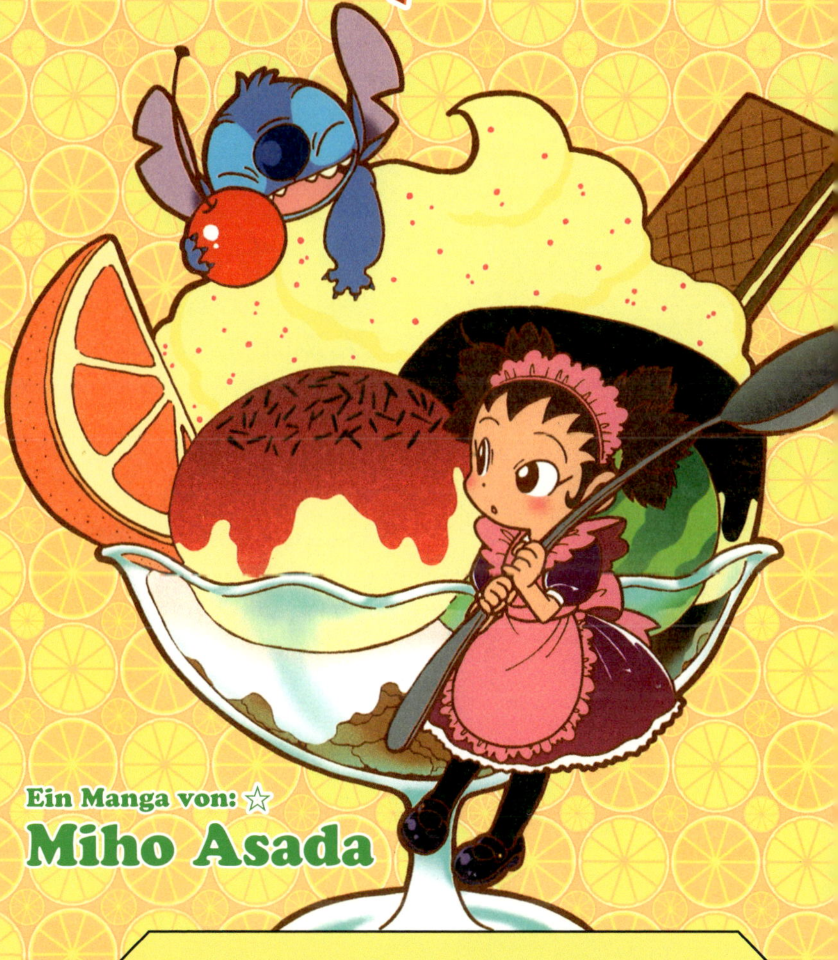

Ein Manga von: ☆

Miho Asada

»Stitch! Best Friends Forever!« enthält eine Auswahl an Geschichten aus verschiedenen Manga-Bänden, die hierzulande noch nie zuvor veröffentlicht wurden.

Charaktere ★

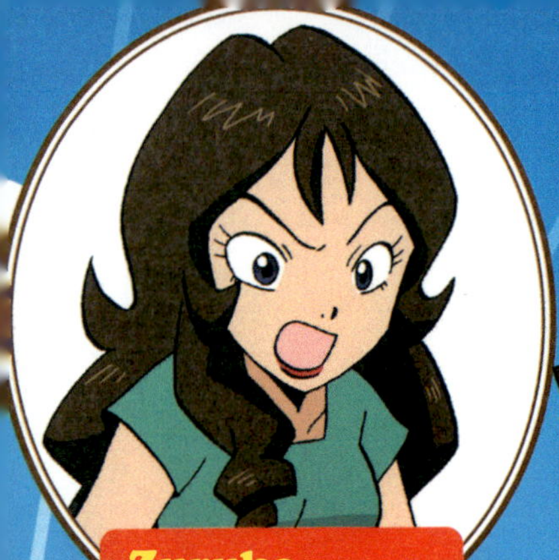

Zuruko

Yunas Cousine. Aufgrund ihrer hinterlistigen Art kann man ihr oft nicht trauen. Ihr eigentlicher Name lautet »Tsuruko«.

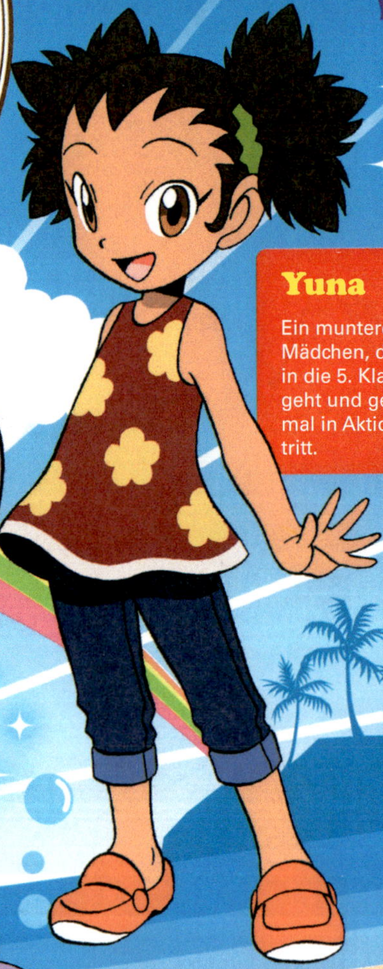

Yuna

Ein munteres Mädchen, das in die 5. Klasse geht und gerne mal in Aktion tritt.

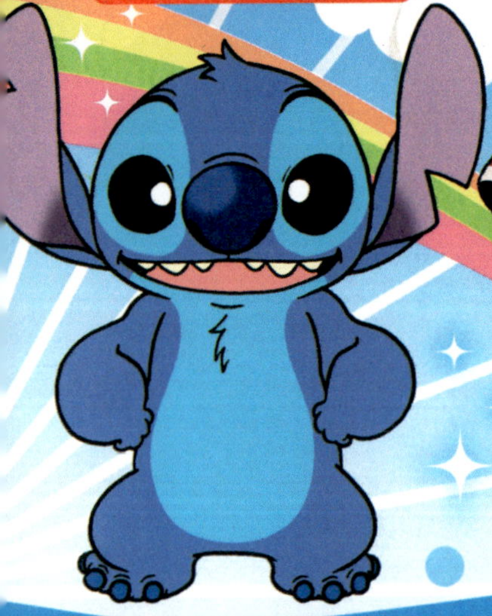

Stitch

Unser allseits bekanntes Alien, das viel Unsinn im Kopf hat. Yuna und er sind Freunde.

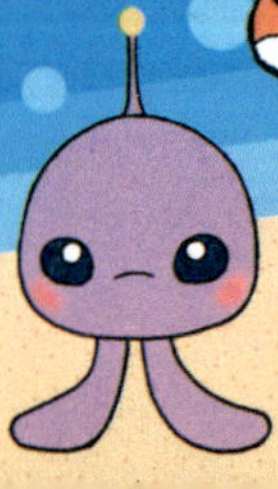

Bugu

Das neue Mitglied ihrer Ohana (Familie) aus dem All, das es faustdick hinter den Ohren hat.

Inhalt

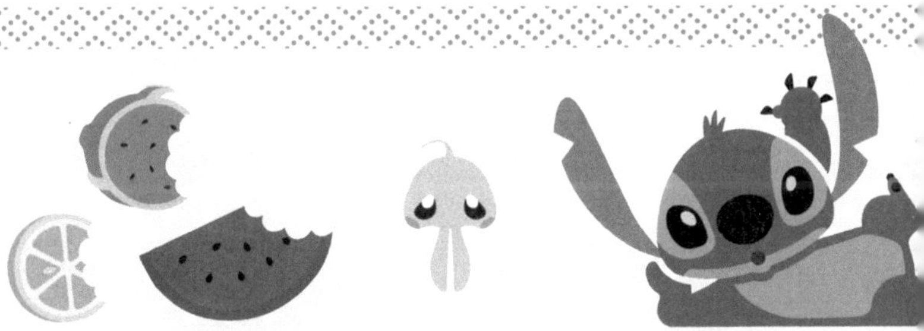

Willkommen auf Izayoi!

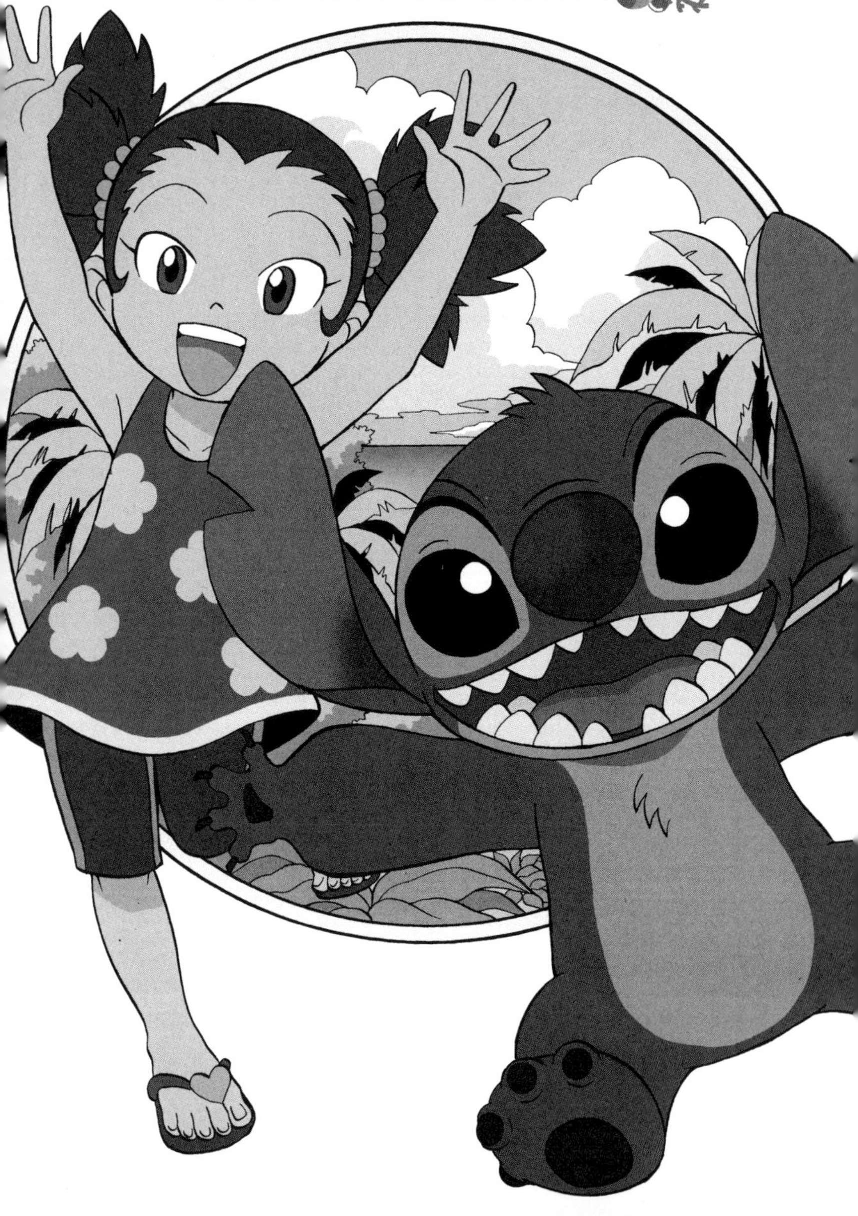

Hier weiterlesen

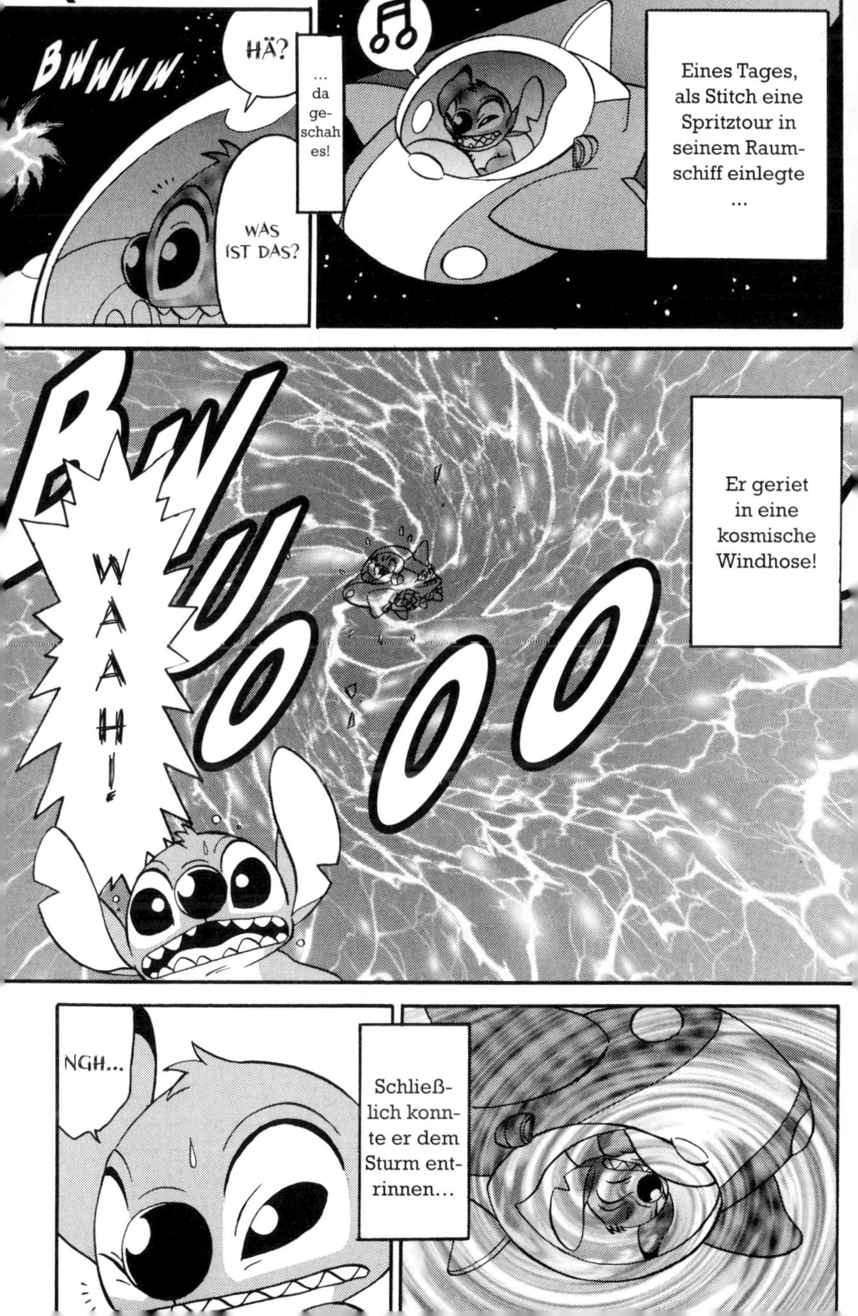

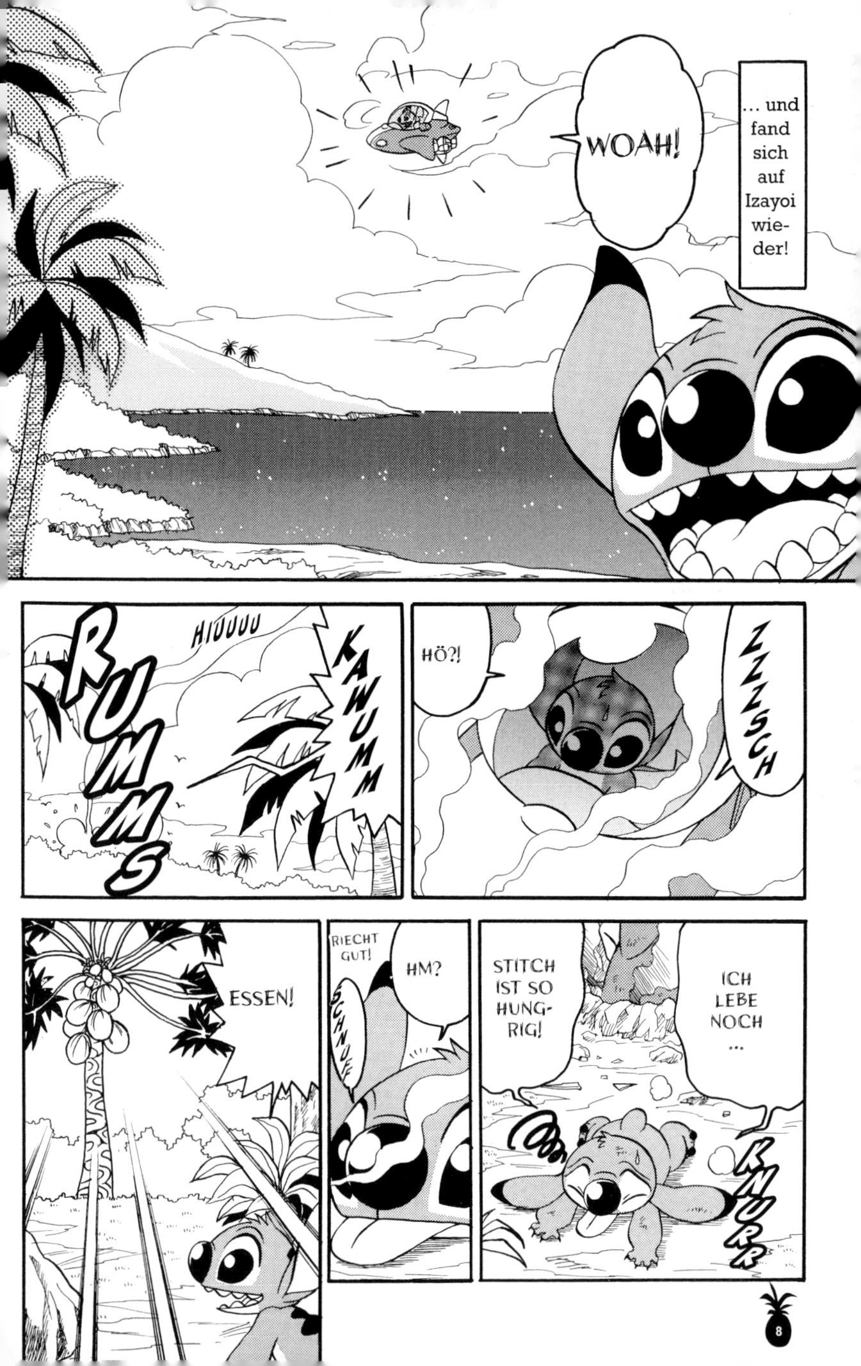

... und fand sich auf Izayoi wieder!
WOAH!
HIUUUU
KAWUMM
RUMMS
ZZZSCH
HÖ?!
ICH LEBE NOCH ...
KNURR
STITCH IST SO HUNG-RIG!
HM?
RIECHT GUT!
SCHNUFF
ESSEN!

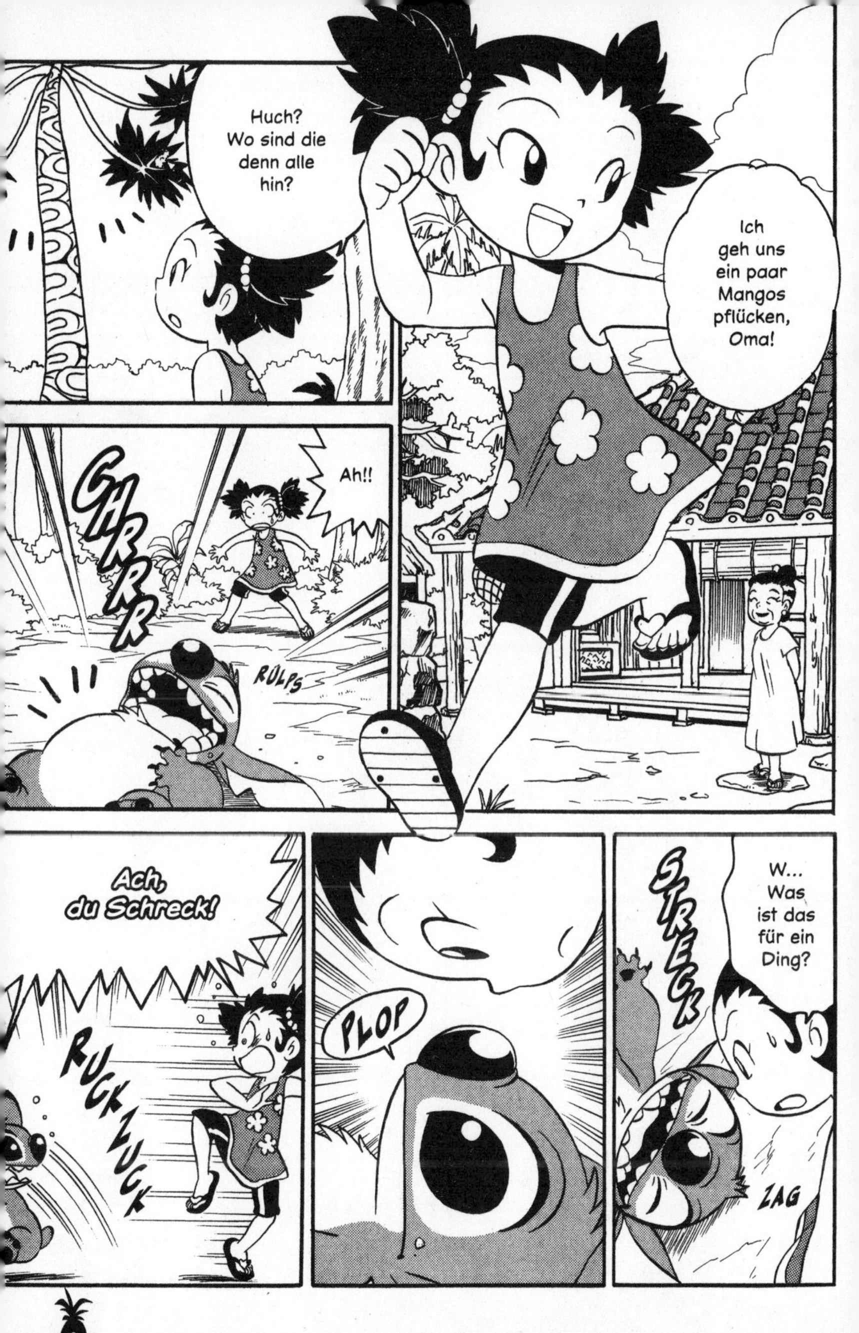
Ich geh uns ein paar Mangos pflücken, Oma!
Huch? Wo sind die denn alle hin?
Ah!!
GHRRR
RÜLPS
Ach, du Schreck!
RUCKZUCK
PLOP
W... Was ist das für ein Ding?
STRECK
ZAG

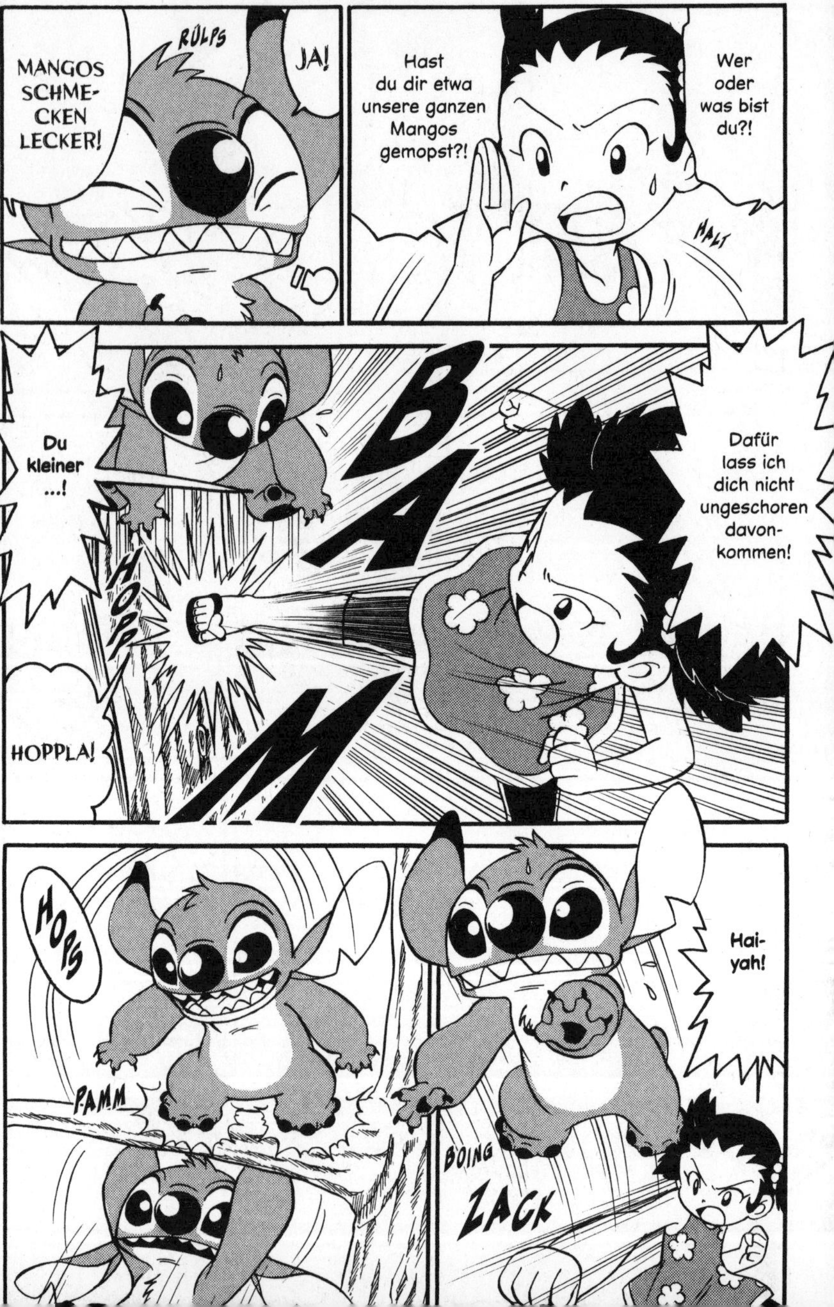
Wer oder was bist du?!
HALT
Hast du dir etwa unsere ganzen Mangos gemopst?!
JA!
RÜLPS
MANGOS SCHMECKEN LECKER!
Dafür lass ich dich nicht ungeschoren davonkommen!
BAM
Du kleiner ...!
HOPP
HOPPLA!
Hai-yah!
BOING
ZACK
HOPS
PAMM

Hier weiterlesen

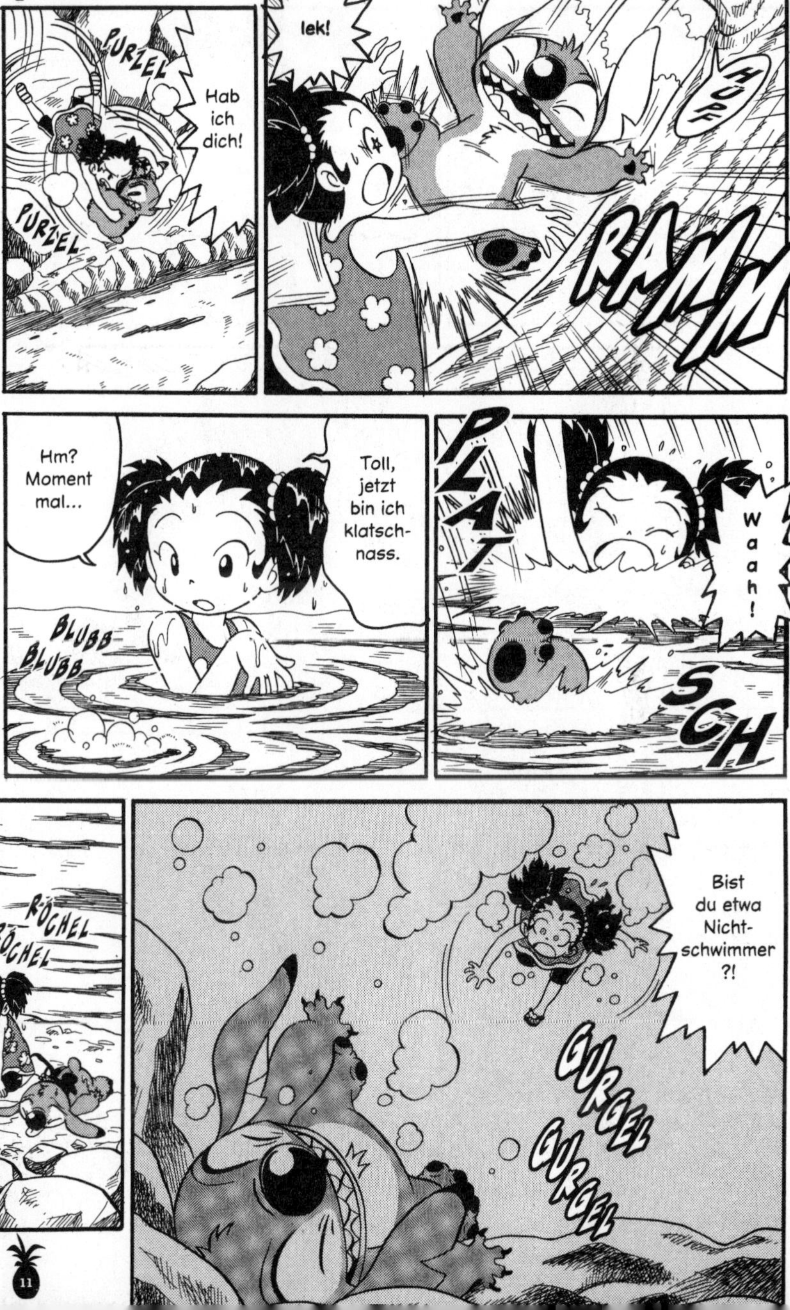

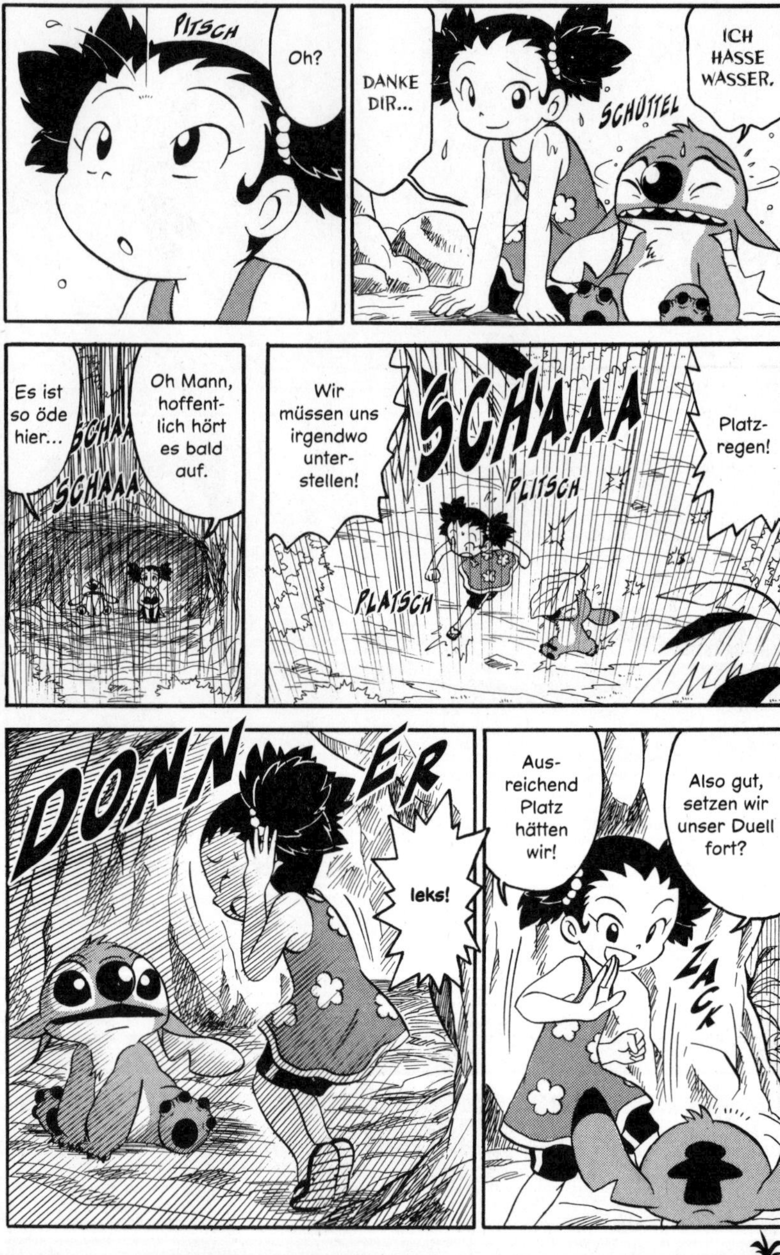
PITSCH
Oh?
DANKE DIR...
SCHÜTTEL
ICH HASSE WASSER.
Es ist so öde hier...
Oh Mann, hoffent-lich hört es bald auf.
SCHAA
SCHAAA
Wir müssen uns irgendwo unter-stellen!
SCHAAA
Platz-regen!
PLITSCH
PLATSCH
DONNER
Ieks!
Aus-reichend Platz hätten wir!
Also gut, setzen wir unser Duell fort?
ZACK

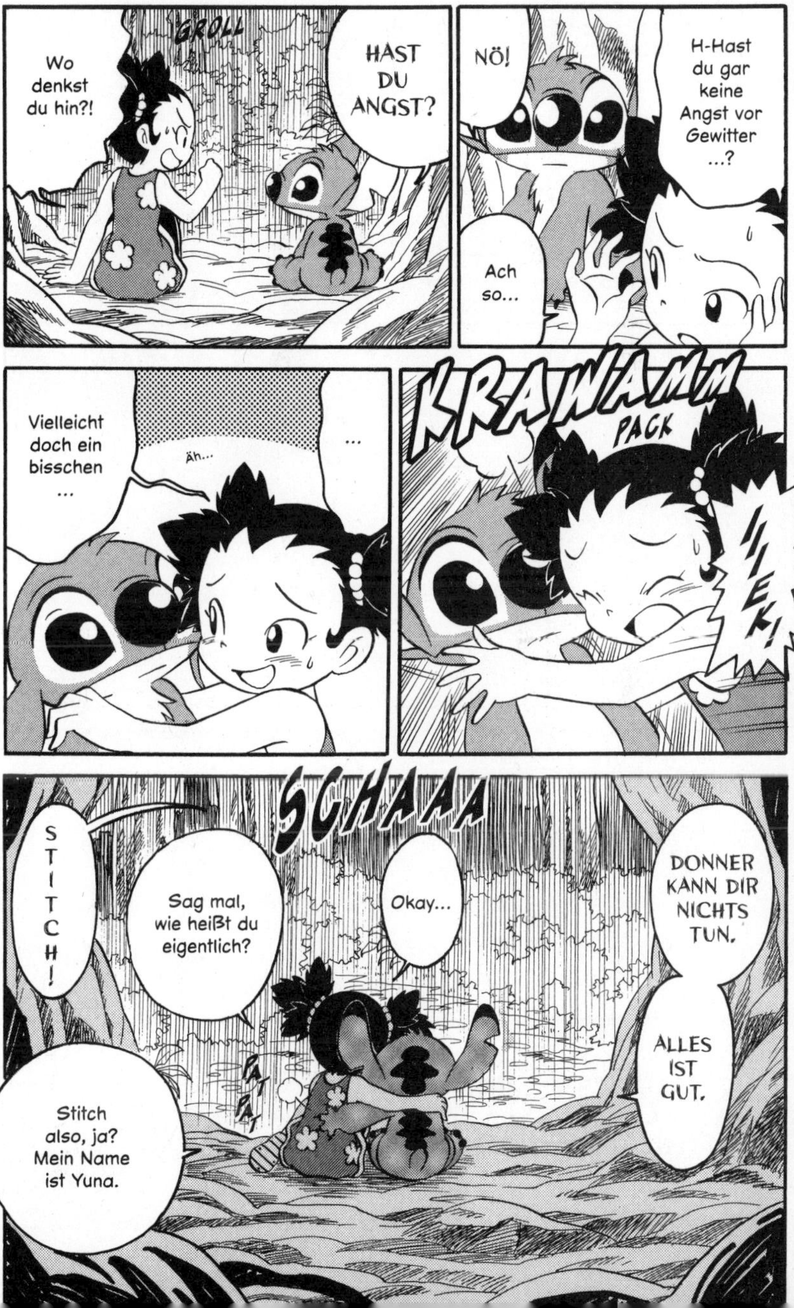

HAST DU ANGST?
GROLL
Wo denkst du hin?!
H-Hast du gar keine Angst vor Gewitter ...?
NÖ!
Ach so...
...
Äh...
Vielleicht doch ein bisschen ...
KRAWAMM
PACK
IIIEK!
SCHAAA
DONNER KANN DIR NICHTS TUN.
ALLES IST GUT.
Okay...
Sag mal, wie heißt du eigentlich?
STITCH!
PAT PAT
Stitch also, ja? Mein Name ist Yuna.

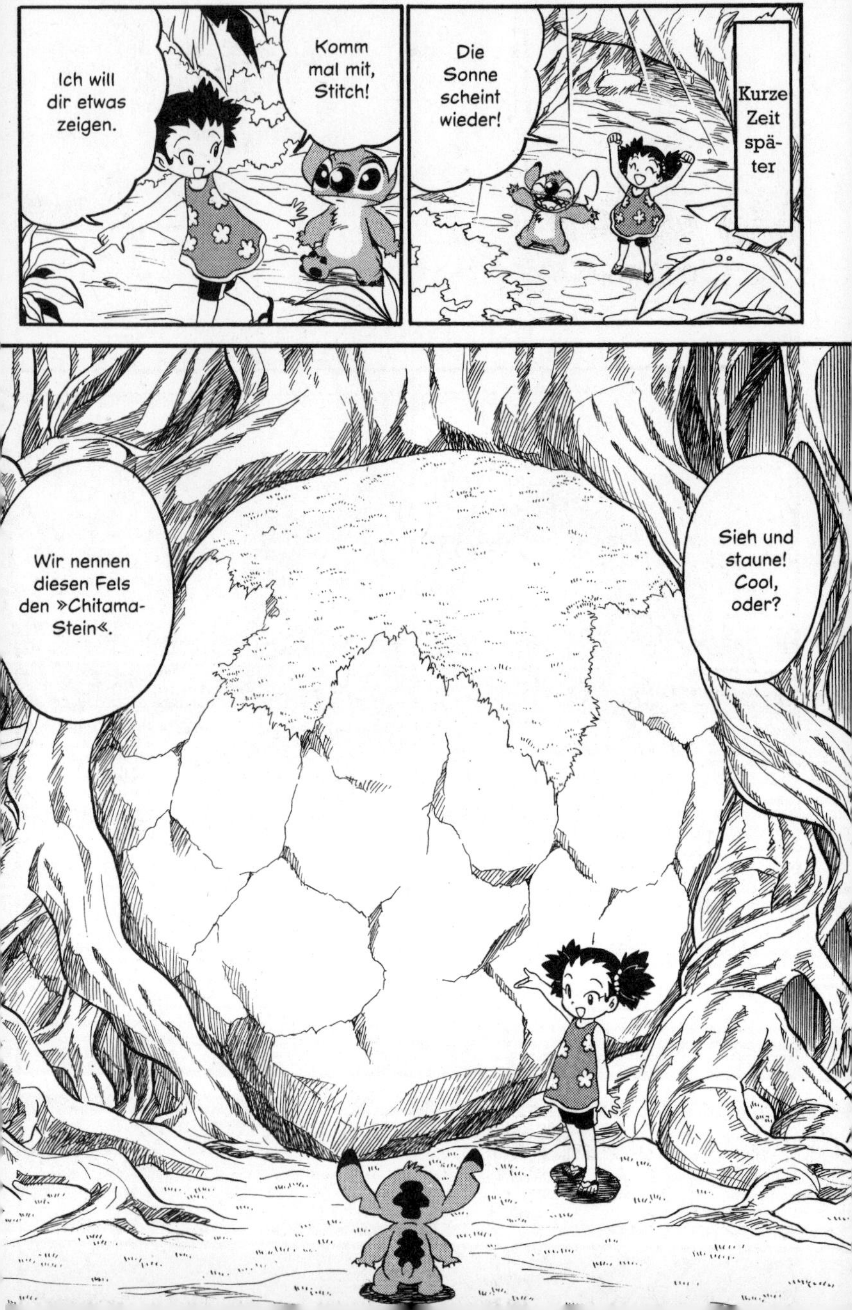
Kurze Zeit später
Die Sonne scheint wieder!
Komm mal mit, Stitch!
Ich will dir etwas zeigen.
Sieh und staune! Cool, oder?
Wir nennen diesen Fels den »Chitama-Stein«.

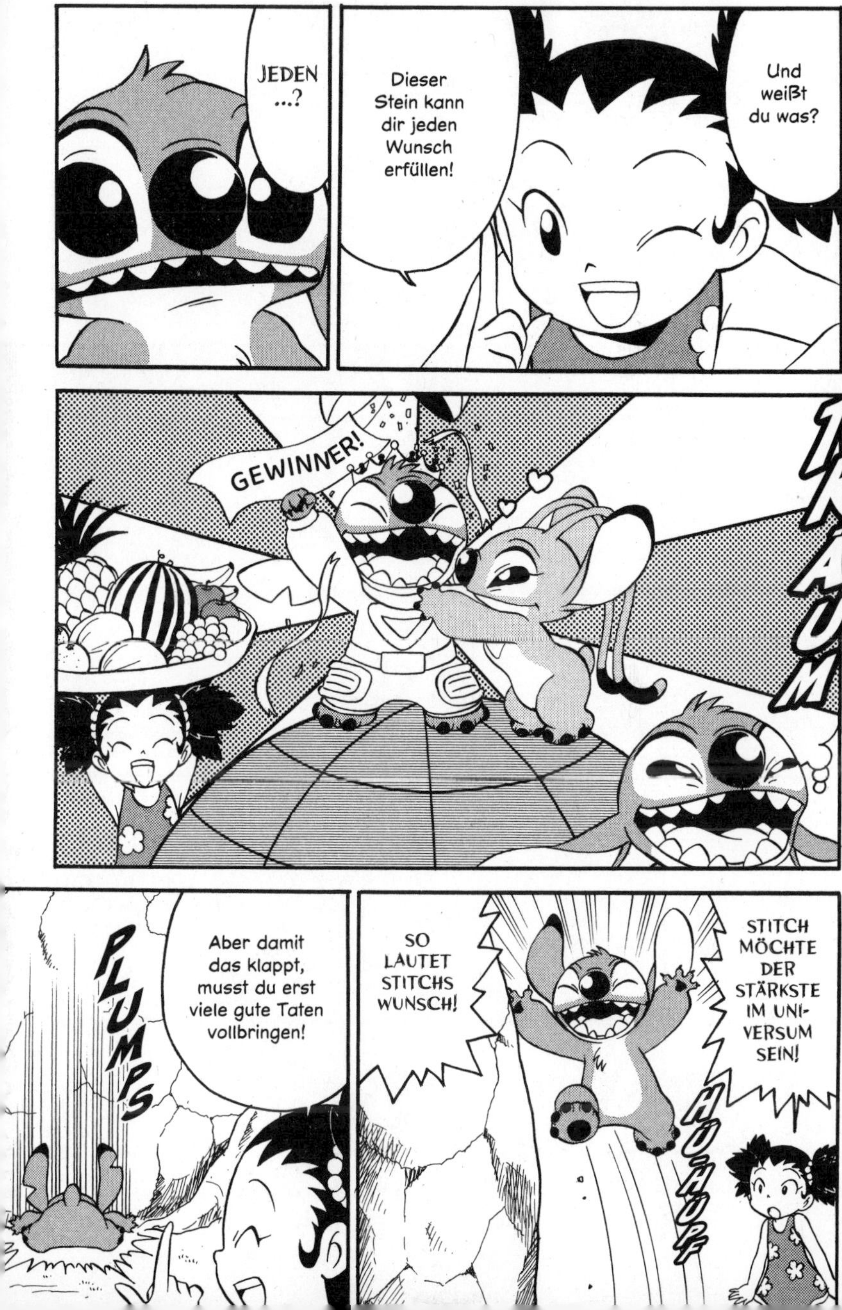

Und weißt du was?
Dieser Stein kann dir jeden Wunsch erfüllen!
JEDEN ...?
TRÄUM
GEWINNER!
STITCH MÖCHTE DER STÄRKSTE IM UNIVERSUM SEIN!
HUHUPF
SO LAUTET STITCHS WUNSCH!
Aber damit das klappt, musst du erst viele gute Taten vollbringen!
PLUMPS

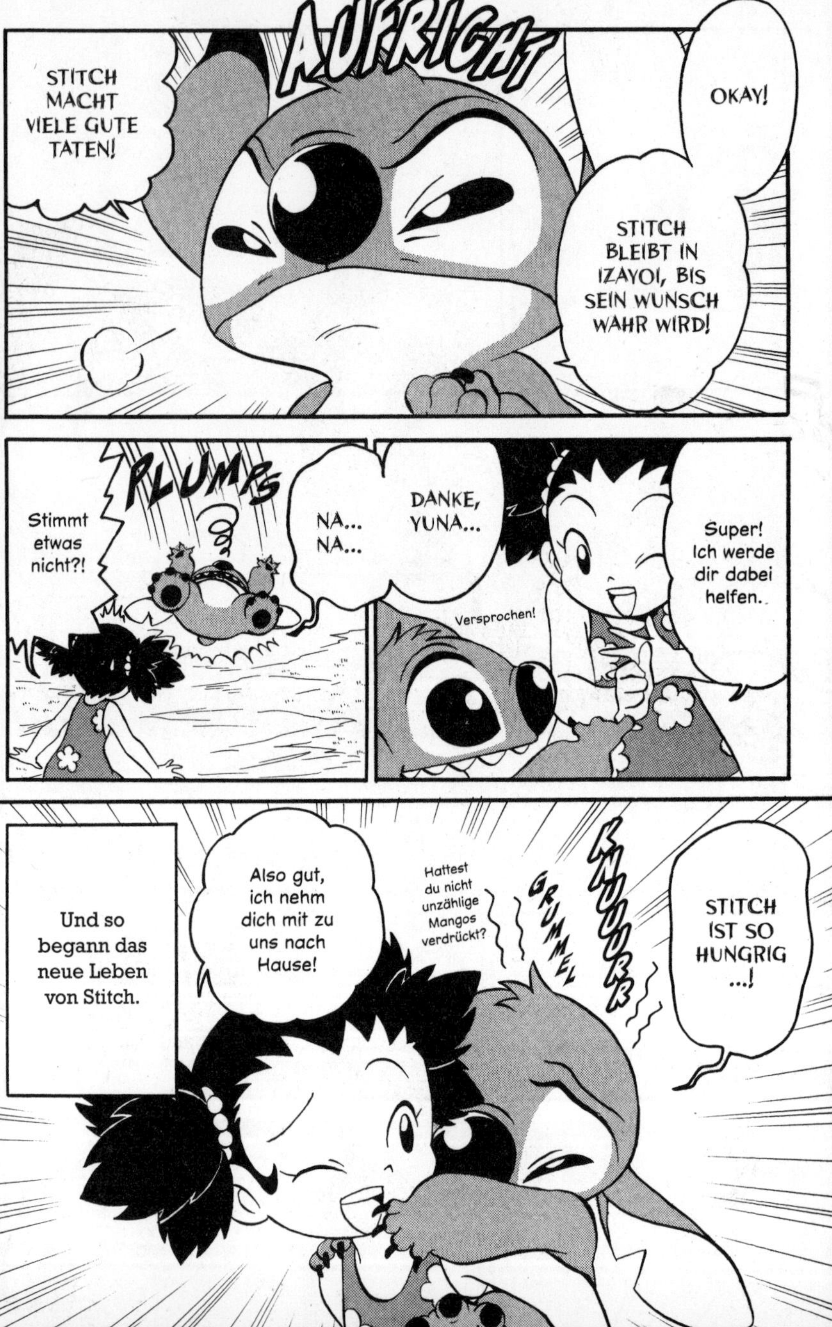
AUFRICHT
STITCH MACHT VIELE GUTE TATEN!
OKAY!
STITCH BLEIBT IN IZAYOI, BIS SEIN WUNSCH WAHR WIRD!
Super! Ich werde dir dabei helfen.
Versprochen!
DANKE, YUNA...
NA... NA...
PLUMPS
Stimmt etwas nicht?!
Und so begann das neue Leben von Stitch.
Also gut, ich nehm dich mit zu uns nach Hause!
Hattest du nicht unzählige Mangos verdrückt?
GRUMMEL
KNURRR
STITCH IST SO HUNGRIG ...!

Stitch spielt Sanshin

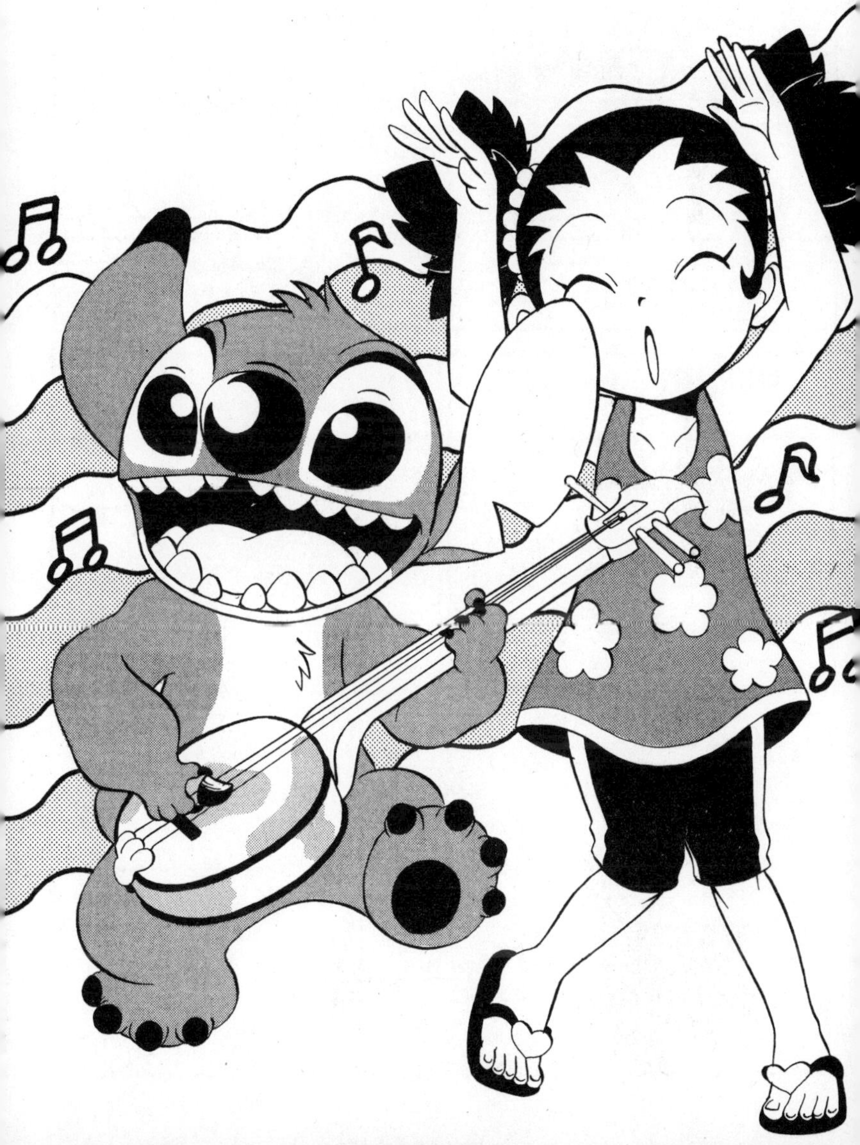

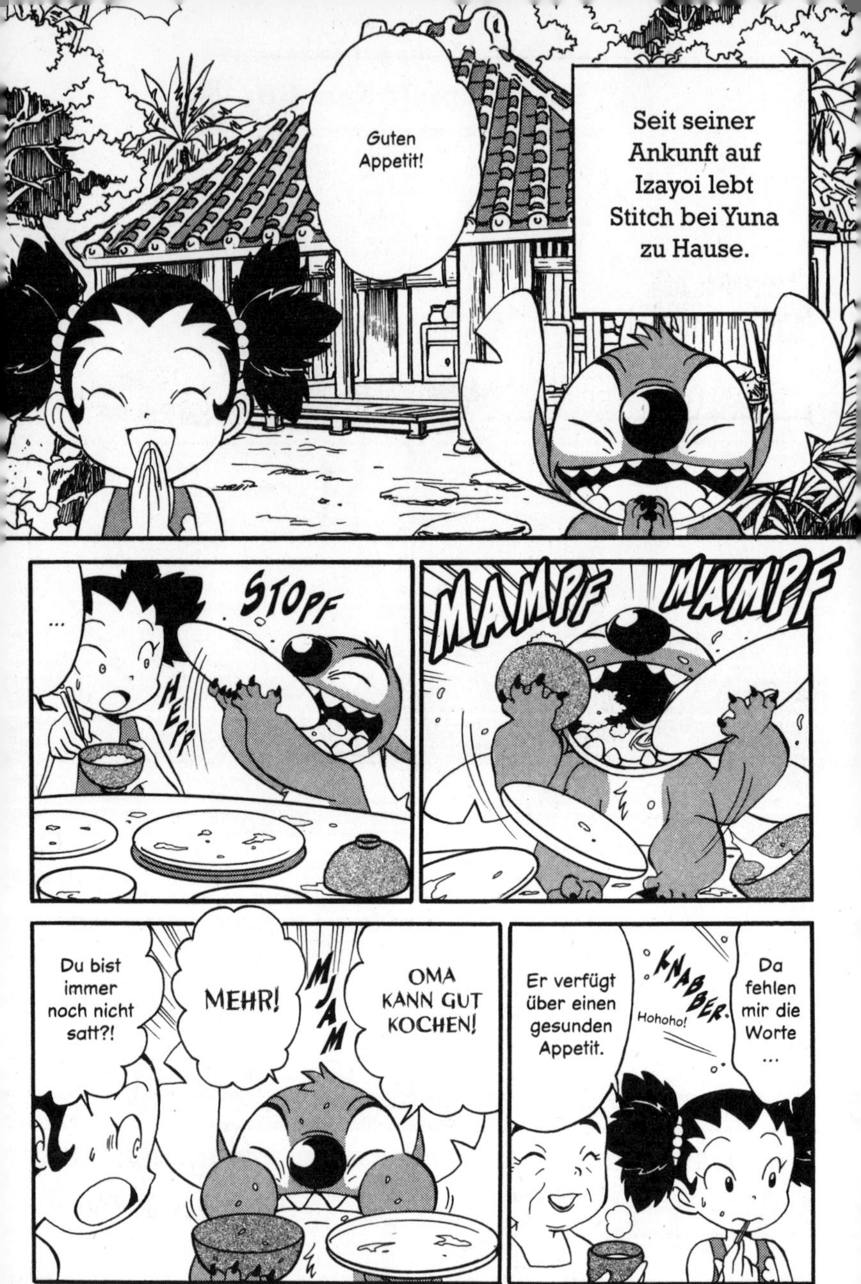
Guten Appetit!
Seit seiner Ankunft auf Izayoi lebt Stitch bei Yuna zu Hause.
...
STOPF
HEPP
MAMPF MAMPF
Du bist immer noch nicht satt?!
MEHR!
MJAM
OMA KANN GUT KOCHEN!
Er verfügt über einen gesunden Appetit.
KNABBER
Hohoho!
Da fehlen mir die Worte ...

Hier weiterlesen

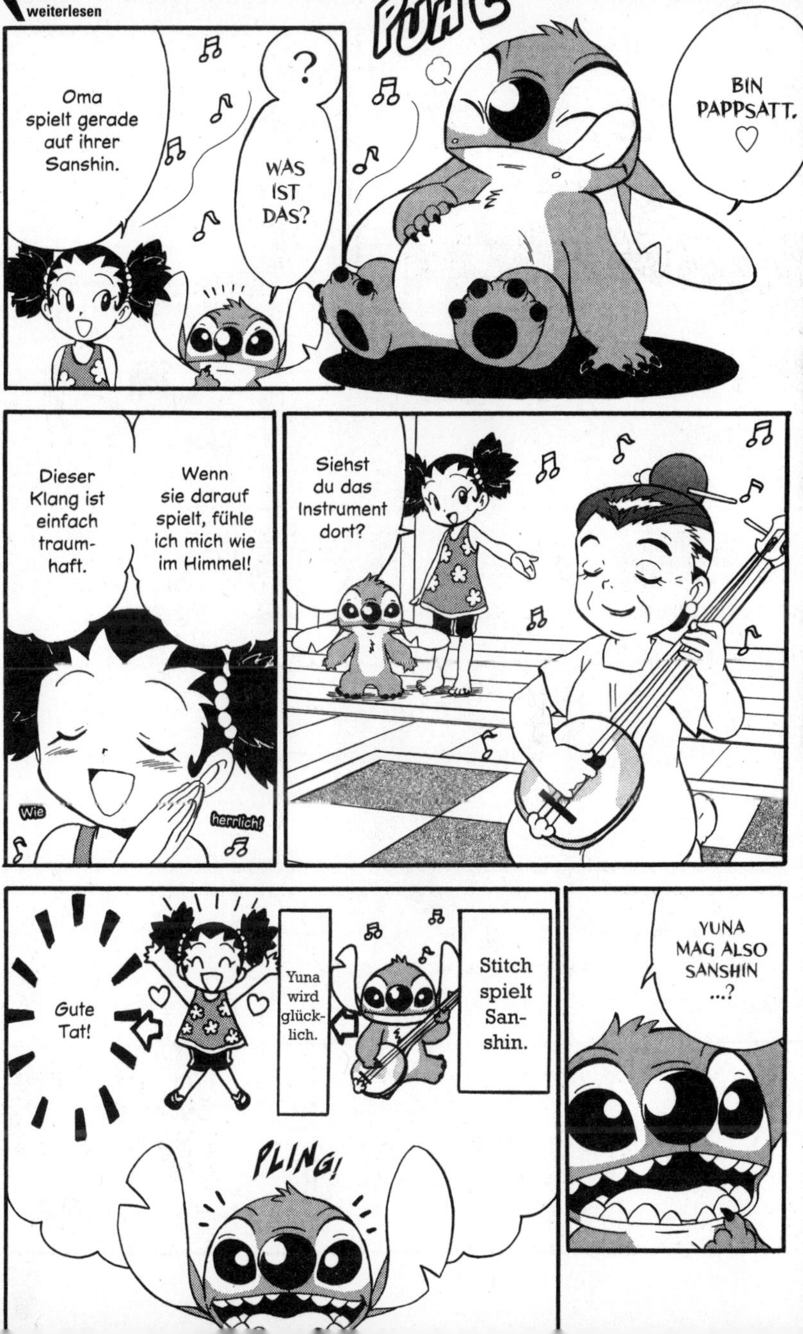

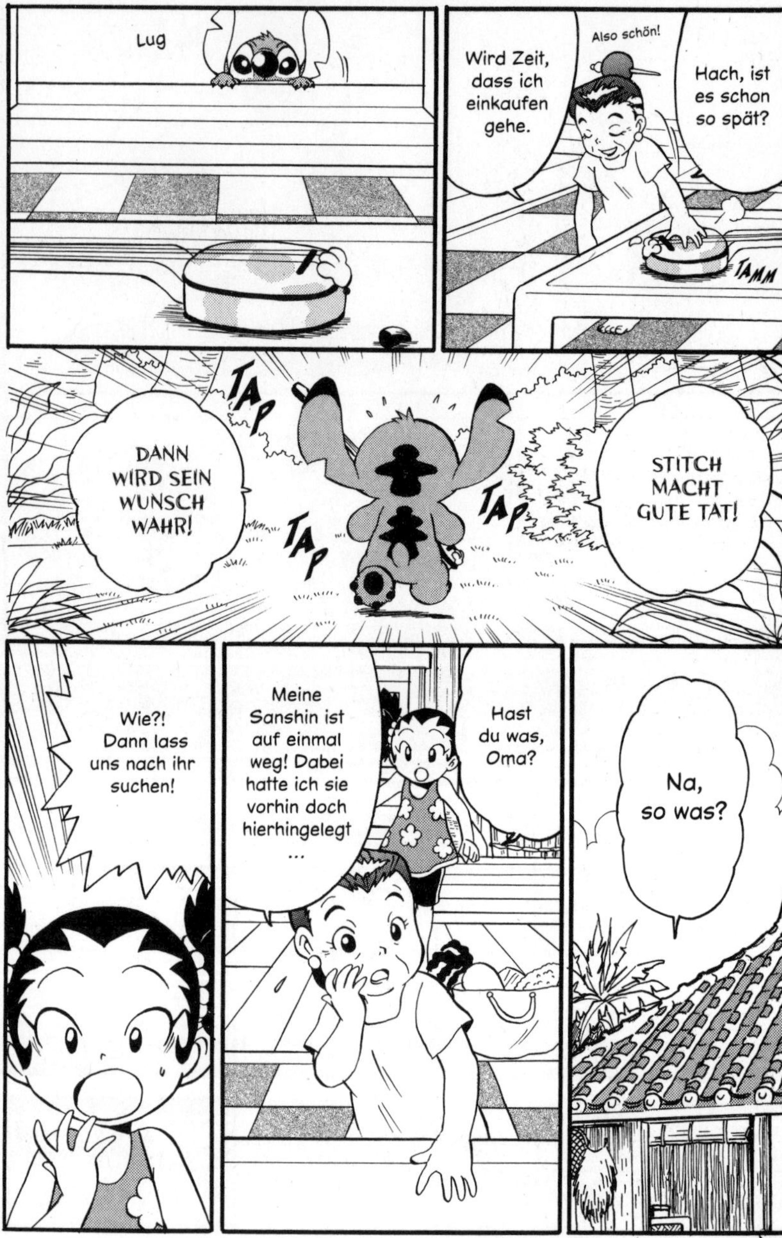
Hach, ist es schon so spät?
Also schön!
Wird Zeit, dass ich einkaufen gehe.
TAMM
Lug
TAP
TAP
TAP
STITCH MACHT GUTE TAT!
DANN WIRD SEIN WUNSCH WAHR!
Na, so was?
Hast du was, Oma?
Meine Sanshin ist auf einmal weg! Dabei hatte ich sie vorhin doch hierhingelegt ...
Wie?! Dann lass uns nach ihr suchen!

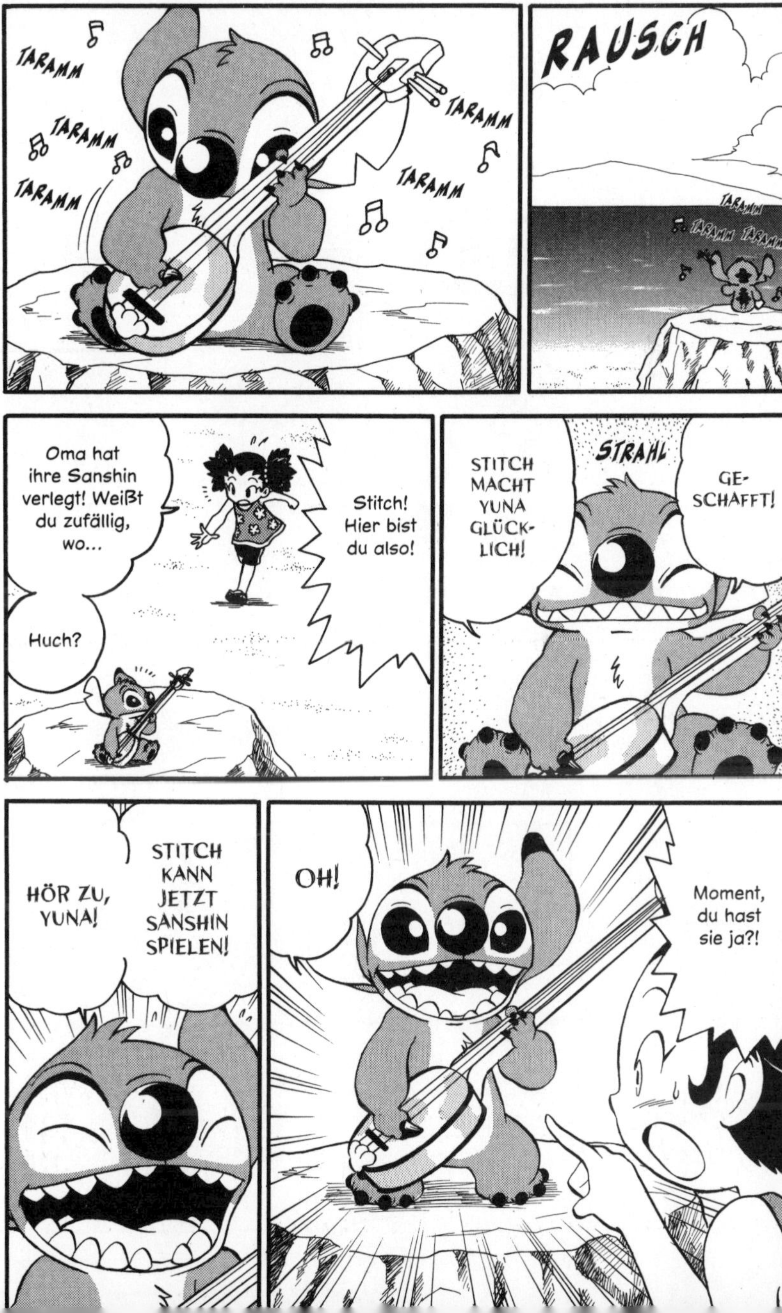
TARAMM
TARAMM
TARAMM
TARAMM
TARAMM
RAUSCH
TARAMM
TARAMM TARAMM
Stitch! Hier bist du also!
Oma hat ihre Sanshin verlegt! Weißt du zufällig, wo...
Huch?
STRAHL
GE-SCHAFFT!
STITCH MACHT YUNA GLÜCKLICH!
STITCH KANN JETZT SANSHIN SPIELEN!
HÖR ZU, YUNA!
Moment, du hast sie ja?!
OH!

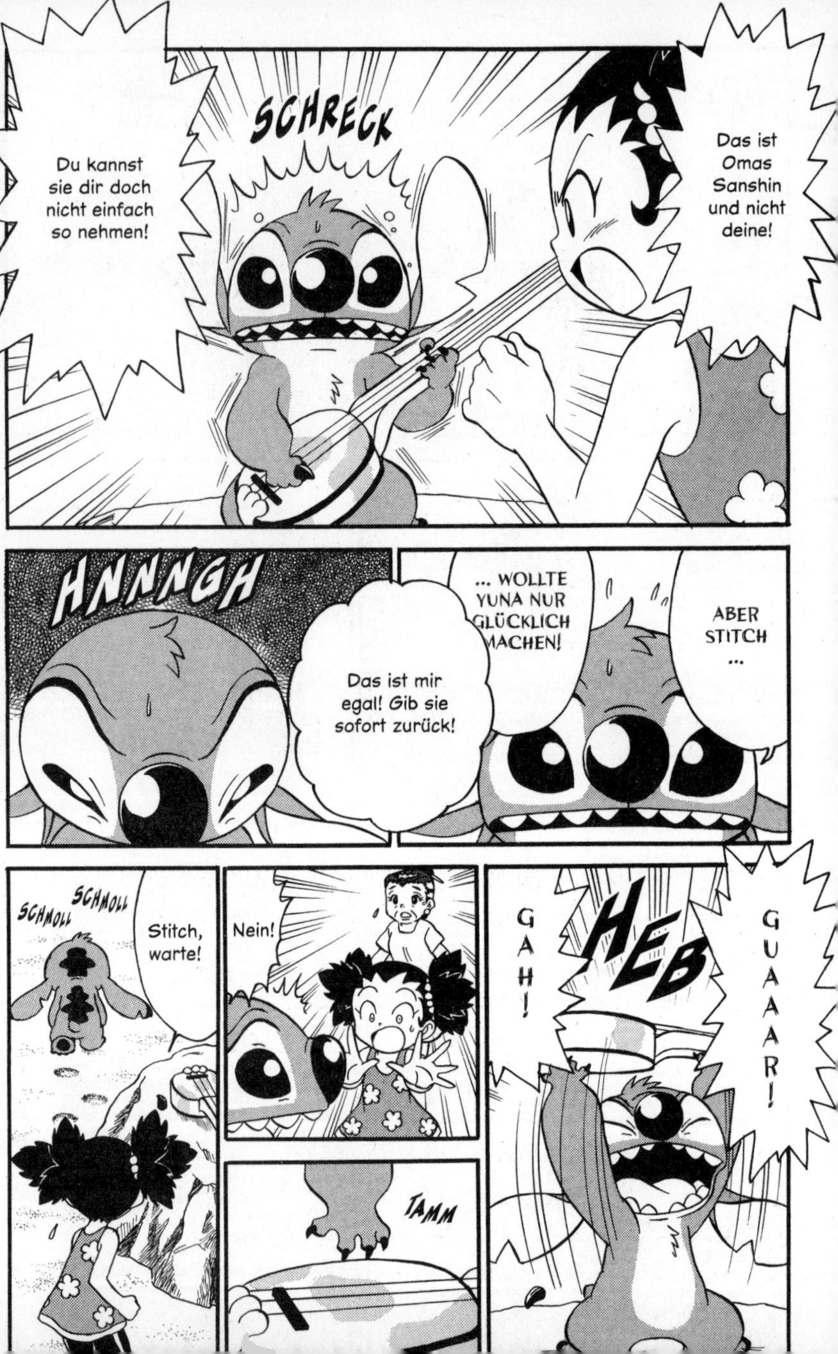

Das ist Omas Sanshin und nicht deine!
SCHRECK
Du kannst sie dir doch nicht einfach so nehmen!
ABER STITCH ...
... WOLLTE YUNA NUR GLÜCKLICH MACHEN!
Das ist mir egal! Gib sie sofort zurück!
HNNNGH
GUAAAR!
HEB
GAH!
Nein!
TAMM
Stitch, warte!
SCHMOLL
SCHMOLL

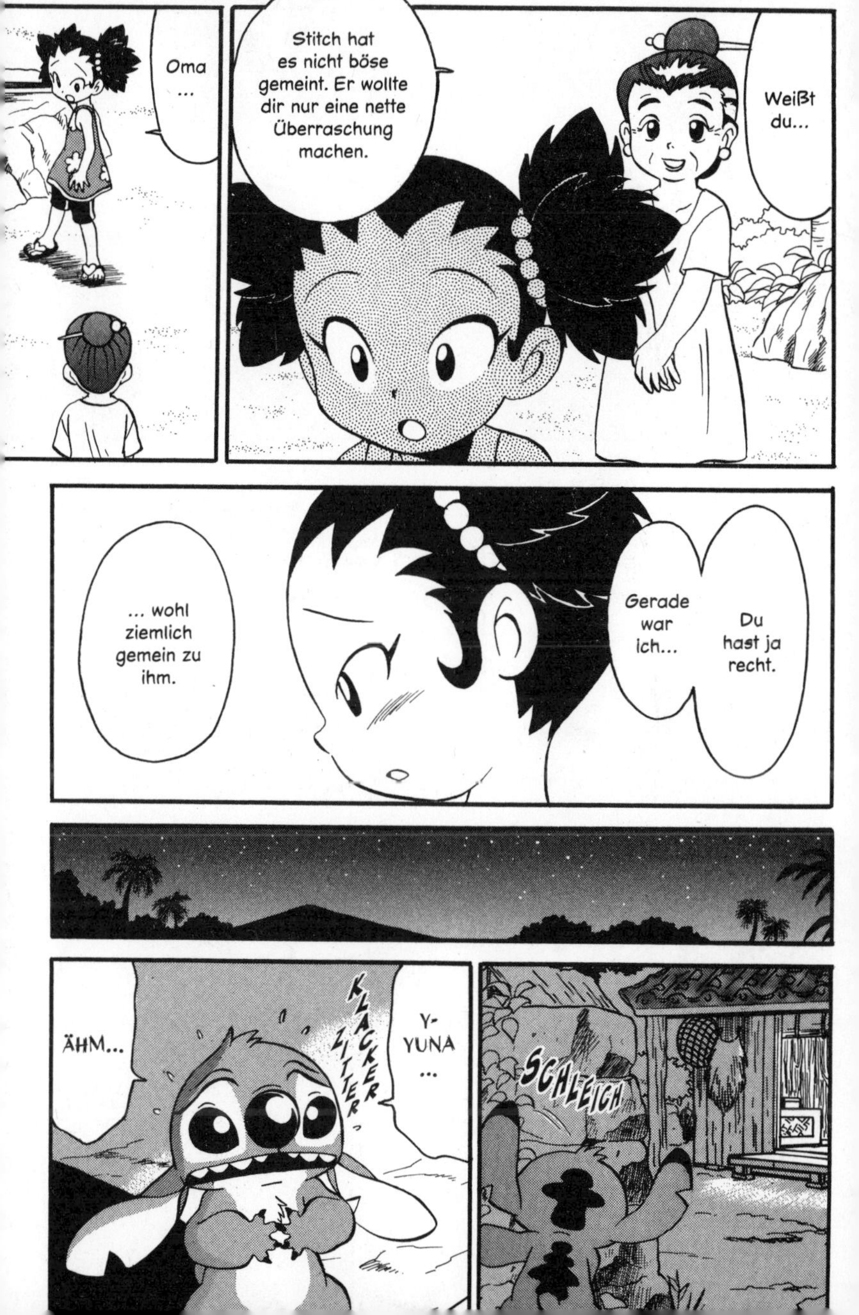

Weißt du...
Stitch hat es nicht böse gemeint. Er wollte dir nur eine nette Überraschung machen.
Oma ...
Du hast ja recht.
Gerade war ich...
... wohl ziemlich gemein zu ihm.
SCHLEICH
Y-YUNA ...
KLACKER ZITTER
ÄHM...

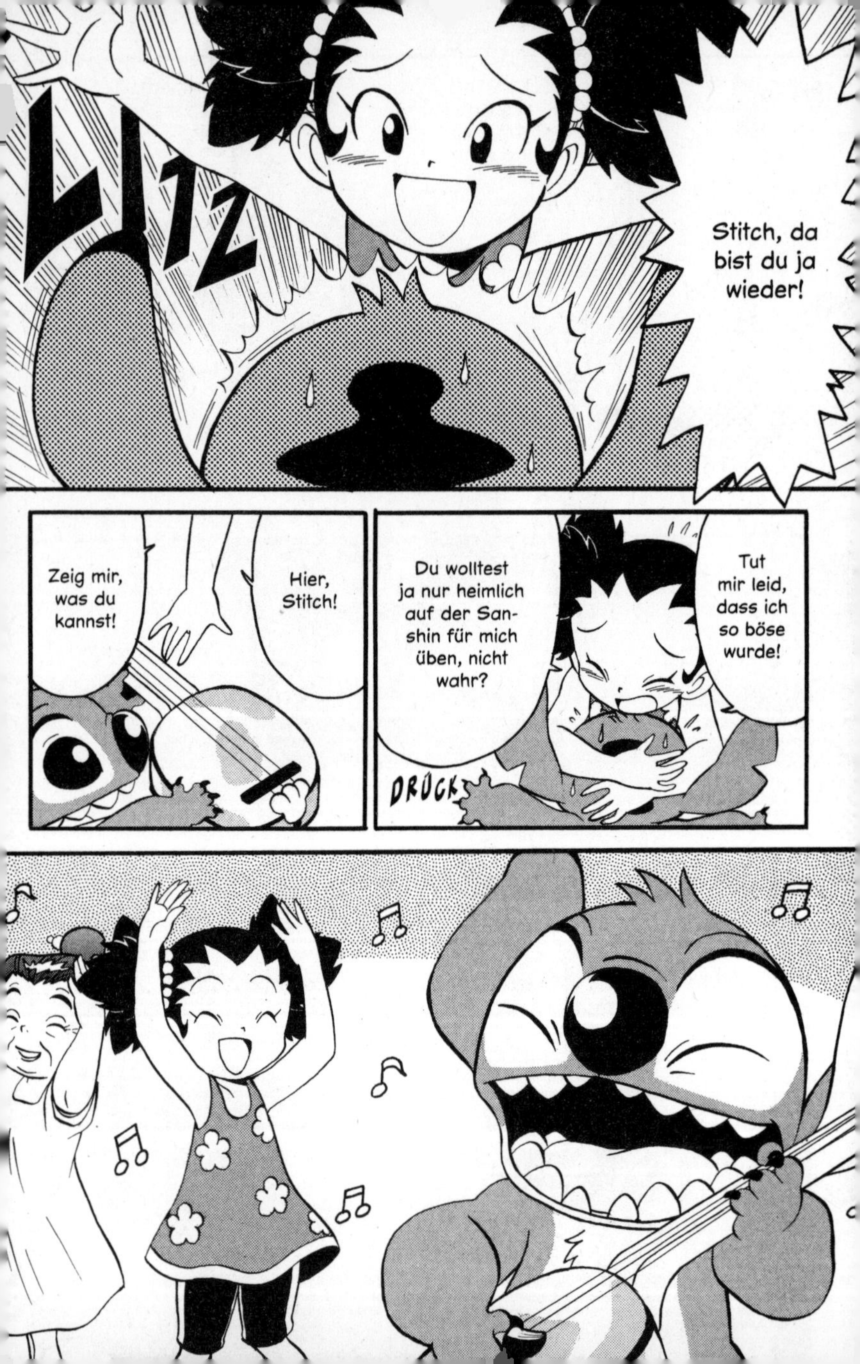
Stitch, da bist du ja wieder!
Tut mir leid, dass ich so böse wurde!
Du wolltest ja nur heimlich auf der Sanshin für mich üben, nicht wahr?
DRÜCK
Hier, Stitch!
Zeig mir, was du kannst!

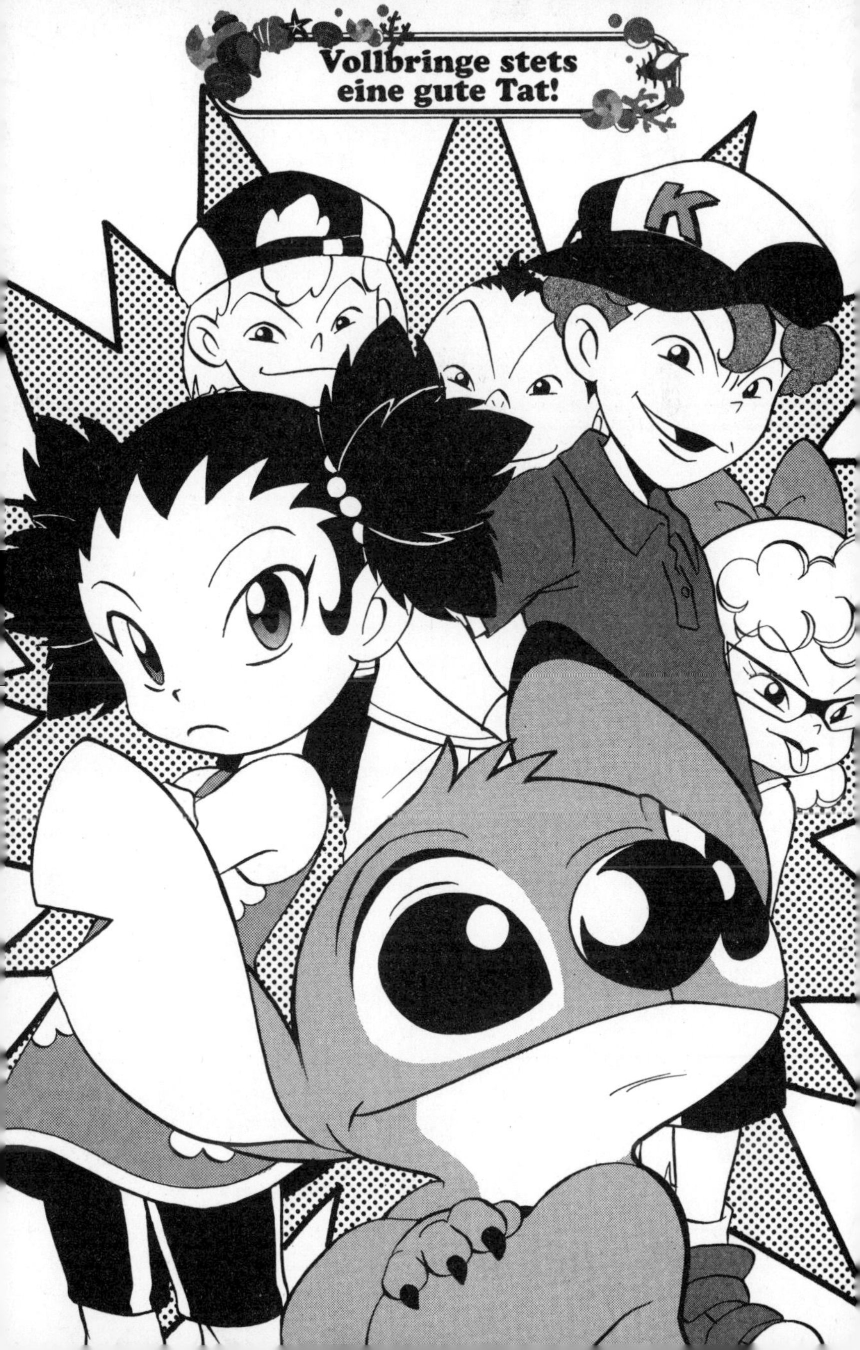
Vollbringe stets
eine gute Tat!

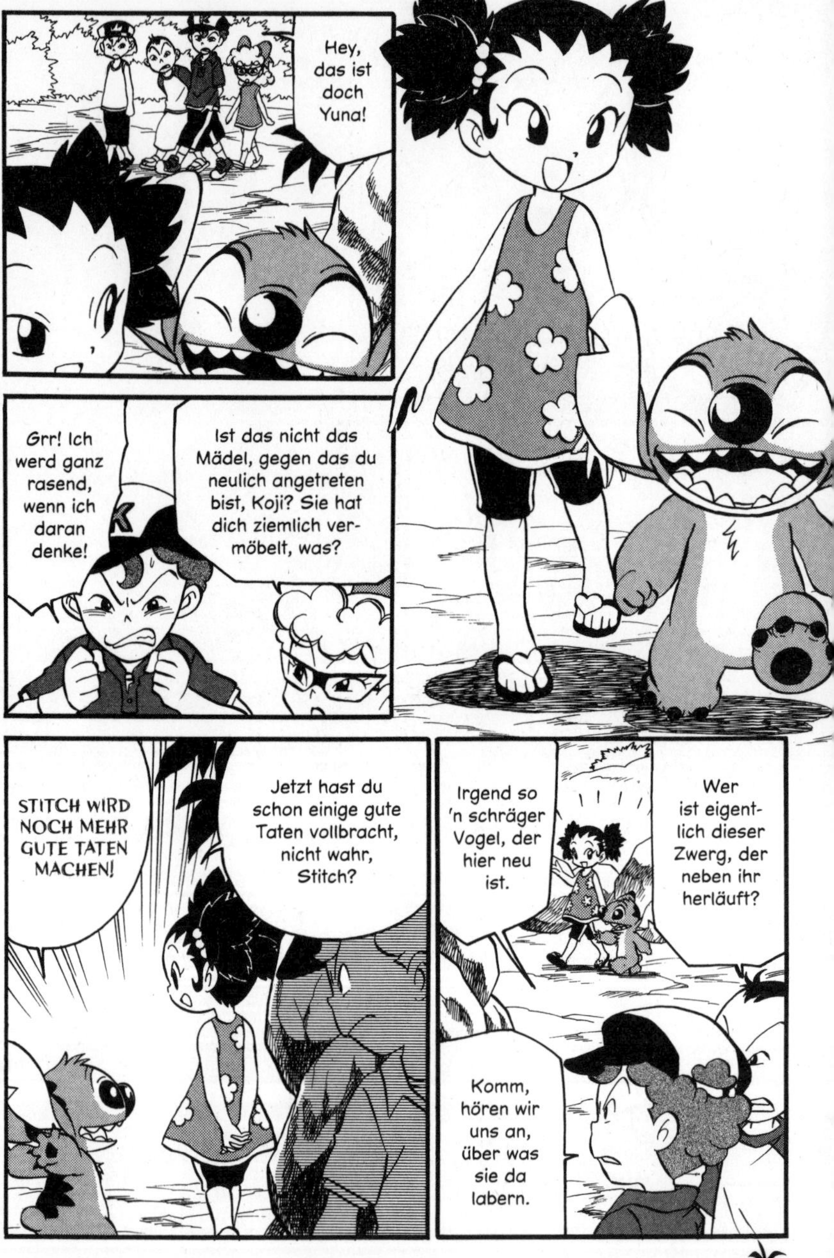

Hey, das ist doch Yuna!
Ist das nicht das Mädel, gegen das du neulich angetreten bist, Koji? Sie hat dich ziemlich vermöbelt, was?
Grr! Ich werd ganz rasend, wenn ich daran denke!
Jetzt hast du schon einige gute Taten vollbracht, nicht wahr, Stitch?
STITCH WIRD NOCH MEHR GUTE TATEN MACHEN!
Wer ist eigentlich dieser Zwerg, der neben ihr herläuft?
Irgend so 'n schräger Vogel, der hier neu ist.
Komm, hören wir uns an, über was sie da labern.

Hier weiterlesen

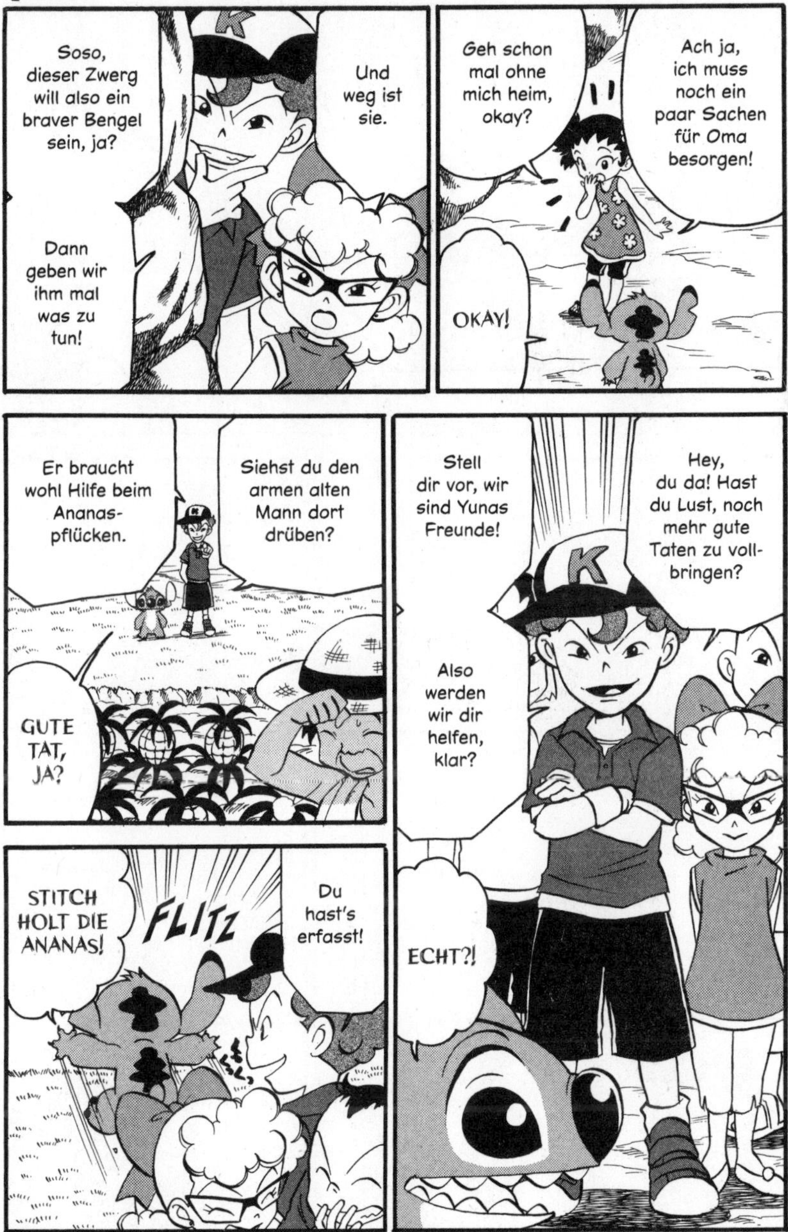

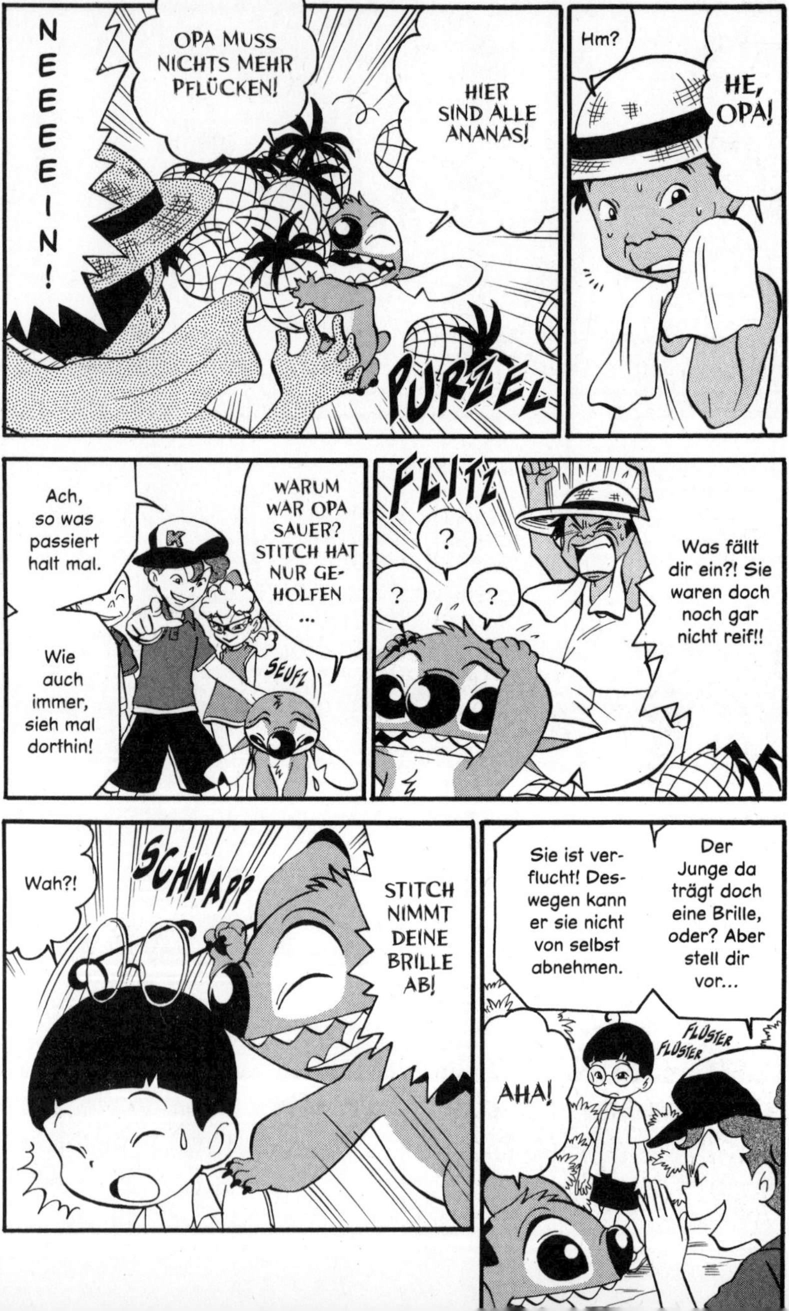
HE, OPA!
Hm?
HIER SIND ALLE ANANAS!
OPA MUSS NICHTS MEHR PFLÜCKEN!
NEEEEIN!
PURZEL
FLITZ
Was fällt dir ein?! Sie waren doch noch gar nicht reif!!
?
?
?
WARUM WAR OPA SAUER? STITCH HAT NUR GEHOLFEN ...
SEUFZ
Ach, so was passiert halt mal.
Wie auch immer, sieh mal dorthin!
Der Junge da trägt doch eine Brille, oder? Aber stell dir vor...
Sie ist verflucht! Deswegen kann er sie nicht von selbst abnehmen.
FLÜSTER FLÜSTER
AHA!
STITCH NIMMT DEINE BRILLE AB!
SCHNAPP
Wah?!

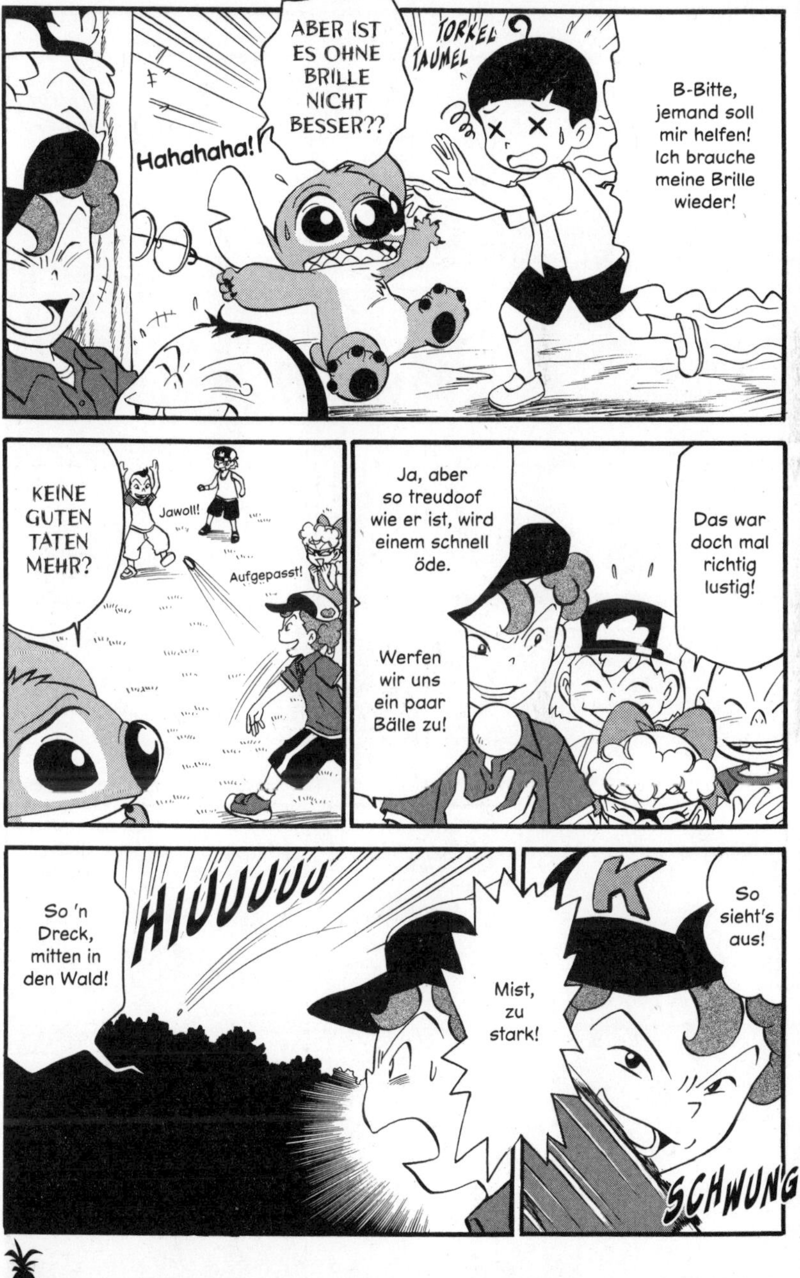

TORKEL
TAUMEL
B-Bitte, jemand soll mir helfen! Ich brauche meine Brille wieder!
ABER IST ES OHNE BRILLE NICHT BESSER??
Hahahaha!
Das war doch mal richtig lustig!
Ja, aber so treudoof wie er ist, wird einem schnell öde.
Werfen wir uns ein paar Bälle zu!
Aufgepasst!
Jawoll!
KEINE GUTEN TATEN MEHR?
So sieht's aus!
K
Mist, zu stark!
SCHWUNG
HIUUUUU
So 'n Dreck, mitten in den Wald!

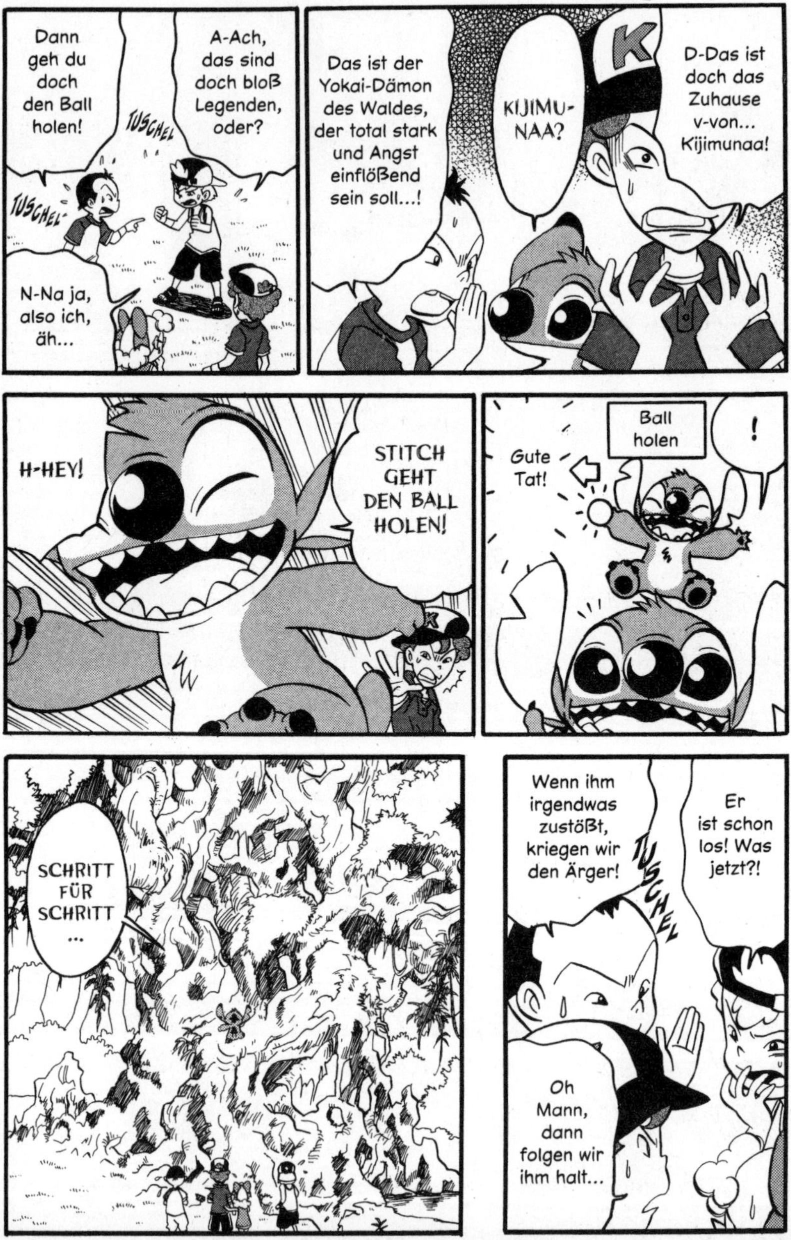
Dann geh du doch den Ball holen!
A-Ach, das sind doch bloß Legenden, oder?
TUSCHEL
TUSCHEL
N-Na ja, also ich, äh...
Das ist der Yokai-Dämon des Waldes, der total stark und Angst einflößend sein soll...!
KIJIMU-NAA?
D-Das ist doch das Zuhause v-von... Kijimunaa!
H-HEY!
STITCH GEHT DEN BALL HOLEN!
Ball holen
Gute Tat!
!
SCHRITT FÜR SCHRITT ...
Wenn ihm irgendwas zustößt, kriegen wir den Ärger!
Er ist schon los! Was jetzt?!
TUSCHEL
Oh Mann, dann folgen wir ihm halt...

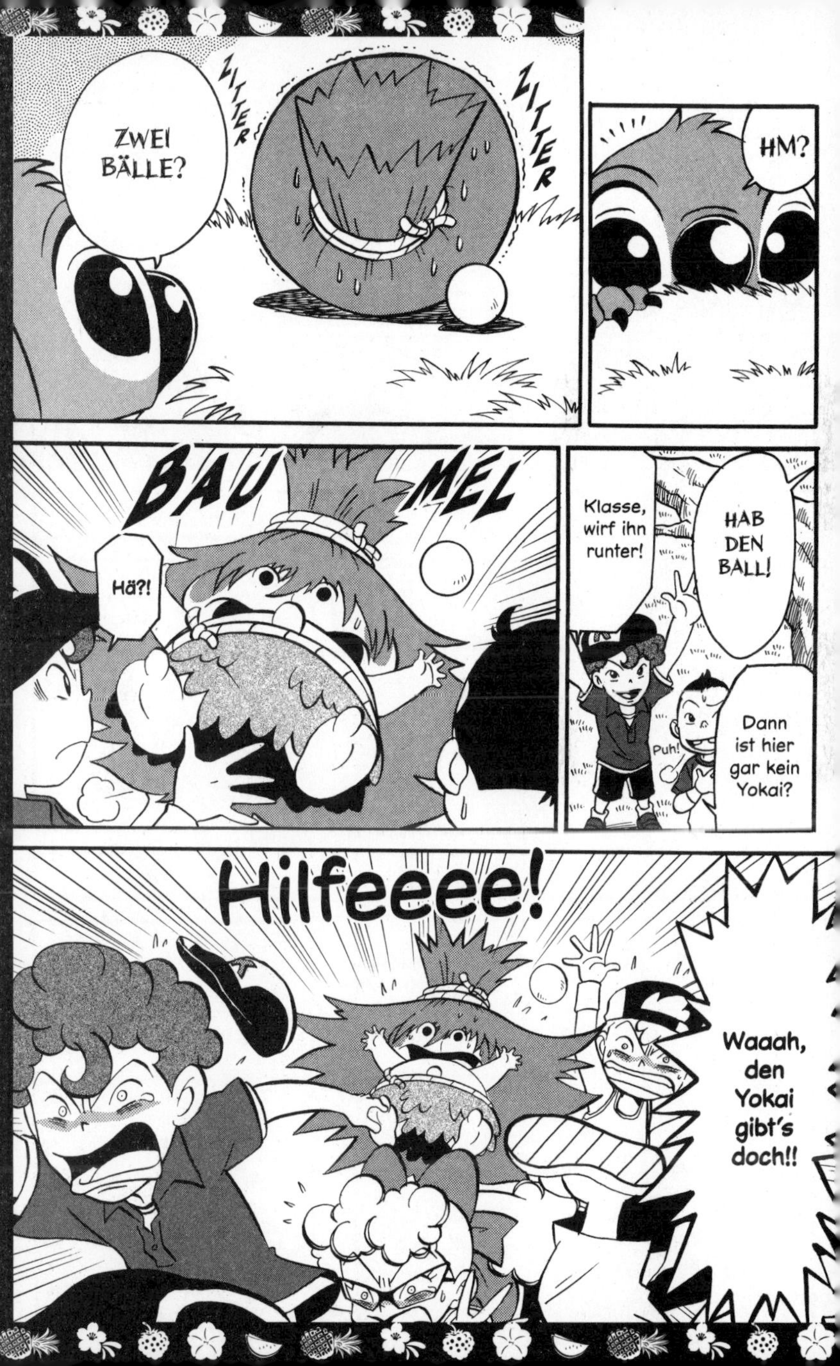
HM?
ZWEI BÄLLE?
ZITTER
ZITTER
HAB DEN BALL!
Klasse, wirf ihn runter!
Dann ist hier gar kein Yokai?
Puh!
BAU
MEL
Hä?!
Hilfeeee!
Waaah, den Yokai gibt's doch!!

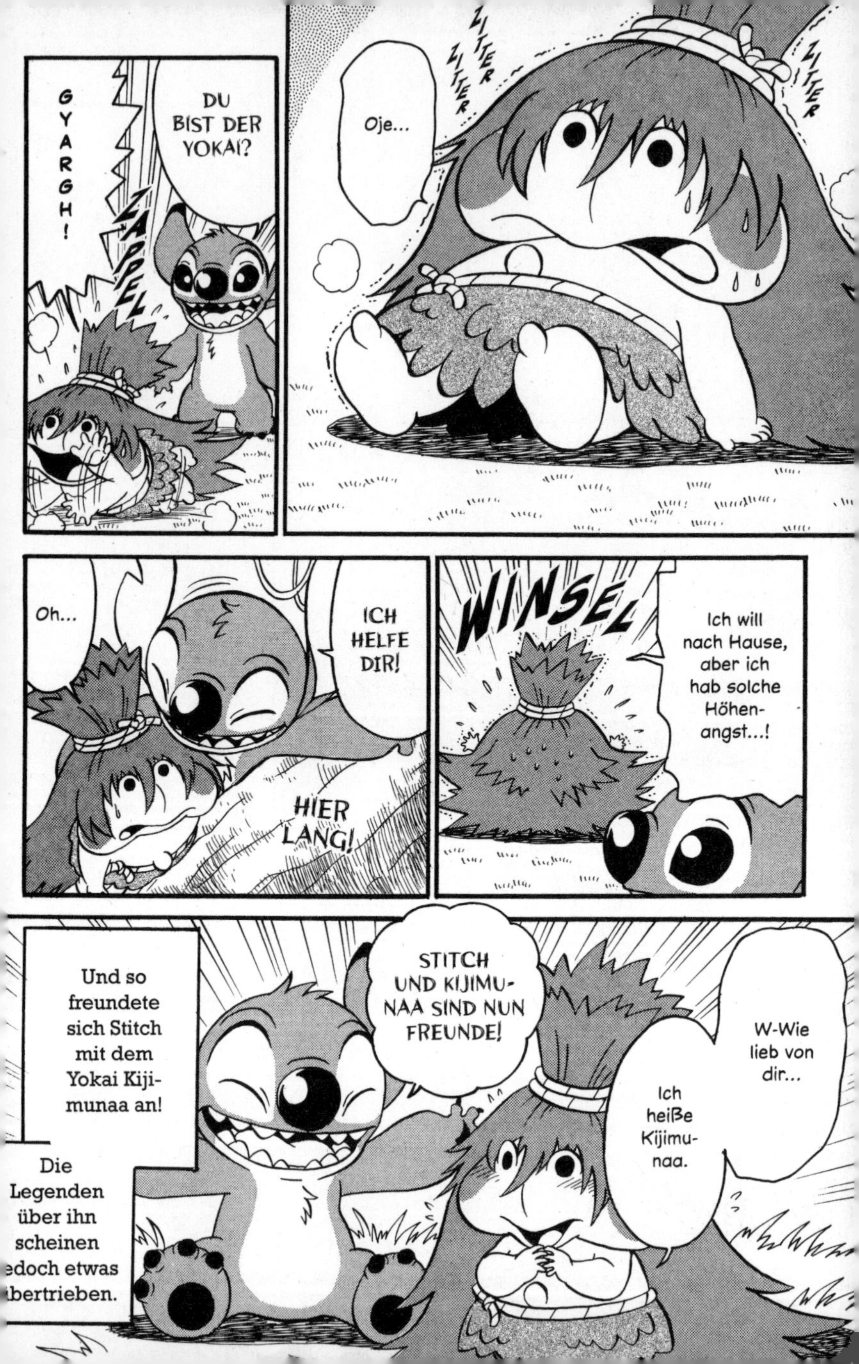

DU BIST DER YOKAI?
GYARGH!
ZAPPEL
Oje...
ZITTER ZITTER
ZITTER
Ich will nach Hause, aber ich hab solche Höhen-angst...!
WINSEL
ICH HELFE DIR!
Oh...
HIER LANG!
W-Wie lieb von dir...
Ich heiße Kijimu-naa.
STITCH UND KIJIMU-NAA SIND NUN FREUNDE!
Und so freundete sich Stitch mit dem Yokai Kiji-munaa an!
Die Legenden über ihn scheinen jedoch etwas übertrieben.

Karate-Kalauer

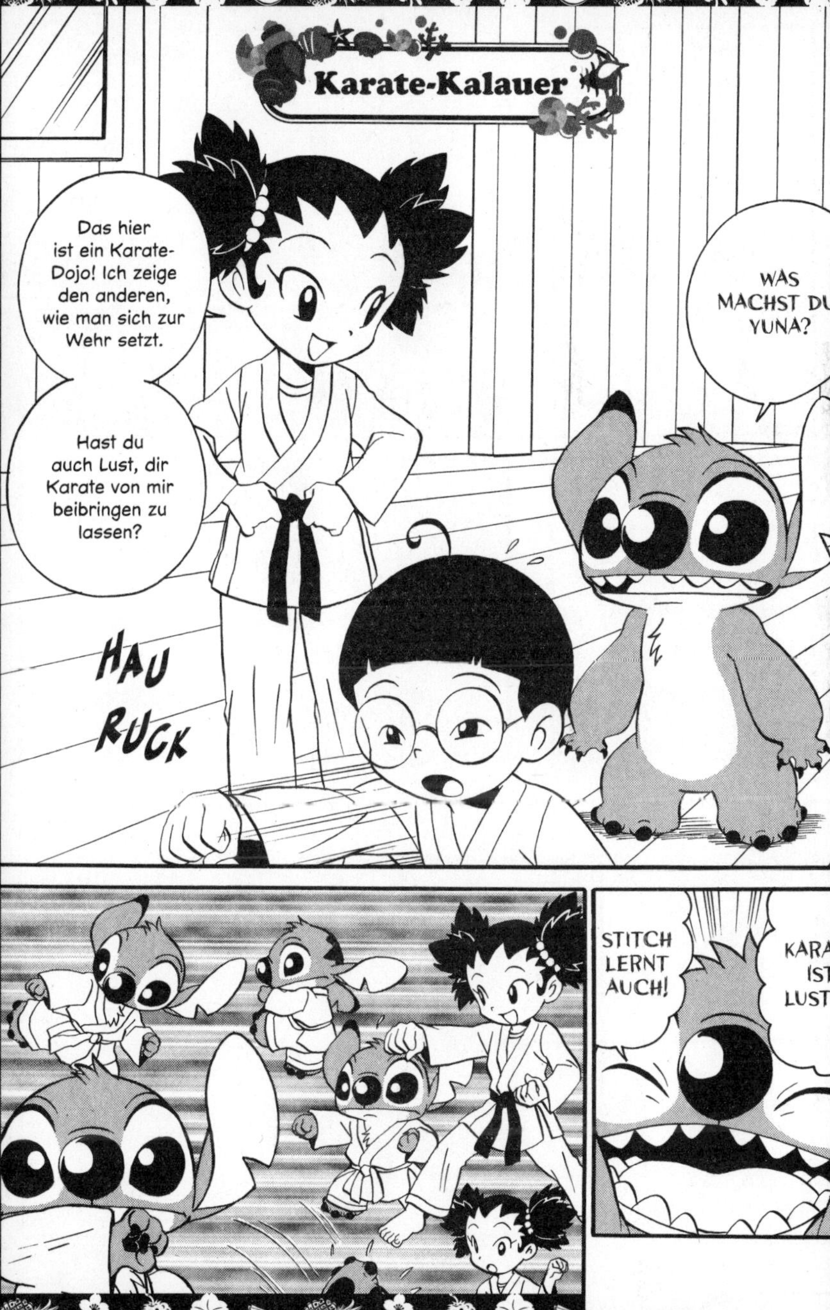

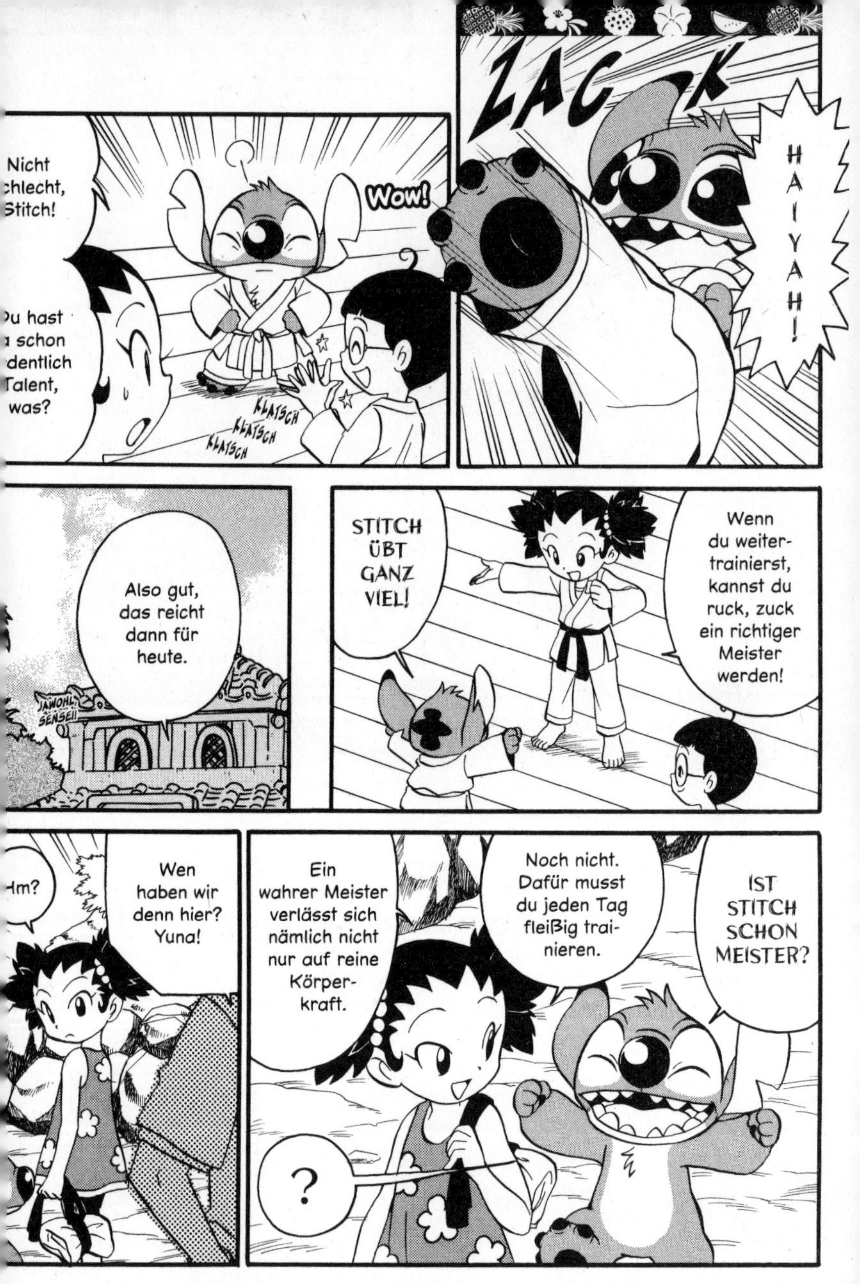
Nicht
chlecht,
Stitch!
Du hast
a schon
dentlich
Talent,
was?
Wow!
KLATSCH
KLATSCH
KLATSCH
ZACK
HAIYAH!
Also gut,
das reicht
dann für
heute.
JAWOHL,
SENSEI!
STITCH
ÜBT
GANZ
VIEL!
Wenn
du weiter-
trainierst,
kannst du
ruck, zuck
ein richtiger
Meister
werden!
Hm?
Wen
haben wir
denn hier?
Yuna!
Ein
wahrer Meister
verlässt sich
nämlich nicht
nur auf reine
Körper-
kraft.
Noch nicht.
Dafür musst
du jeden Tag
fleißig trai-
nieren.
IST
STITCH
SCHON
MEISTER?
?

Hier weiterlesen

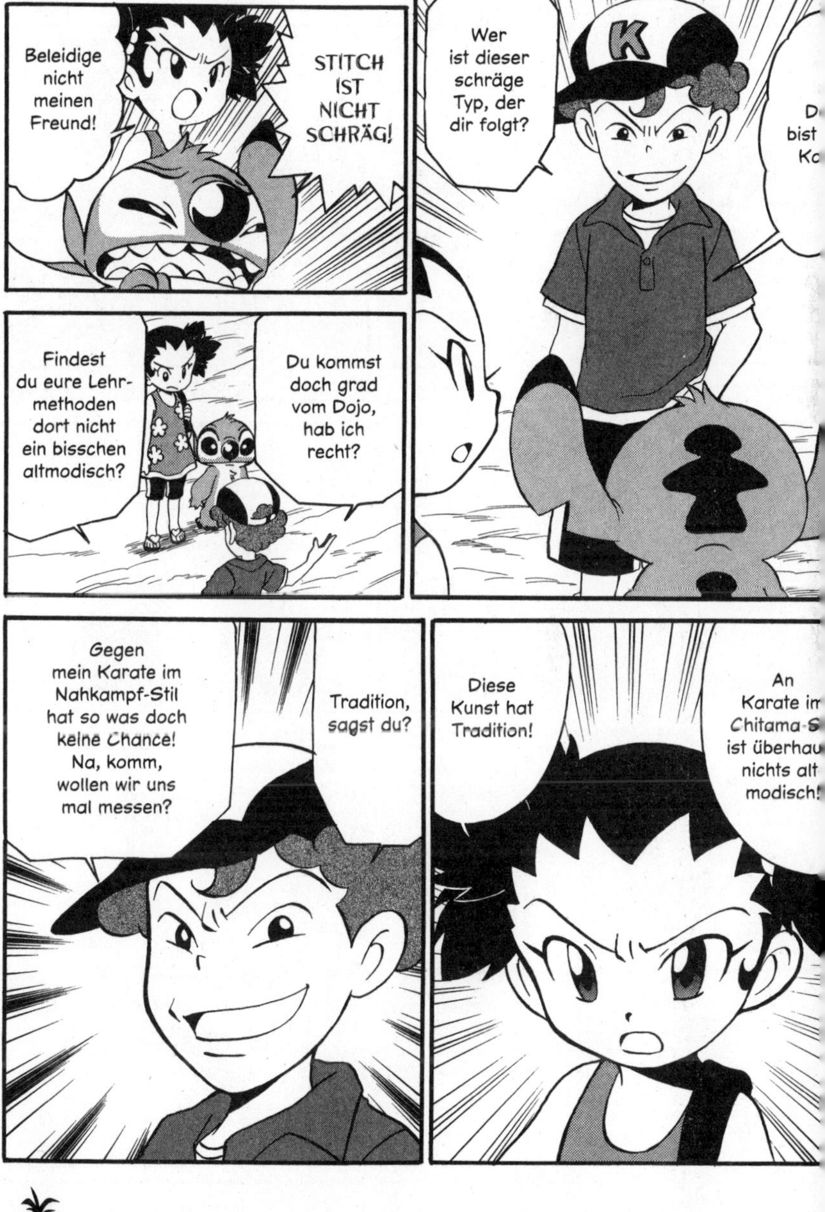

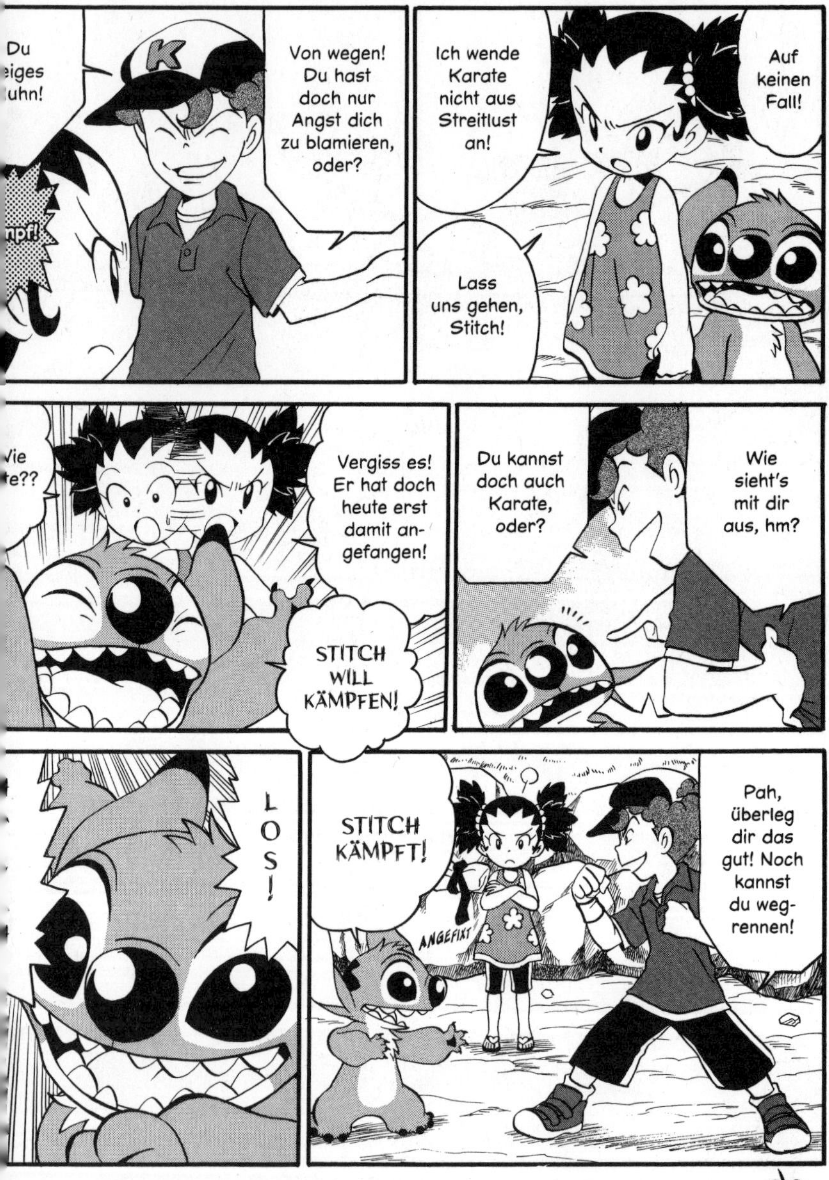
Du
eiges
uhn!
mpf!
Von wegen! Du hast doch nur Angst dich zu blamieren, oder?
Auf keinen Fall!
Ich wende Karate nicht aus Streitlust an!
Lass uns gehen, Stitch!
Wie sieht's mit dir aus, hm?
Du kannst doch auch Karate, oder?
Vergiss es! Er hat doch heute erst damit angefangen!
Wie
te??
STITCH WILL KÄMPFEN!
Pah, überleg dir das gut! Noch kannst du wegrennen!
STITCH KÄMPFT!
ANGEFIXT
LOS!

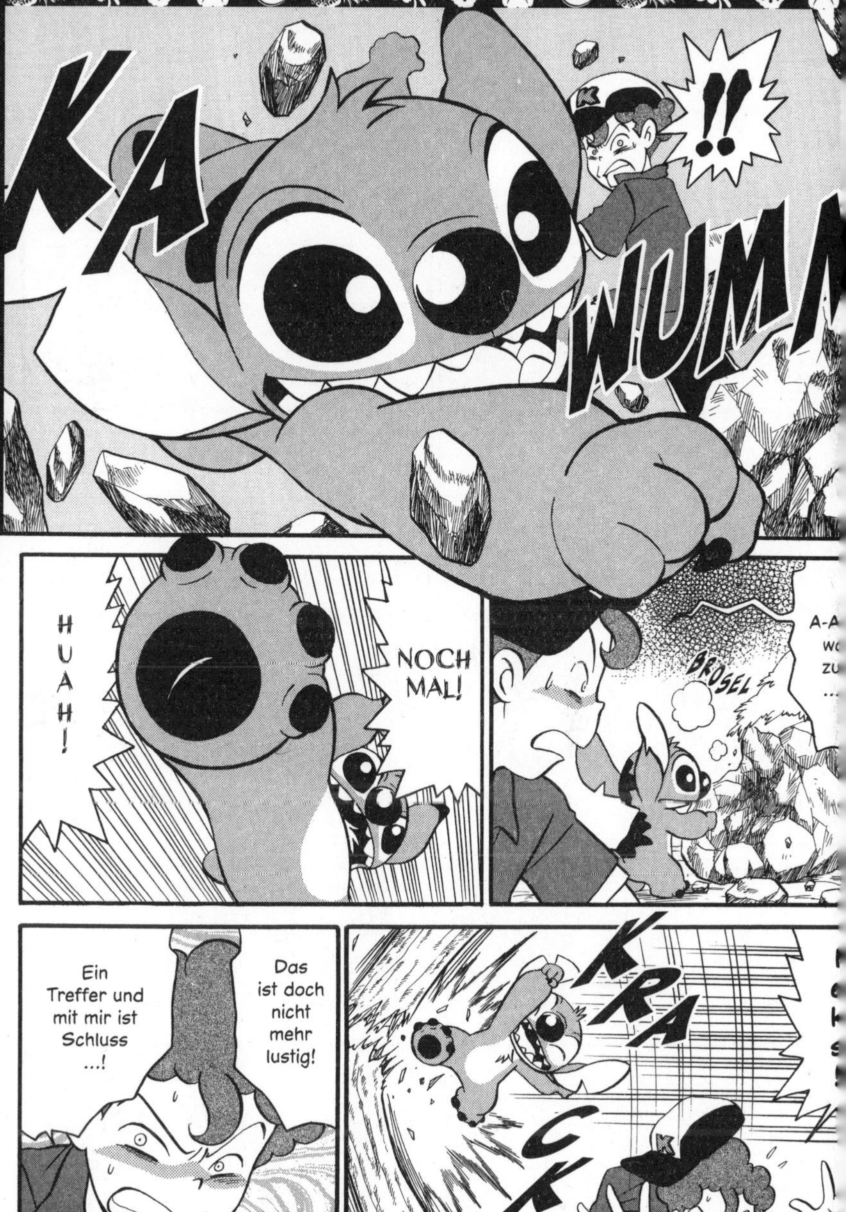
KA
!!
WUMM
HUAAH!
NOCH MAL!
BRÖSEL
Ein Treffer und mit mir ist Schluss ...!
Das ist doch nicht mehr lustig!
KRACK

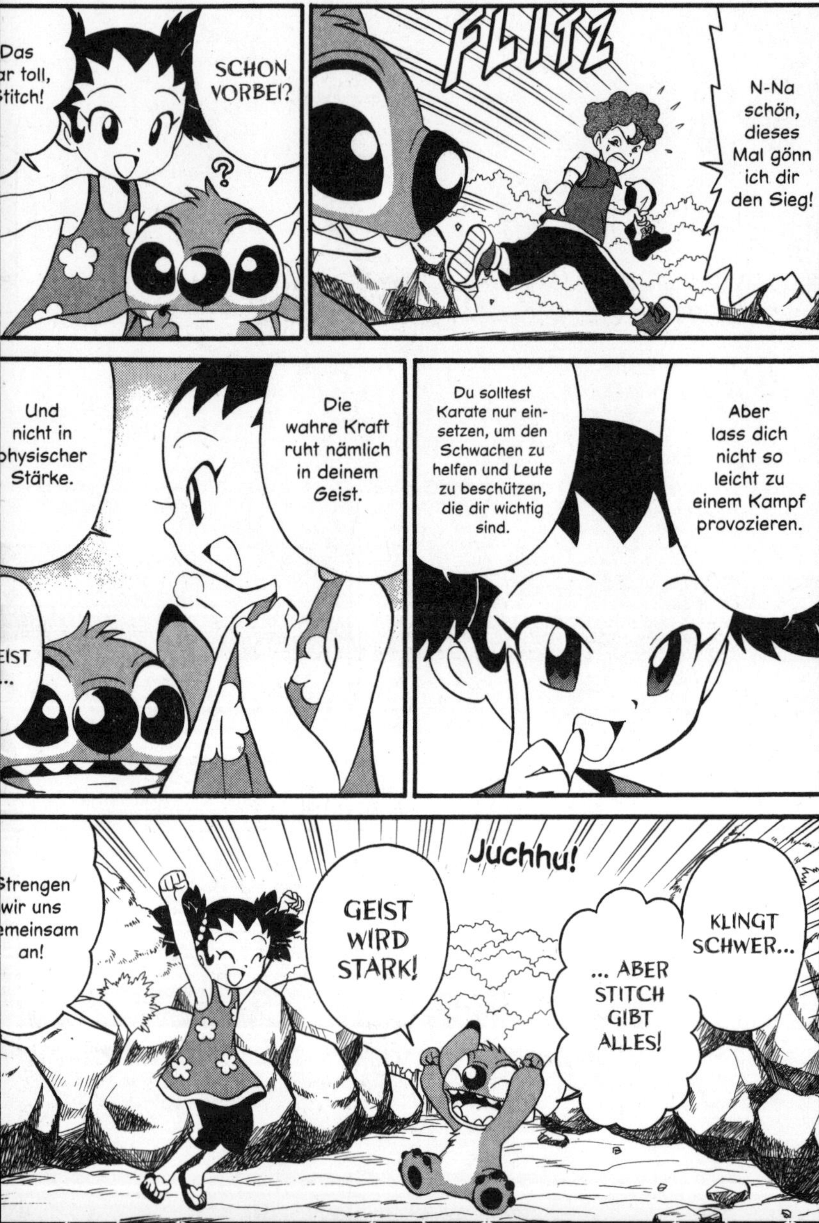
Das
ar toll,
Stitch!
SCHON VORBEI?
FLITZ
N-Na schön, dieses Mal gönn ich dir den Sieg!
Und nicht in physischer Stärke.
Die wahre Kraft ruht nämlich in deinem Geist.
EIST ...
Du solltest Karate nur einsetzen, um den Schwachen zu helfen und Leute zu beschützen, die dir wichtig sind.
Aber lass dich nicht so leicht zu einem Kampf provozieren.
Strengen wir uns emeinsam an!
GEIST WIRD STARK!
Juchhu!
KLINGT SCHWER...
... ABER STITCH GIBT ALLES!

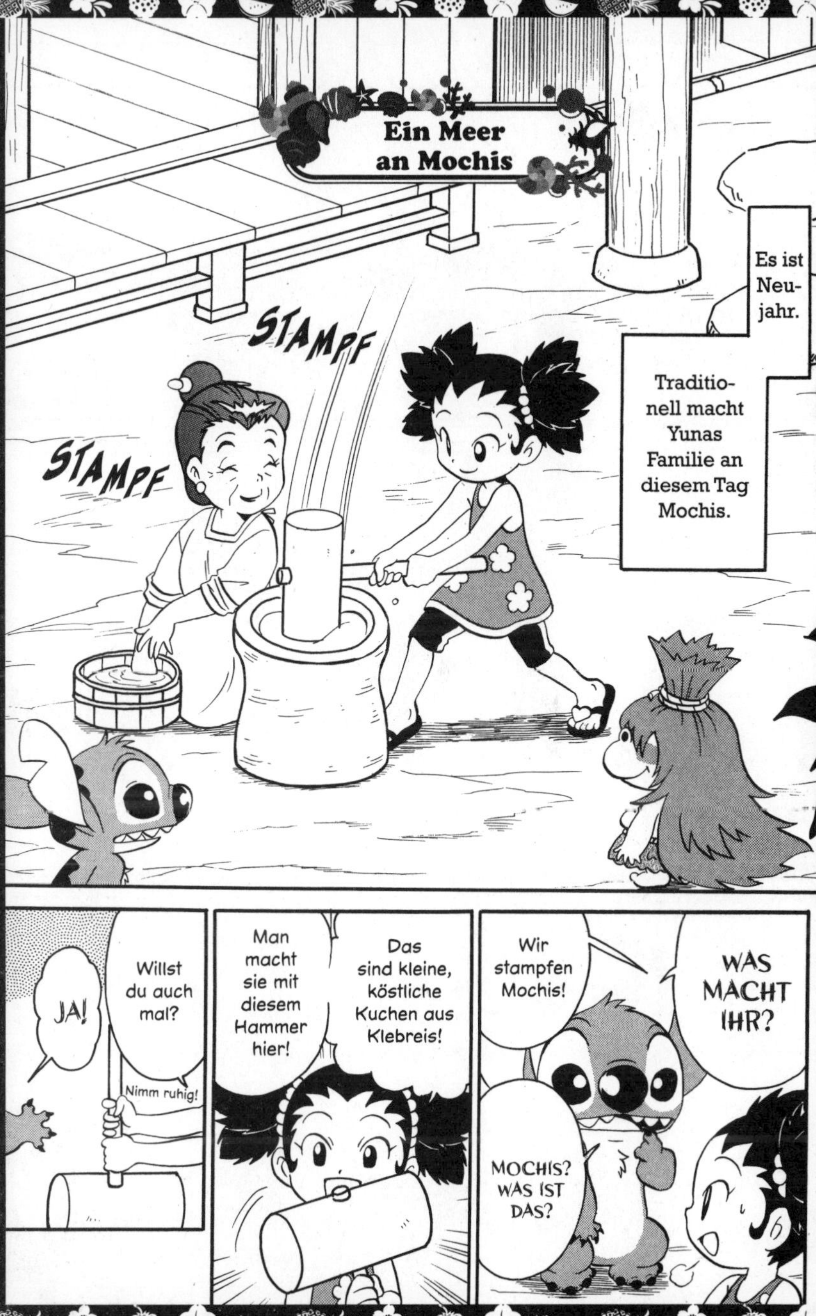

Ein Meer an Mochis
Es ist Neujahr.
Traditionell macht Yunas Familie an diesem Tag Mochis.
STAMPF
STAMPF
WAS MACHT IHR?
Wir stampfen Mochis!
MOCHIS? WAS IST DAS?
Das sind kleine, köstliche Kuchen aus Klebreis!
Man macht sie mit diesem Hammer hier!
Willst du auch mal?
Nimm ruhig!
JA!

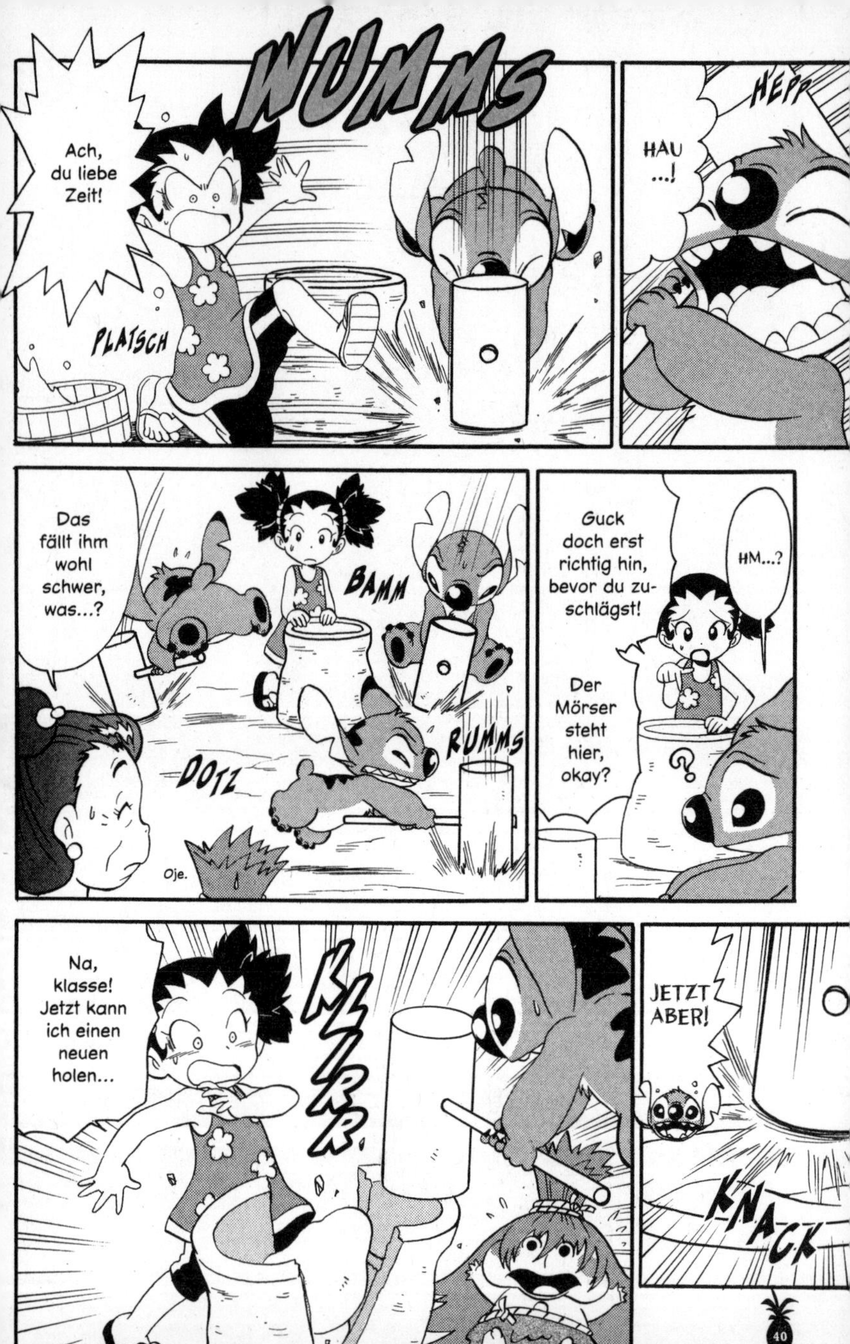
HEPP
HAU ...!
WUMMS
Ach, du liebe Zeit!
PLATSCH
HM...?
Guck doch erst richtig hin, bevor du zuschlägst!
Der Mörser steht hier, okay?
BAMM
Das fällt ihm wohl schwer, was...?
RUMMS
DOTZ
Oje.
JETZT ABER!
KNACK
KLIRR
Na, klasse! Jetzt kann ich einen neuen holen...

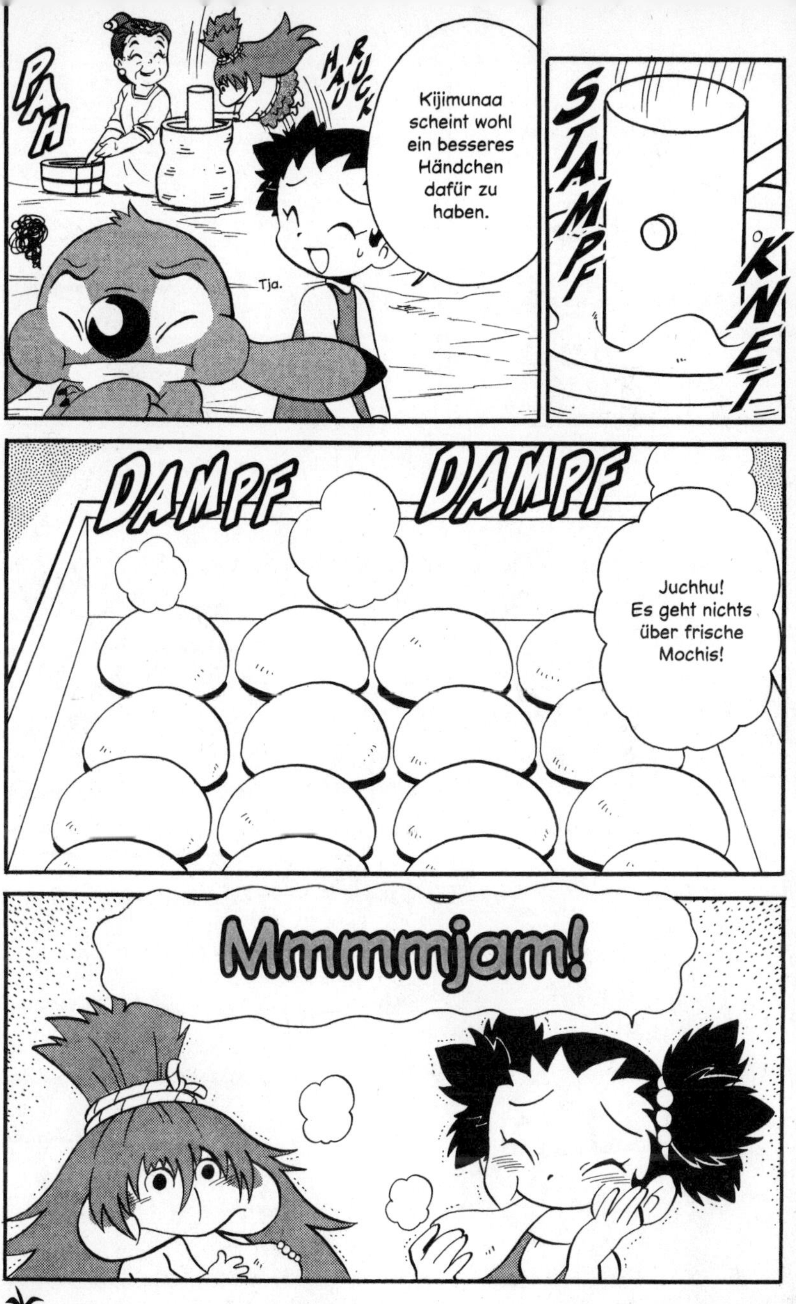
PAH
HAU RUCK
Kijimunaa scheint wohl ein besseres Händchen dafür zu haben.
Tja.
STAMPF
KNET
DAMPF
DAMPF
Juchhu! Es geht nichts über frische Mochis!
Mmmmjam!

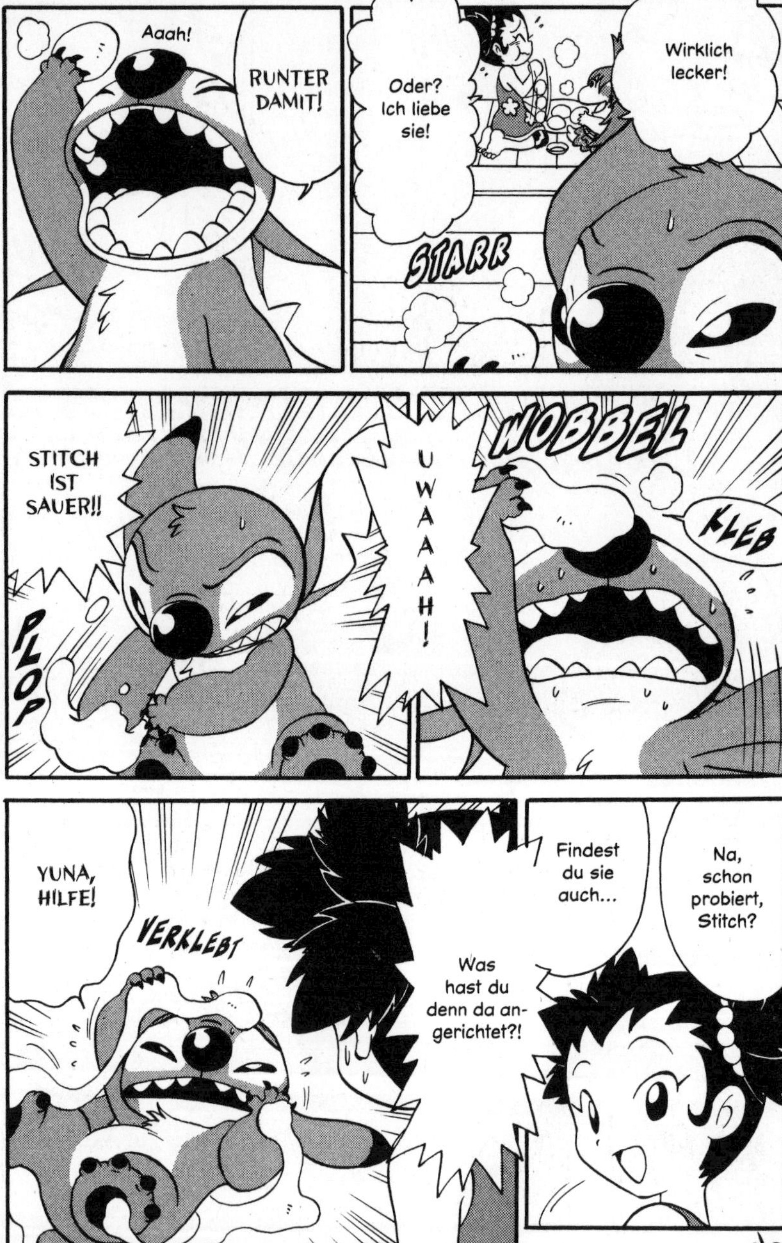
Wirklich lecker!
Oder? Ich liebe sie!
STARR
RUNTER DAMIT!
Aaah!
WOBBEL
KLEB
UWAAAAH!
STITCH IST SAUER!!
PLOP
Na, schon probiert, Stitch?
Findest du sie auch...
Was hast du denn da angerichtet?!
YUNA, HILFE!
VERKLEBT

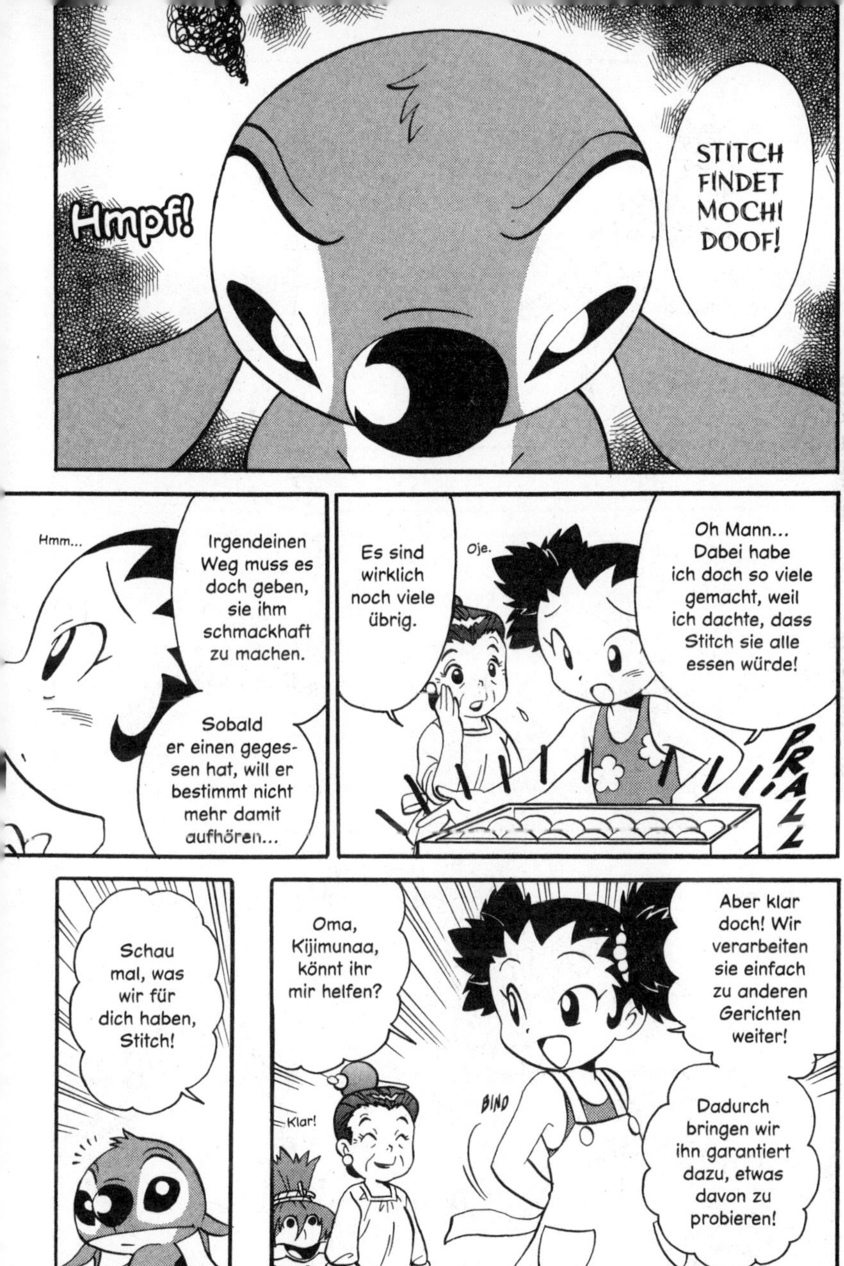
STITCH FINDET MOCHI DOOF!
Hmpf!
Oh Mann... Dabei habe ich doch so viele gemacht, weil ich dachte, dass Stitch sie alle essen würde!
PRALL
Es sind wirklich noch viele übrig.
Oje.
Irgendeinen Weg muss es doch geben, sie ihm schmackhaft zu machen.
Hmm...
Sobald er einen gegessen hat, will er bestimmt nicht mehr damit aufhören...
Aber klar doch! Wir verarbeiten sie einfach zu anderen Gerichten weiter!
Dadurch bringen wir ihn garantiert dazu, etwas davon zu probieren!
BIND
Oma, Kijimunaa, könnt ihr mir helfen?
Klar!
Schau mal, was wir für dich haben, Stitch!

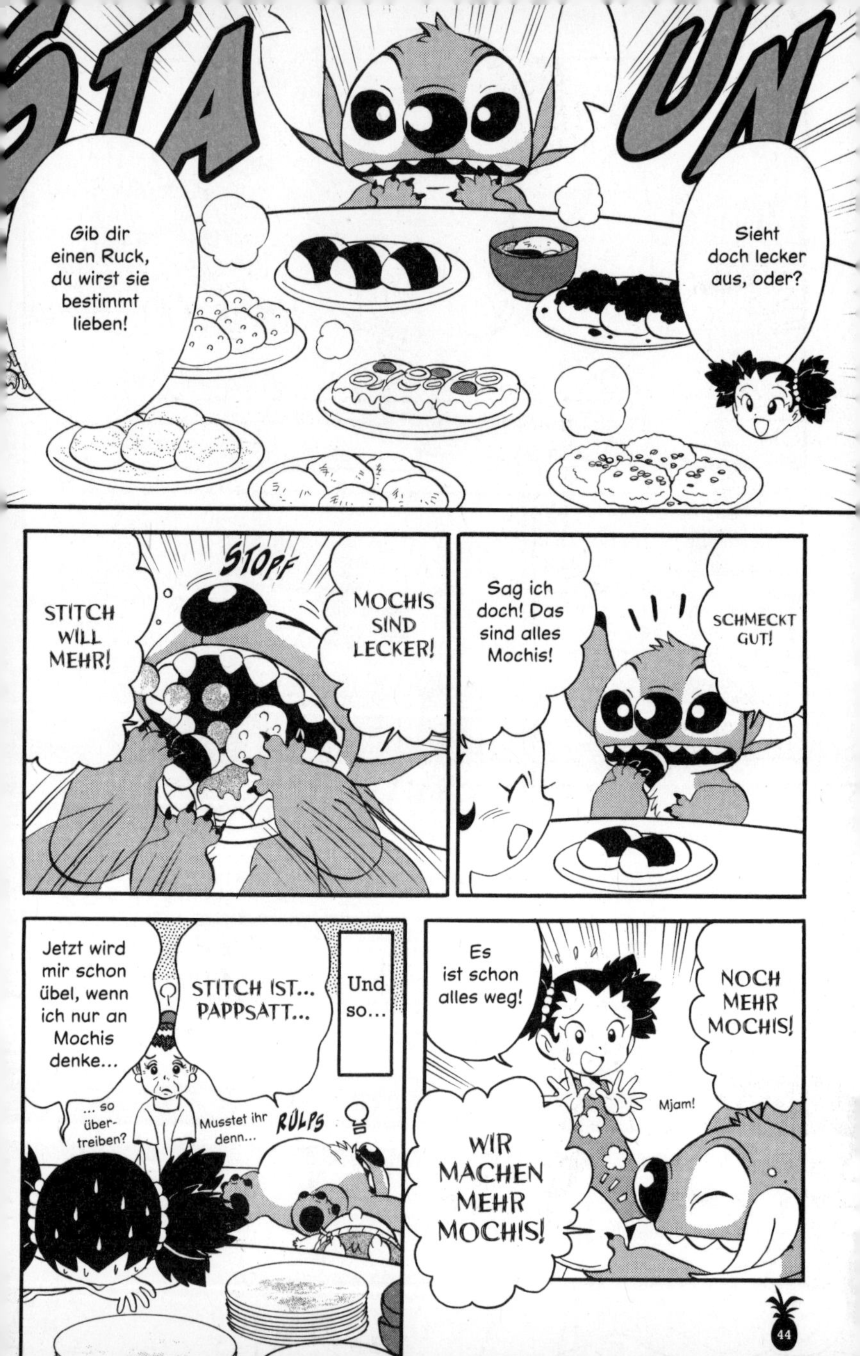
ŚTA UN
Sieht doch lecker aus, oder?
Gib dir einen Ruck, du wirst sie bestimmt lieben!
SCHMECKT GUT!
Sag ich doch! Das sind alles Mochis!
STOPF
MOCHIS SIND LECKER!
STITCH WILL MEHR!
NOCH MEHR MOCHIS!
Es ist schon alles weg!
Mjam!
WIR MACHEN MEHR MOCHIS!
Und so…
STITCH IST… PAPPSATT…
Jetzt wird mir schon übel, wenn ich nur an Mochis denke…
RÜLPS
Musstet ihr denn…
… so über-treiben?

Hier weiterlesen

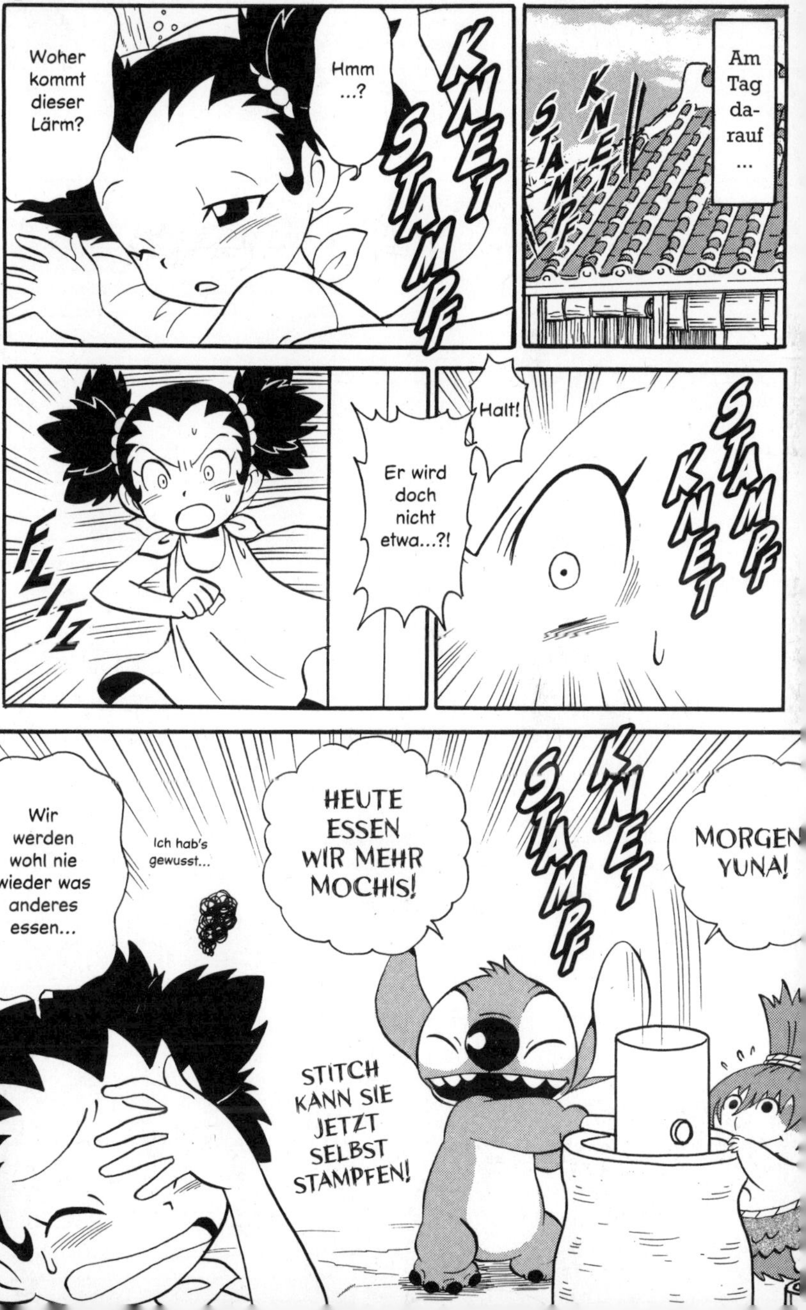

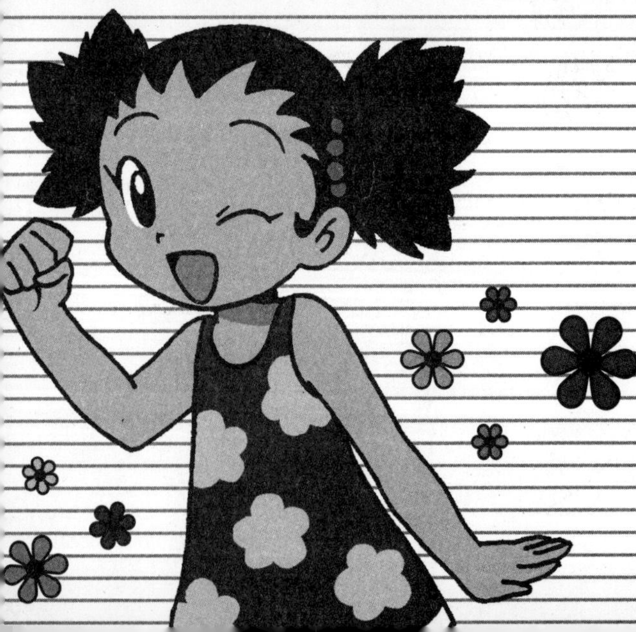

Es schneit auf Izayoi!

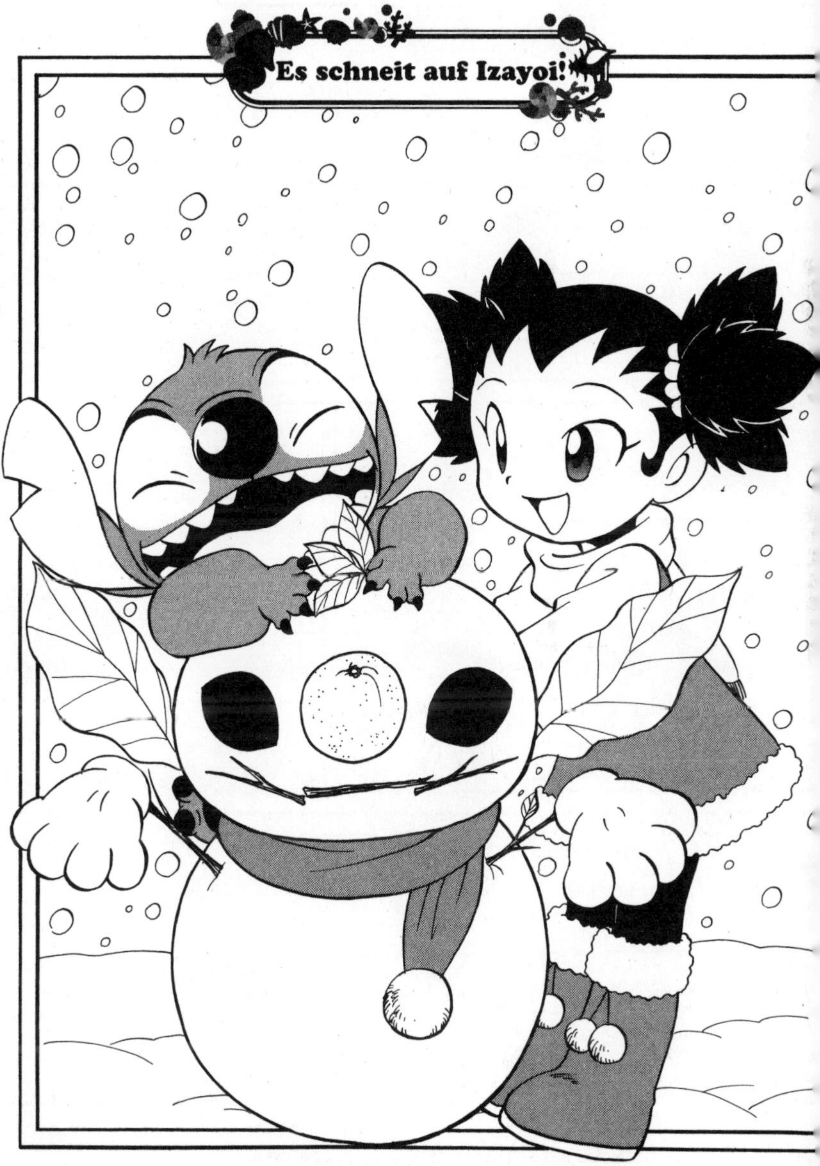

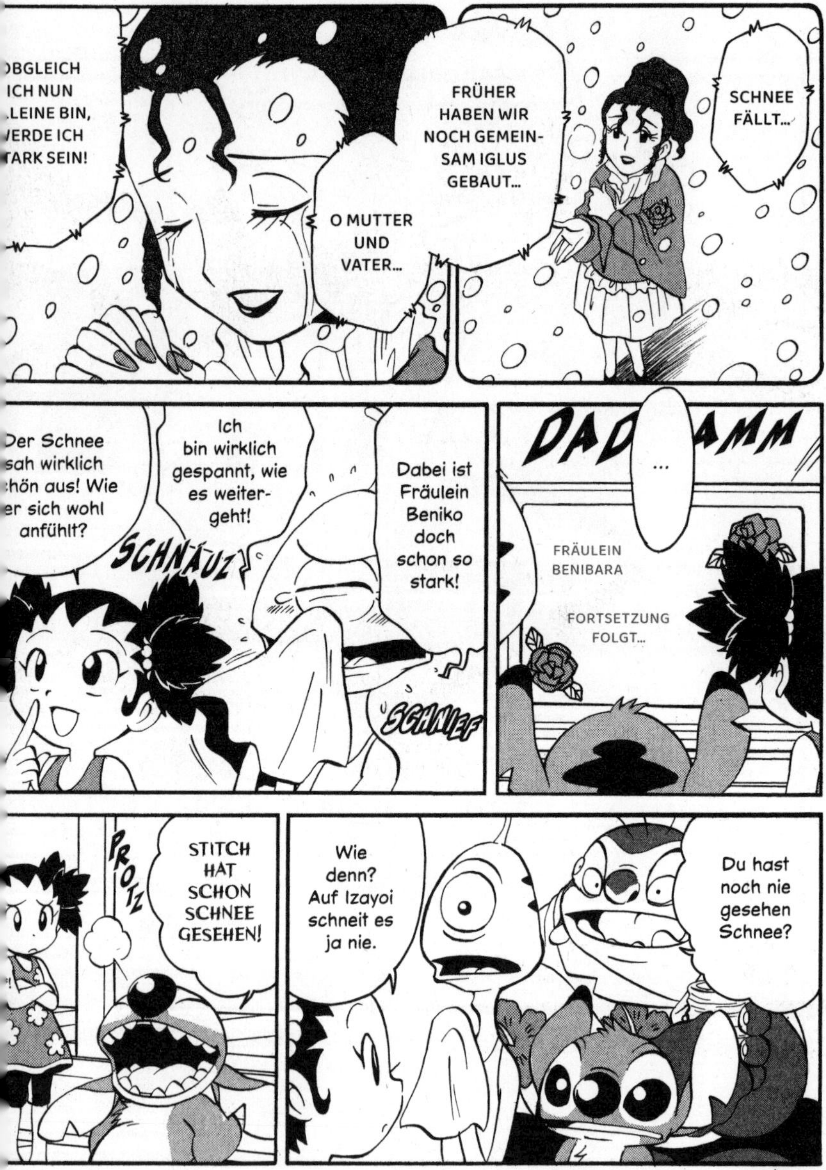
SCHNEE FÄLLT...
FRÜHER HABEN WIR NOCH GEMEIN-SAM IGLUS GEBAUT...
O MUTTER UND VATER...
OBGLEICH ICH NUN ALLEINE BIN, WERDE ICH STARK SEIN!
DADAMM
...
FRÄULEIN BENIBARA
FORTSETZUNG FOLGT...
Dabei ist Fräulein Beniko doch schon so stark!
SCHNIEF
Ich bin wirklich gespannt, wie es weiter-geht!
SCHNÄUZ
Der Schnee sah wirklich schön aus! Wie er sich wohl anfühlt?
Du hast noch nie gesehen Schnee?
Wie denn? Auf Izayoi schneit es ja nie.
STITCH HAT SCHON SCHNEE GESEHEN!
PROTZ

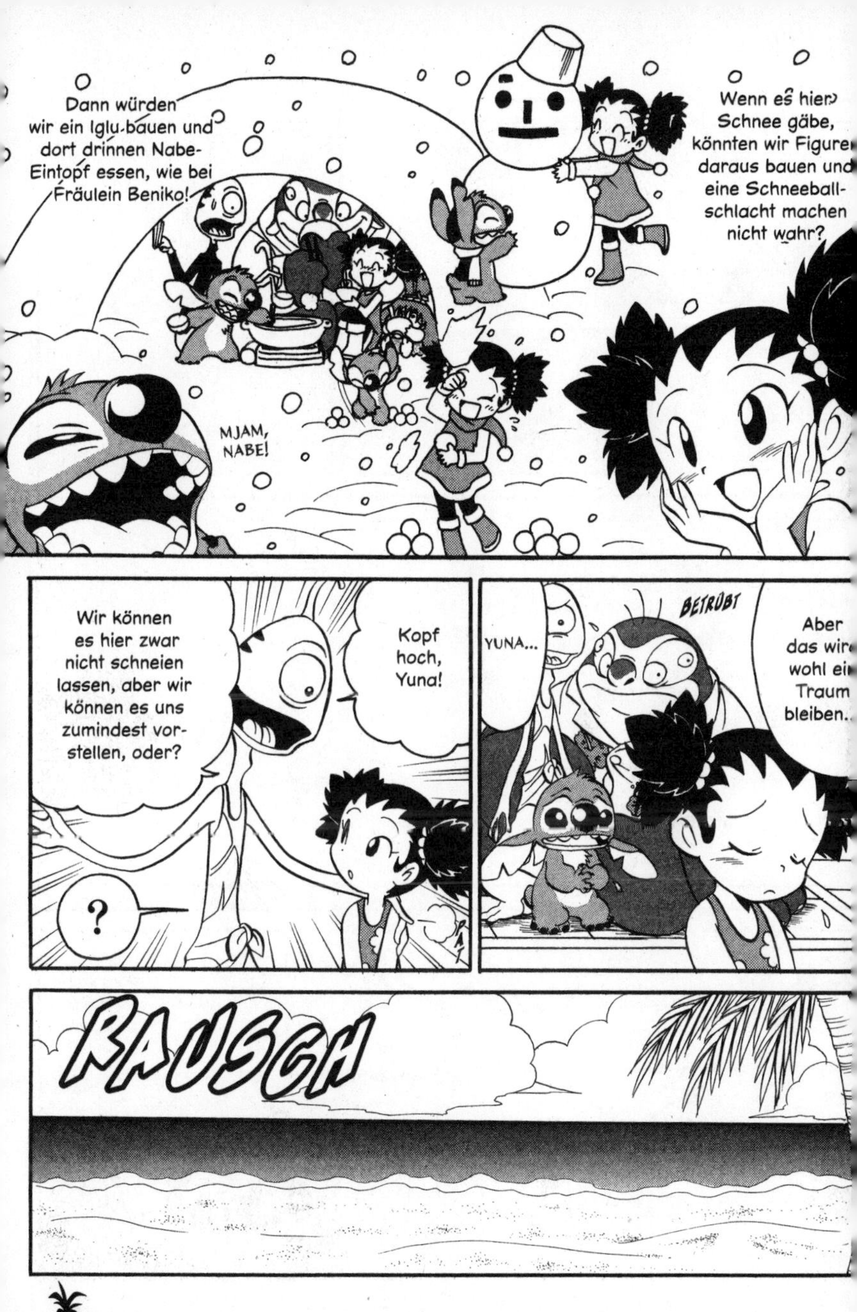
Wenn es hier Schnee gäbe, könnten wir Figure[n] daraus bauen und eine Schneeball-schlacht machen nicht wahr?
Dann würden wir ein Iglu bauen und dort drinnen Nabe-Eintopf essen, wie bei Fräulein Beniko!
MJAM, NABE!
Aber das wir[d] wohl ei[n] Traum bleiben...
BETRÜBT
YUNA...
Kopf hoch, Yuna!
Wir können es hier zwar nicht schneien lassen, aber wir können es uns zumindest vor-stellen, oder?
?
RAUSCH

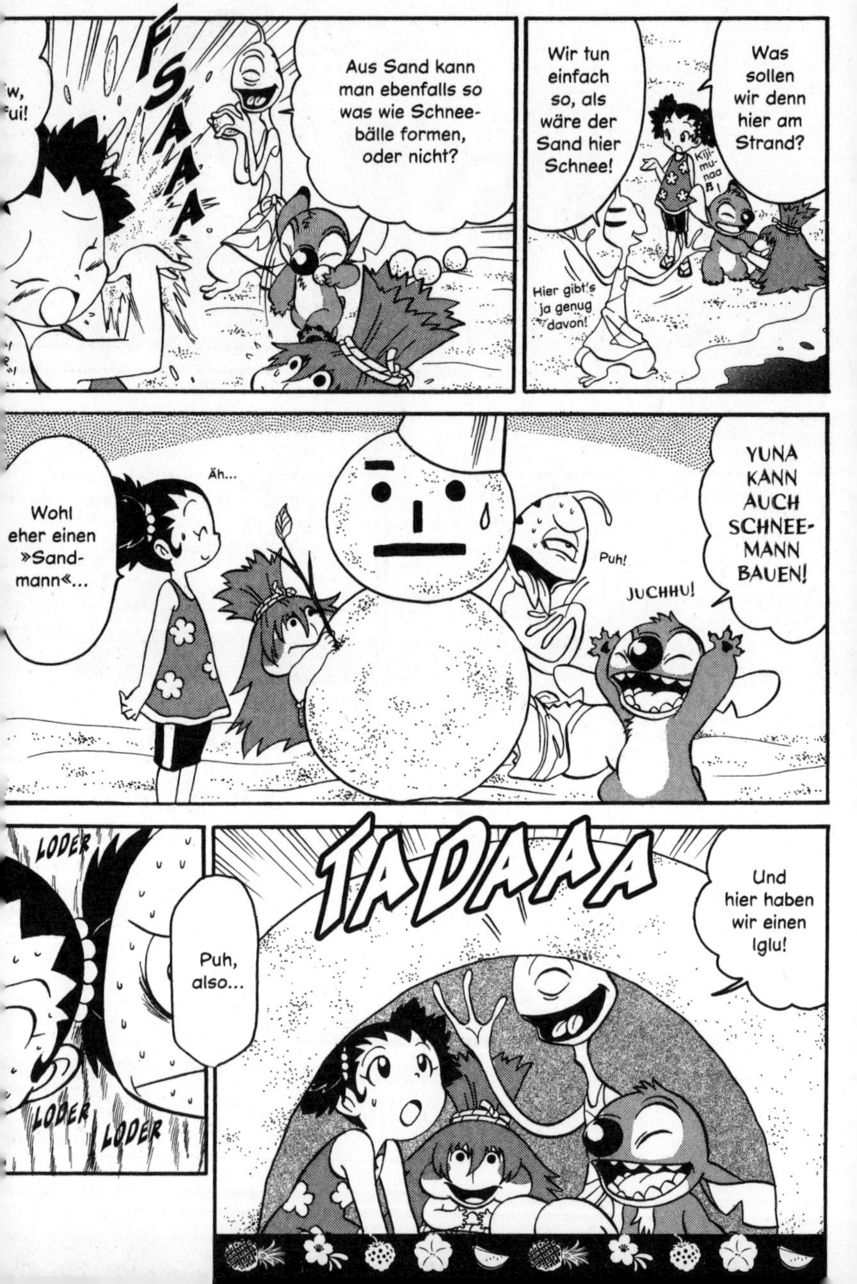

Was sollen wir denn hier am Strand?
Kiji-munaa!
Wir tun einfach so, als wäre der Sand hier Schnee!
Hier gibt's ja genug davon!
Aus Sand kann man ebenfalls so was wie Schneebälle formen, oder nicht?
FSAAA
YUNA KANN AUCH SCHNEEMANN BAUEN!
JUCHHU!
Puh!
Äh...
Wohl eher einen »Sandmann«...
Und hier haben wir einen Iglu!
TADAAA
Puh, also...
LODER
LODER
LODER

Hier weiterlesen

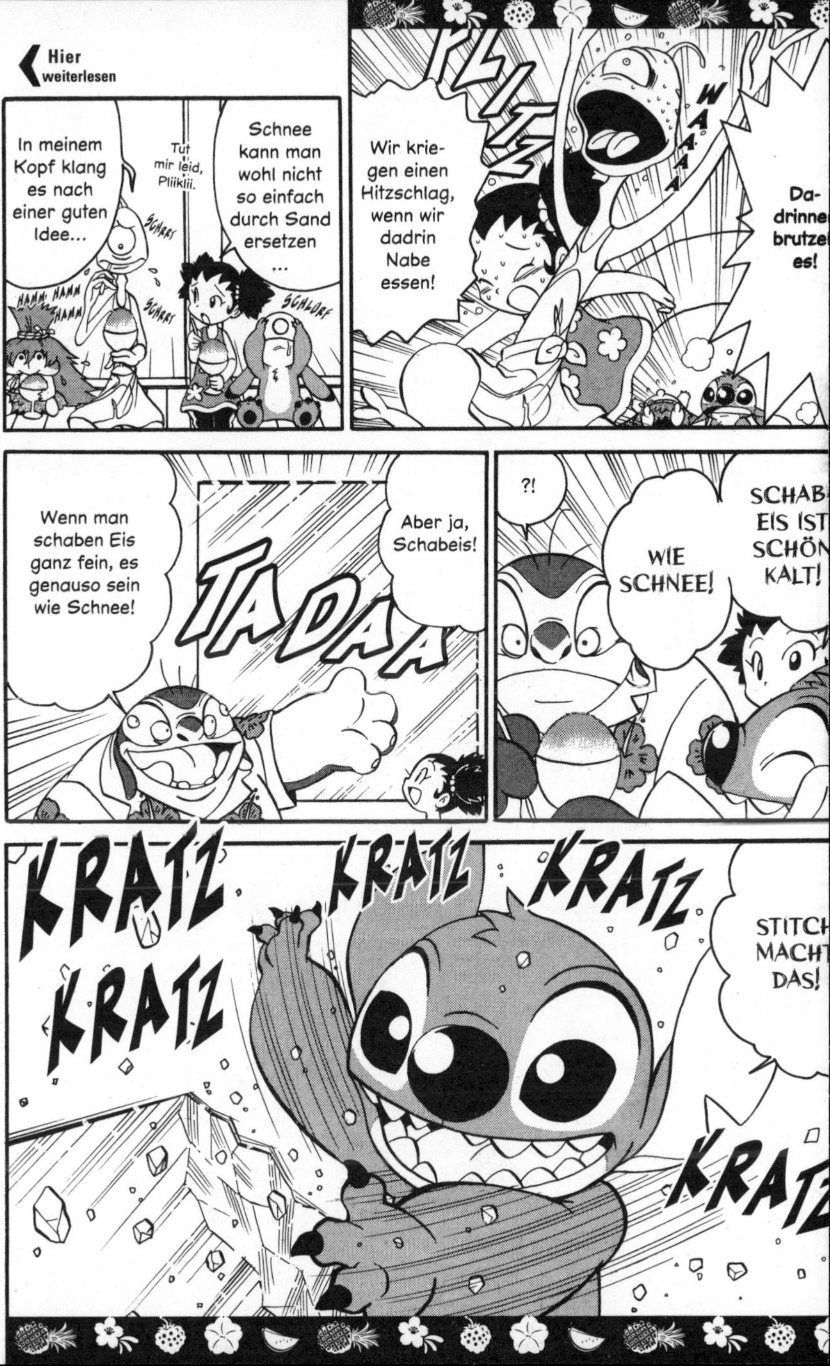

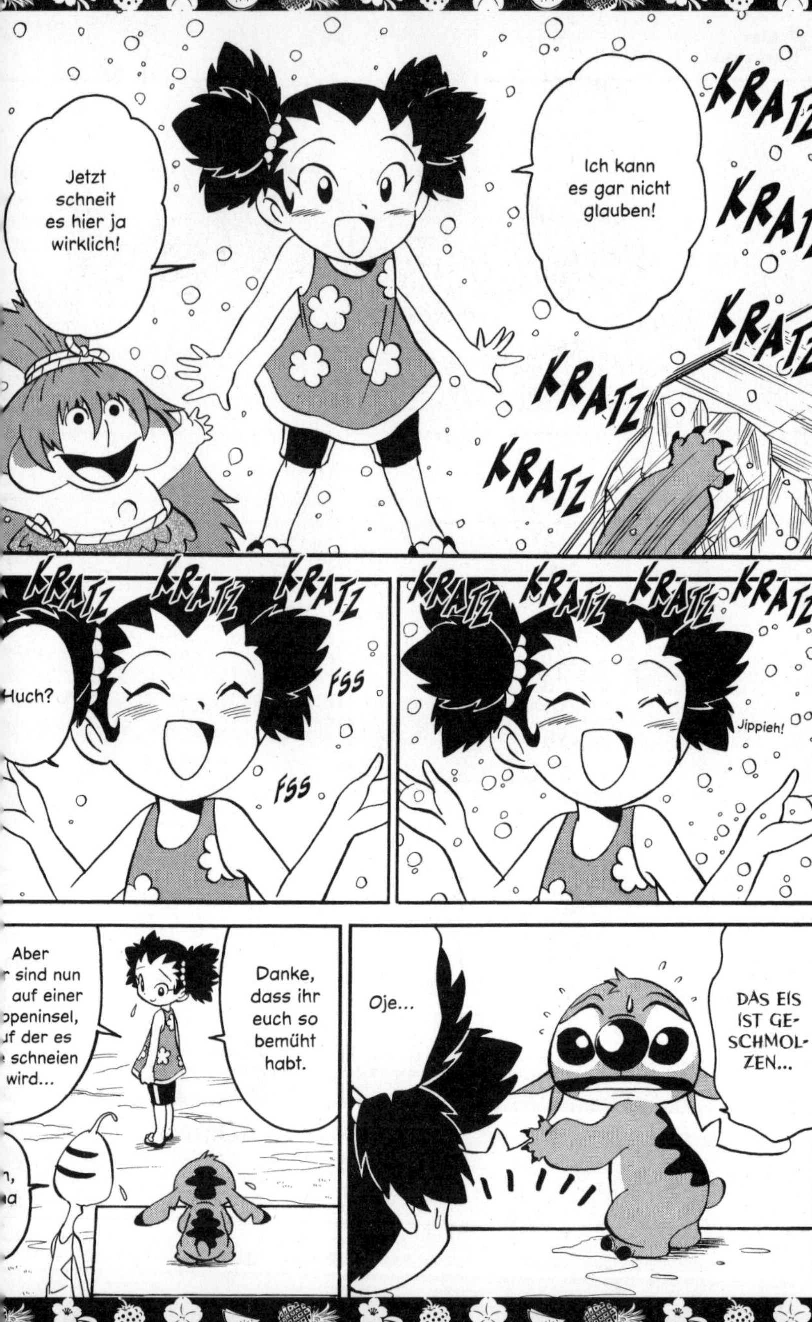
Jetzt schneit es hier ja wirklich!
Ich kann es gar nicht glauben!
KRATZ KRATZ KRATZ KRATZ KRATZ
KRATZ KRATZ KRATZ
Huch?
FSS FSS
KRATZ KRATZ KRATZ KRATZ
Jippieh!
Aber
r sind nun
auf einer
openinsel,
uf der es
schneien
wird...
Danke, dass ihr euch so bemüht habt.
Oje...
DAS EIS IST GESCHMOLZEN...

Hier weiterlesen

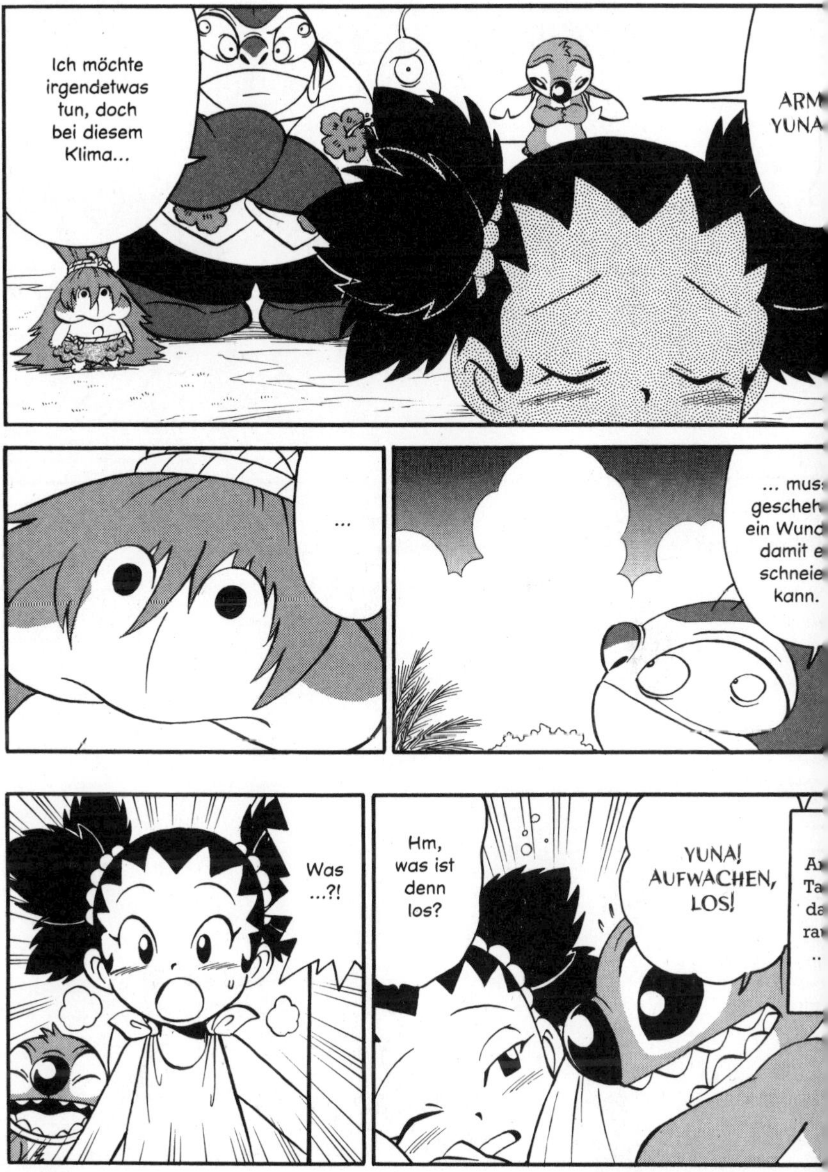

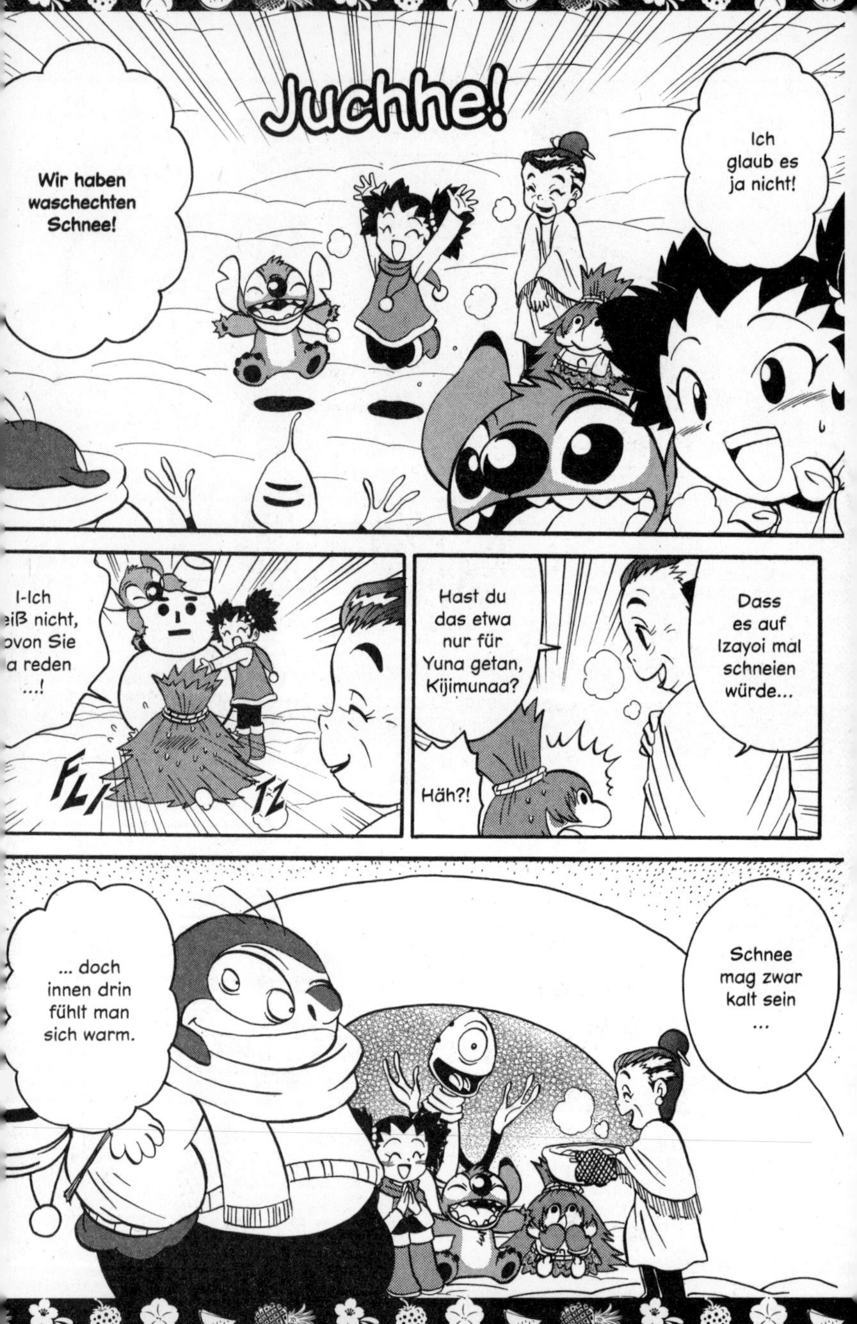
Juchhe!
Ich glaub es ja nicht!
Wir haben waschechten Schnee!
I-Ich
eiß nicht,
von Sie
a reden
...!
FLITZ
Dass es auf Izayoi mal schneien würde...
Hast du das etwa nur für Yuna getan, Kijimunaa?
Häh?!
Schnee mag zwar kalt sein ...
... doch innen drin fühlt man sich warm.

Unter Bohnenbeschuss!

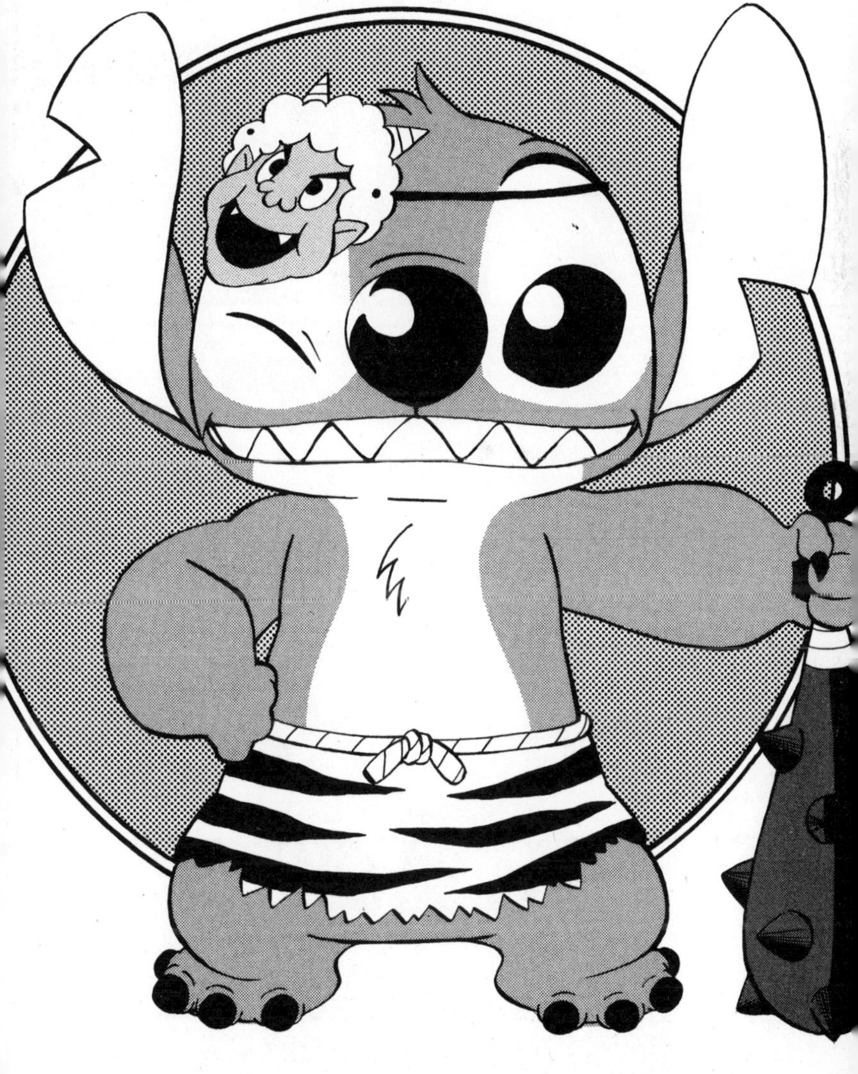

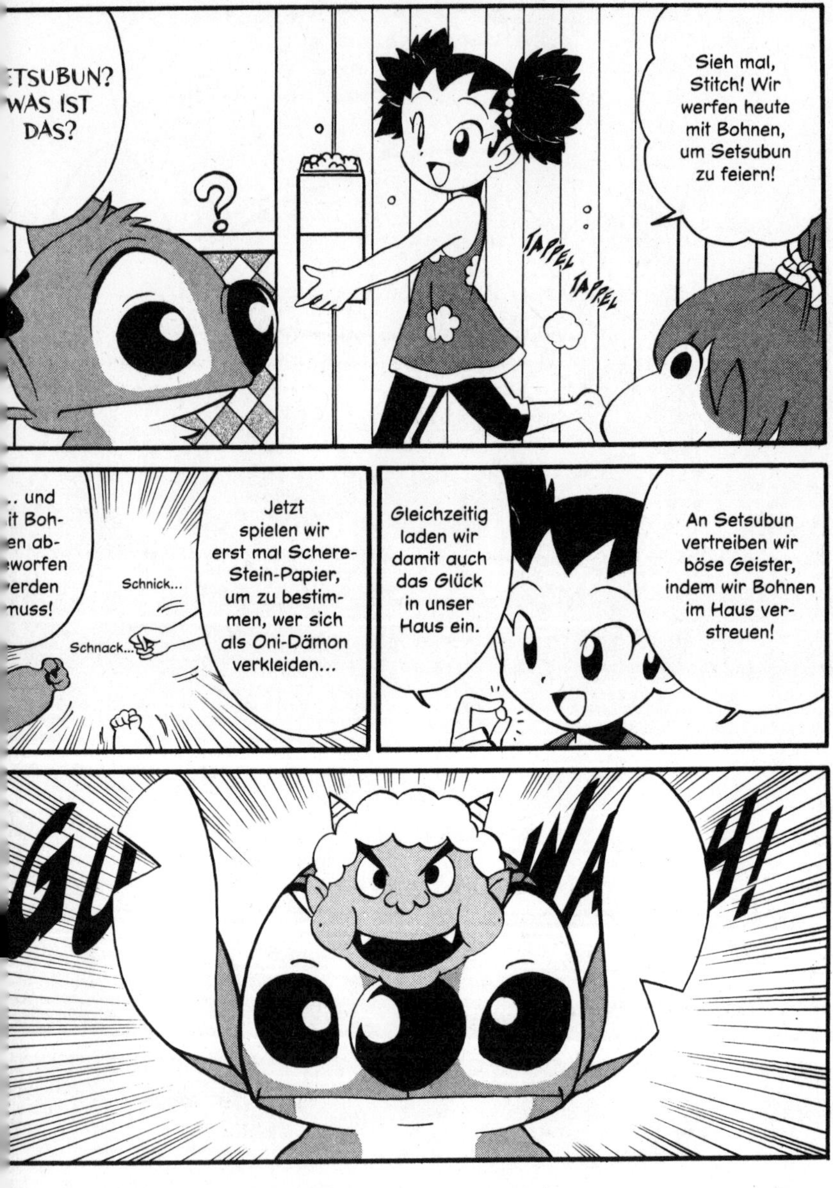
Sieh mal, Stitch! Wir werfen heute mit Bohnen, um Setsubun zu feiern!
TAPPEL TAPPEL
SETSUBUN? WAS IST DAS?
An Setsubun vertreiben wir böse Geister, indem wir Bohnen im Haus verstreuen!
Gleichzeitig laden wir damit auch das Glück in unser Haus ein.
Jetzt spielen wir erst mal Schere-Stein-Papier, um zu bestimmen, wer sich als Oni-Dämon verkleiden...
Schnick...
Schnack...
... und it Bohen abeworfen erden muss!
GUWAH!

Hier weiterlesen

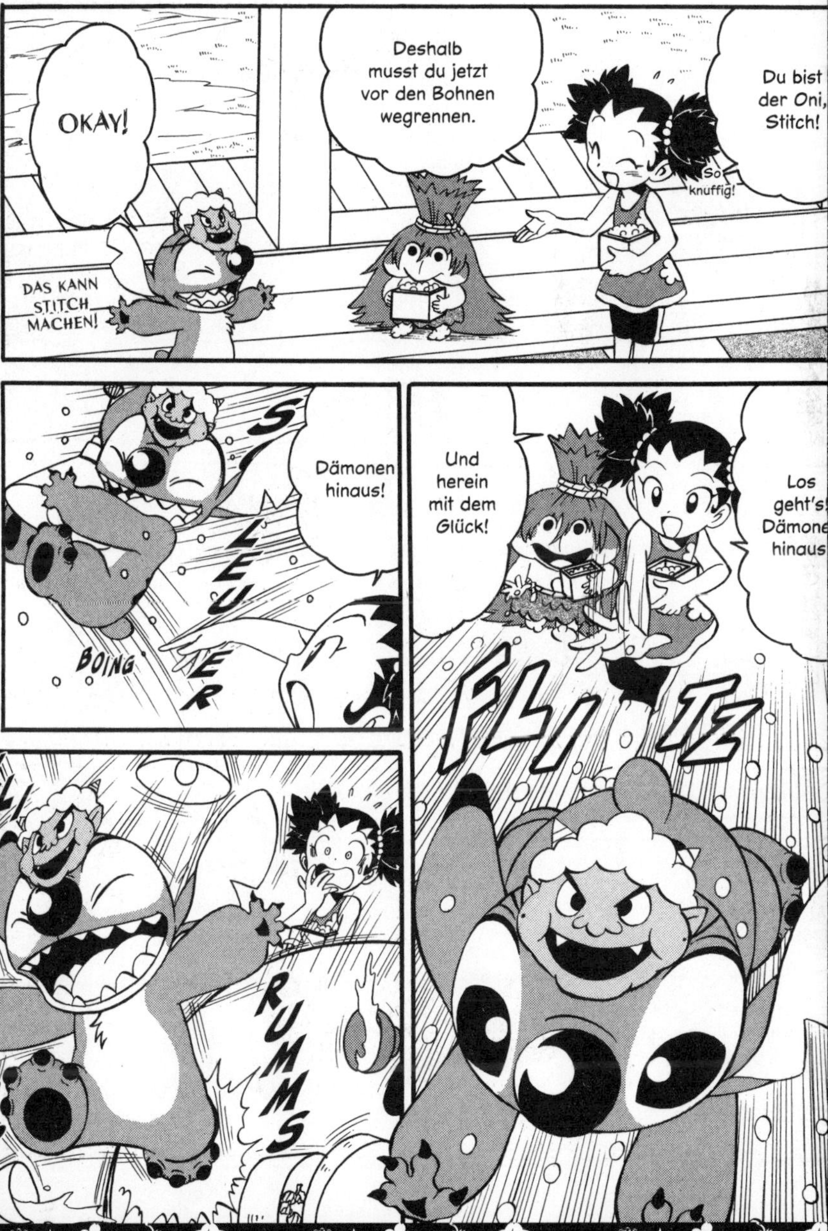

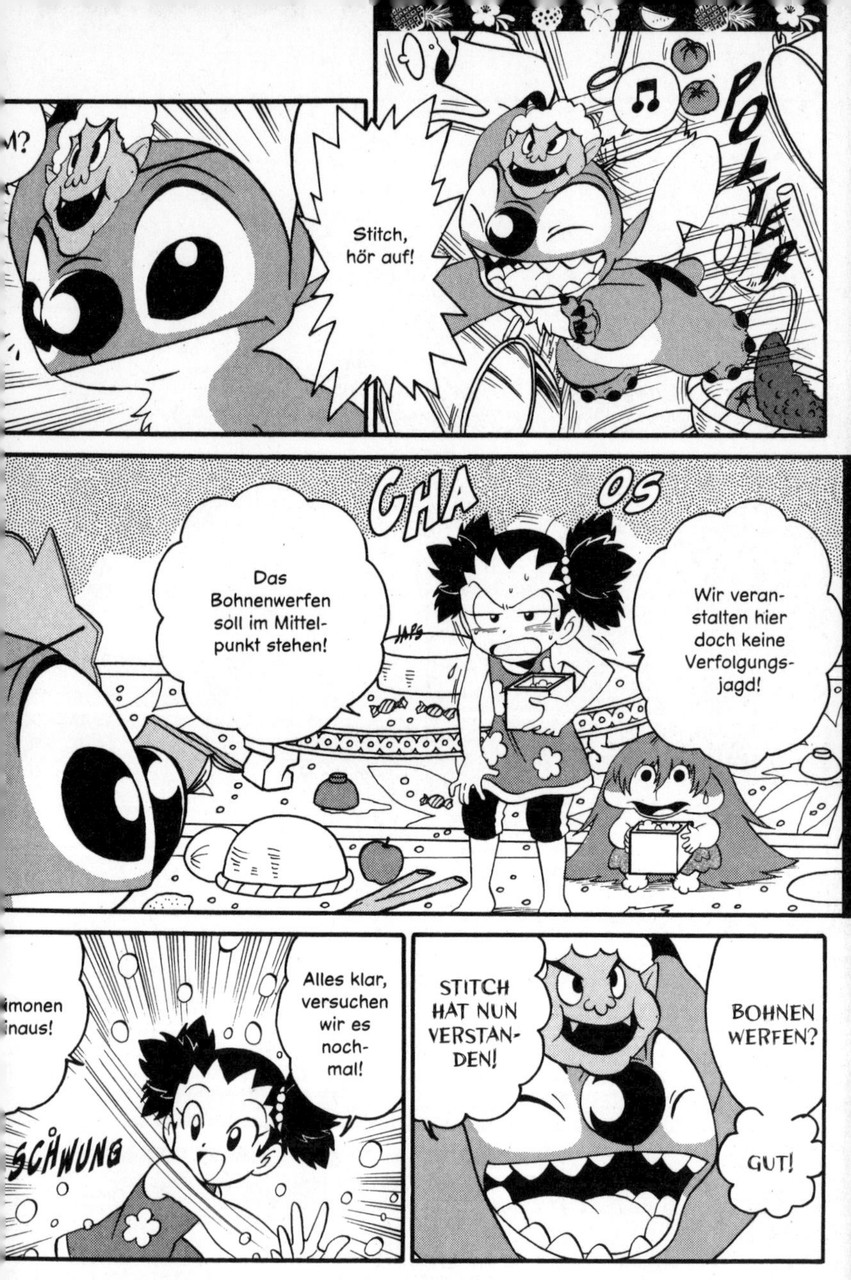

POLTER
Stitch, hör auf!
M?
CHAOS
Wir veranstalten hier doch keine Verfolgungsjagd!
JAPS
Das Bohnenwerfen soll im Mittelpunkt stehen!
BOHNEN WERFEN?
GUT!
STITCH HAT NUN VERSTANDEN!
Alles klar, versuchen wir es noch-mal!
imonen inaus!
SCHWUNG

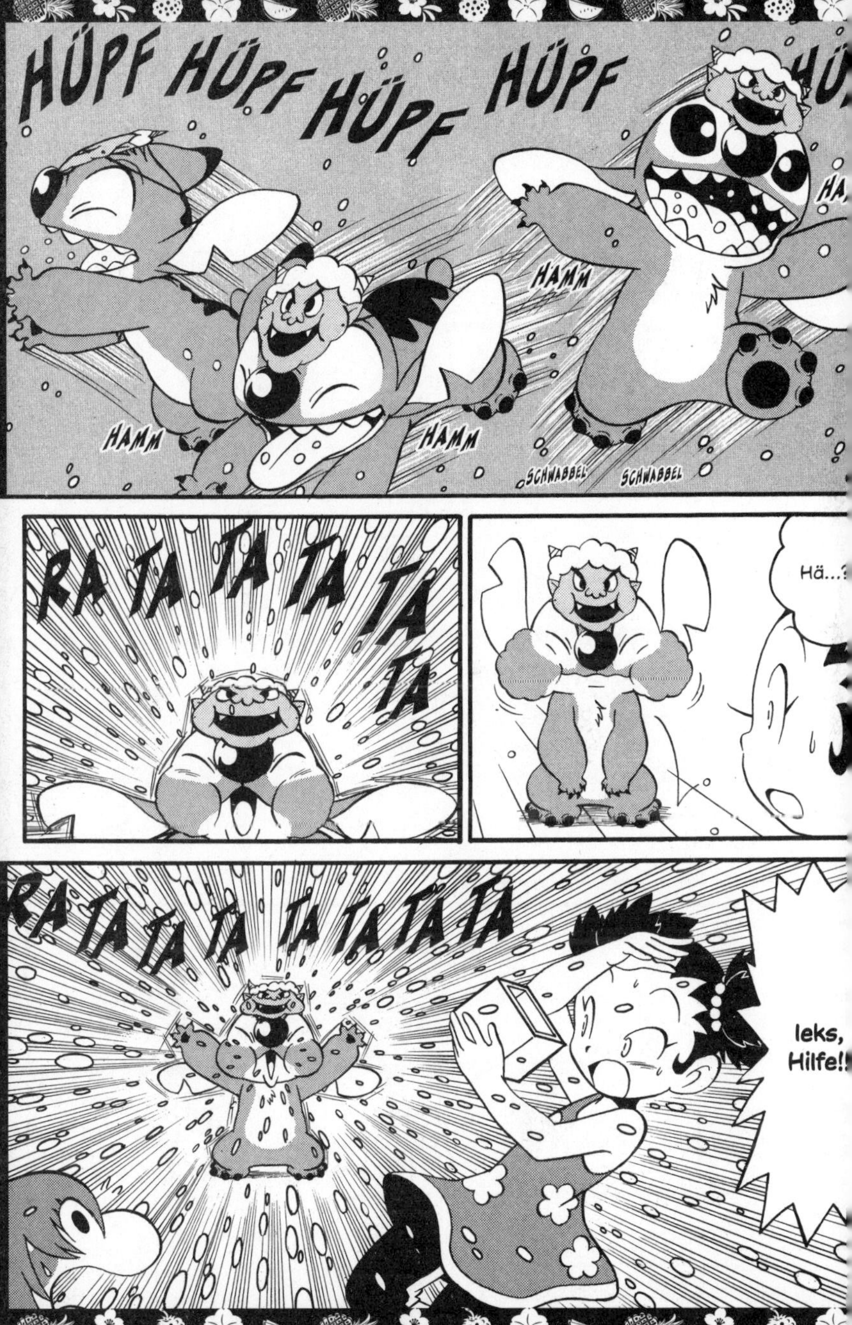
HÜPF HÜPF HÜPF HÜPF
HAMM
HAMM
HAMM
SCHWABBEL
SCHWABBEL
RA TA TA TA TA TA
Hä...?
RA TA TA TA TA TA TA TA
Ieks, Hilfe!!

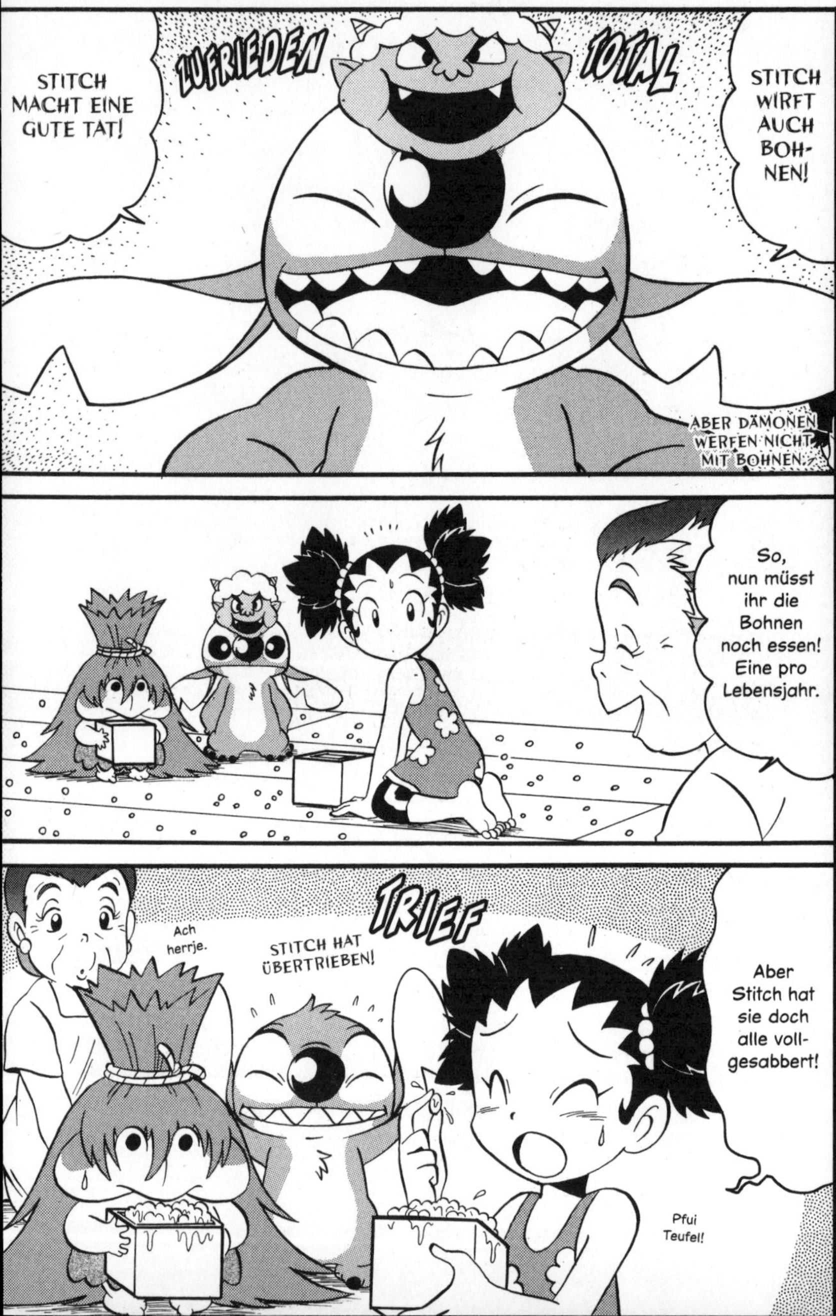

STITCH WIRFT AUCH BOHNEN!
TOTAL
ZUFRIEDEN
STITCH MACHT EINE GUTE TAT!
ABER DÄMONEN WERFEN NICHT MIT BOHNEN.
So, nun müsst ihr die Bohnen noch essen! Eine pro Lebensjahr.
Aber Stitch hat sie doch alle vollgesabbert!
TRIEF
STITCH HAT ÜBERTRIEBEN!
Ach herrje.
Pfui Teufel!

Frohen Valentinstag!

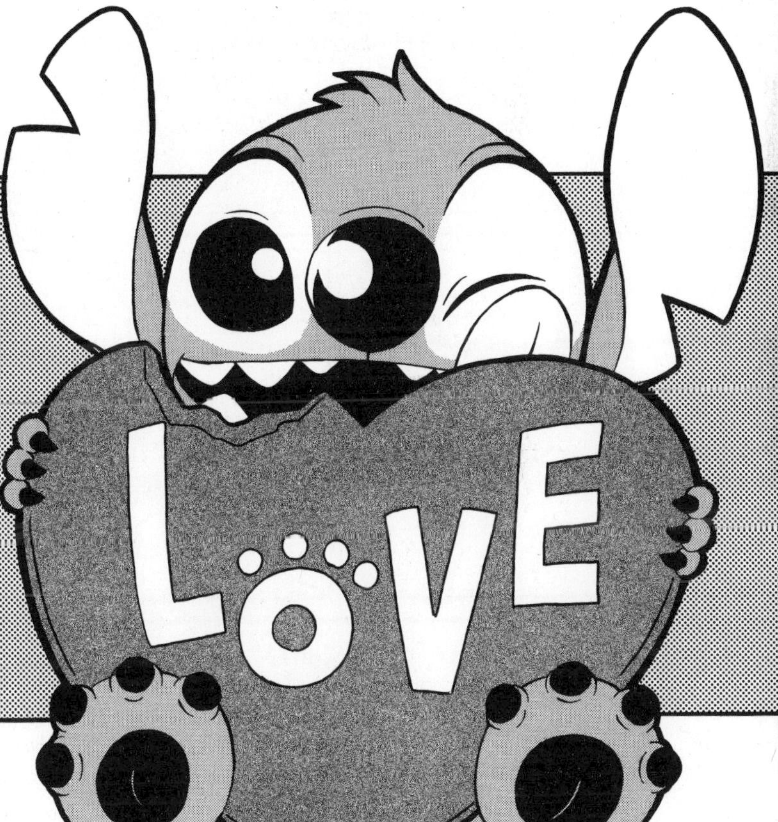

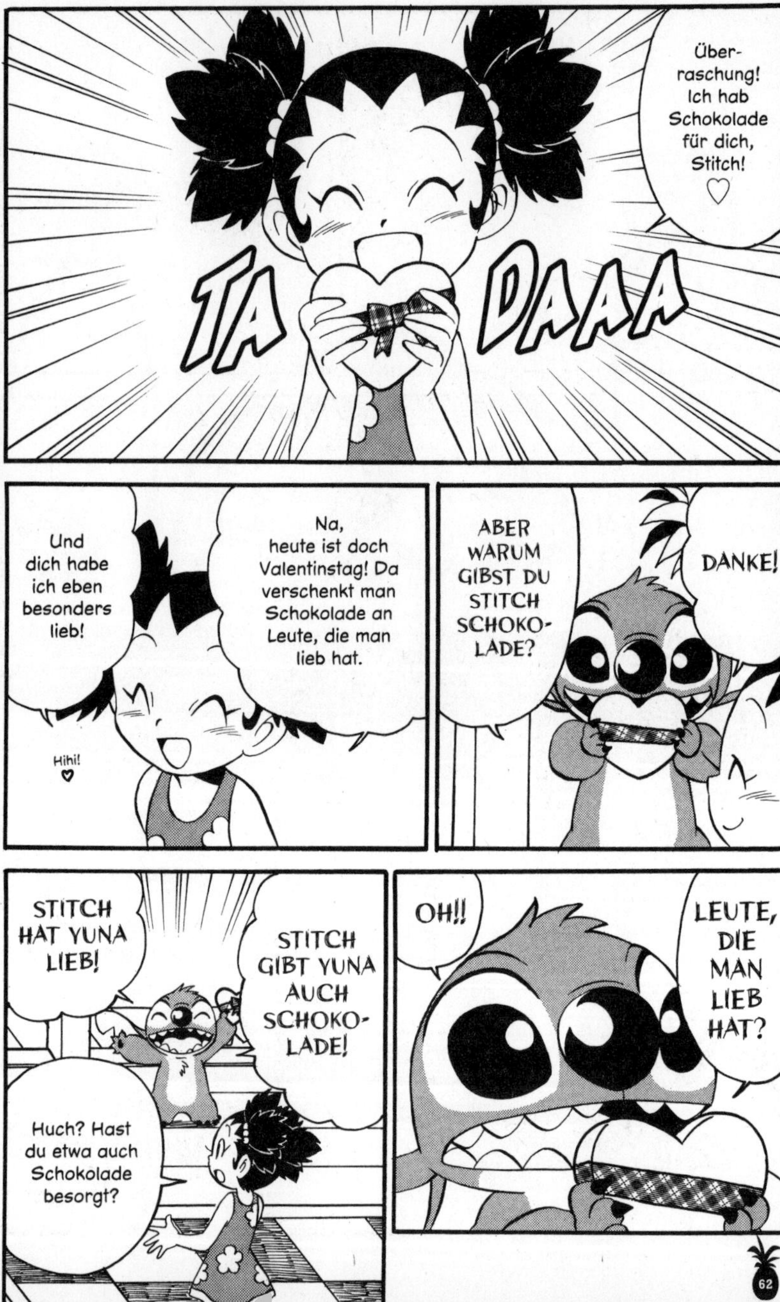
Über-
raschung!
Ich hab
Schokolade
für dich,
Stitch!
♡
TA DAAA
DANKE!
ABER WARUM GIBST DU STITCH SCHOKO-LADE?
Na, heute ist doch Valentinstag! Da verschenkt man Schokolade an Leute, die man lieb hat.
Und dich habe ich eben besonders lieb!
Hihi! ♡
LEUTE, DIE MAN LIEB HAT?
OH!!
STITCH GIBT YUNA AUCH SCHOKO-LADE!
STITCH HAT YUNA LIEB!
Huch? Hast du etwa auch Schokolade besorgt?

Hier weiterlesen

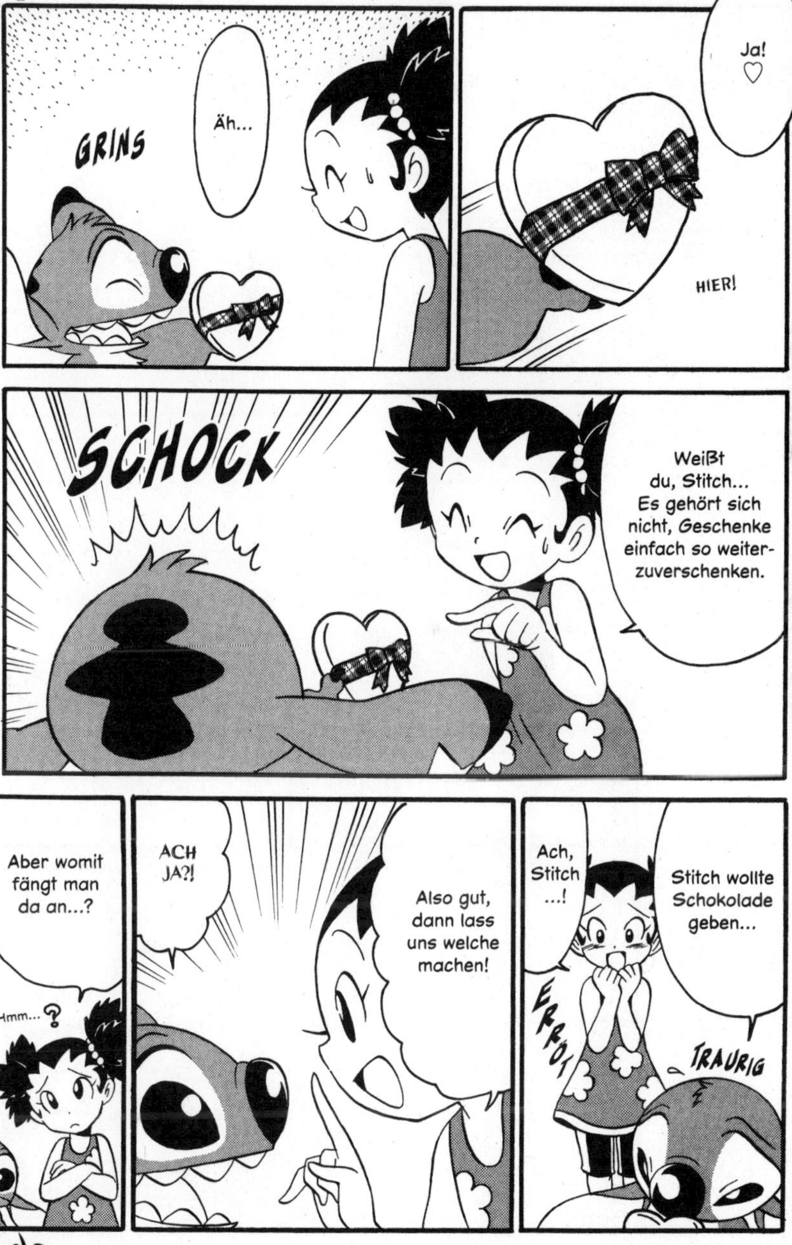

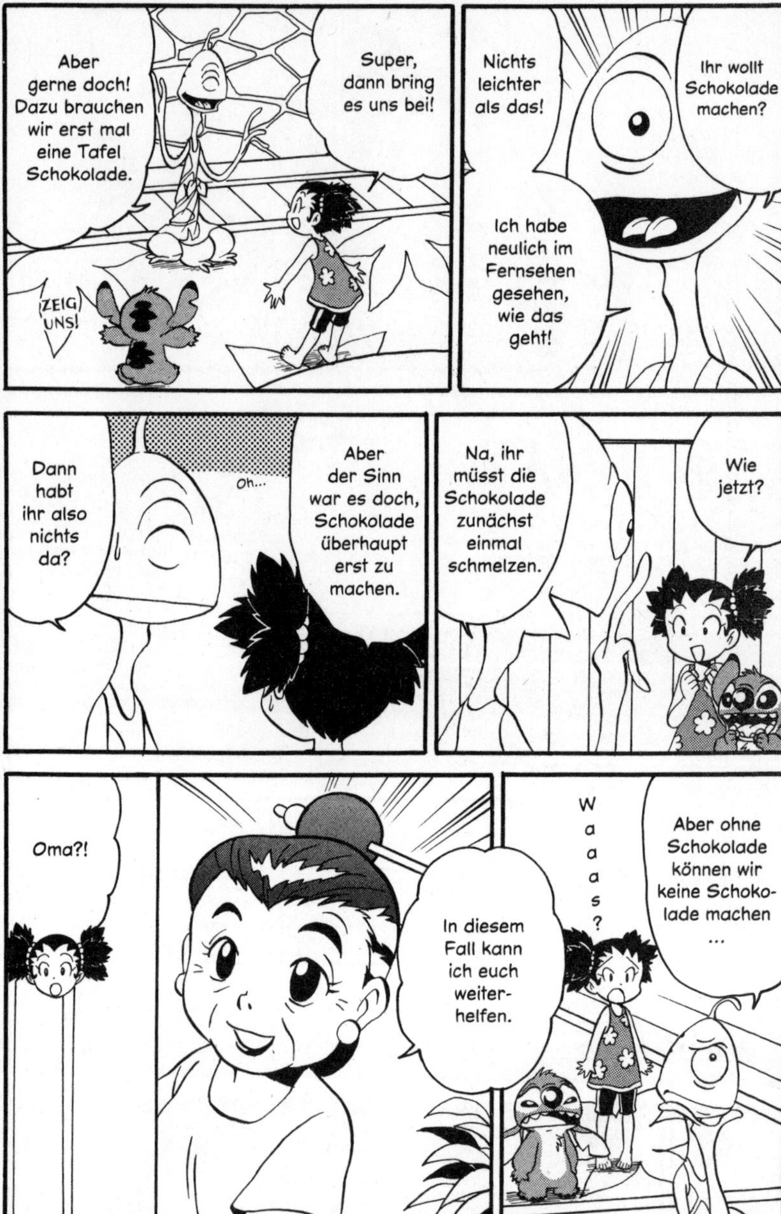
Aber gerne doch! Dazu brauchen wir erst mal eine Tafel Schokolade.
Super, dann bring es uns bei!
ZEIG UNS!
Ihr wollt Schokolade machen?
Nichts leichter als das!
Ich habe neulich im Fernsehen gesehen, wie das geht!
Wie jetzt?
Na, ihr müsst die Schokolade zunächst einmal schmelzen.
Aber der Sinn war es doch, Schokolade überhaupt erst zu machen.
Oh...
Dann habt ihr also nichts da?
Aber ohne Schokolade können wir keine Schokolade machen ...
Waaas?
In diesem Fall kann ich euch weiterhelfen.
Oma?!

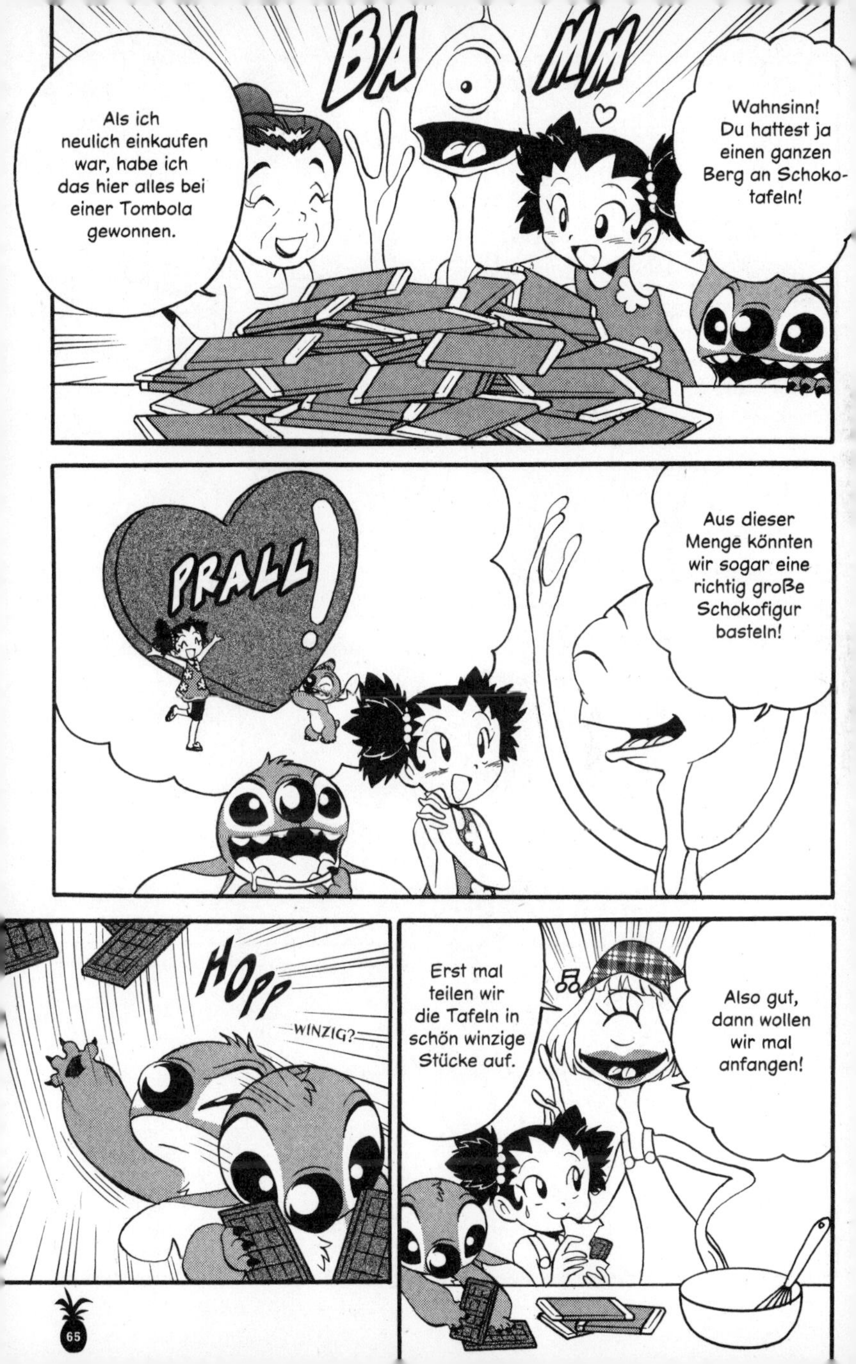
BAMM
Als ich neulich einkaufen war, habe ich das hier alles bei einer Tombola gewonnen.
Wahnsinn! Du hattest ja einen ganzen Berg an Schokotafeln!
Aus dieser Menge könnten wir sogar eine richtig große Schokofigur basteln!
PRALL
Also gut, dann wollen wir mal anfangen!
Erst mal teilen wir die Tafeln in schön winzige Stücke auf.
HOPP
WINZIG?

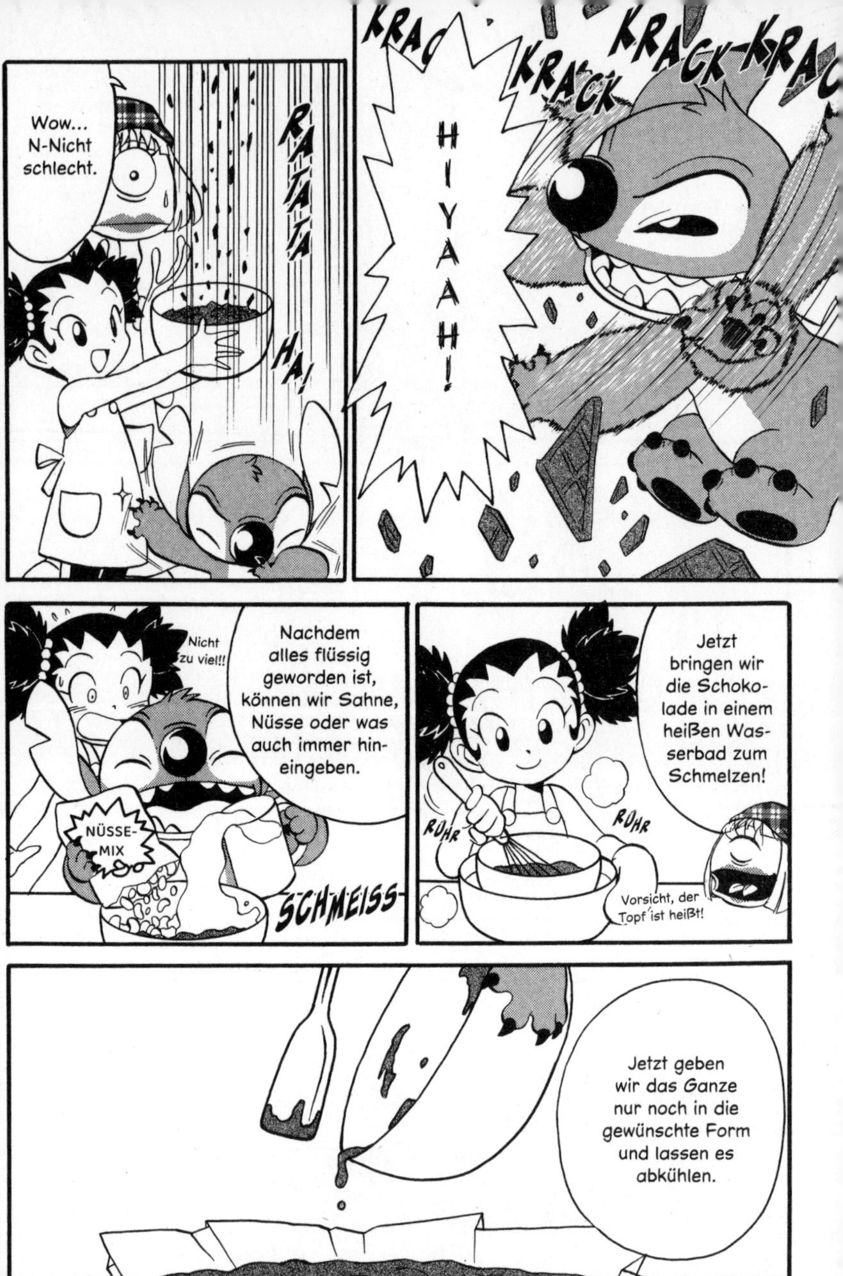
KRAC
KRACK KRACK-KRAC
HIYAAAH!
RATATATA
HA!
Wow... N-Nicht schlecht.
Jetzt bringen wir die Schokolade in einem heißen Wasserbad zum Schmelzen!
RÜHR
RÜHR
Vorsicht, der Topf ist heißt!
Nachdem alles flüssig geworden ist, können wir Sahne, Nüsse oder was auch immer hineingeben.
Nicht zu viel!!
NÜSSE-MIX
SCHMEISS-
Jetzt geben wir das Ganze nur noch in die gewünschte Form und lassen es abkühlen.

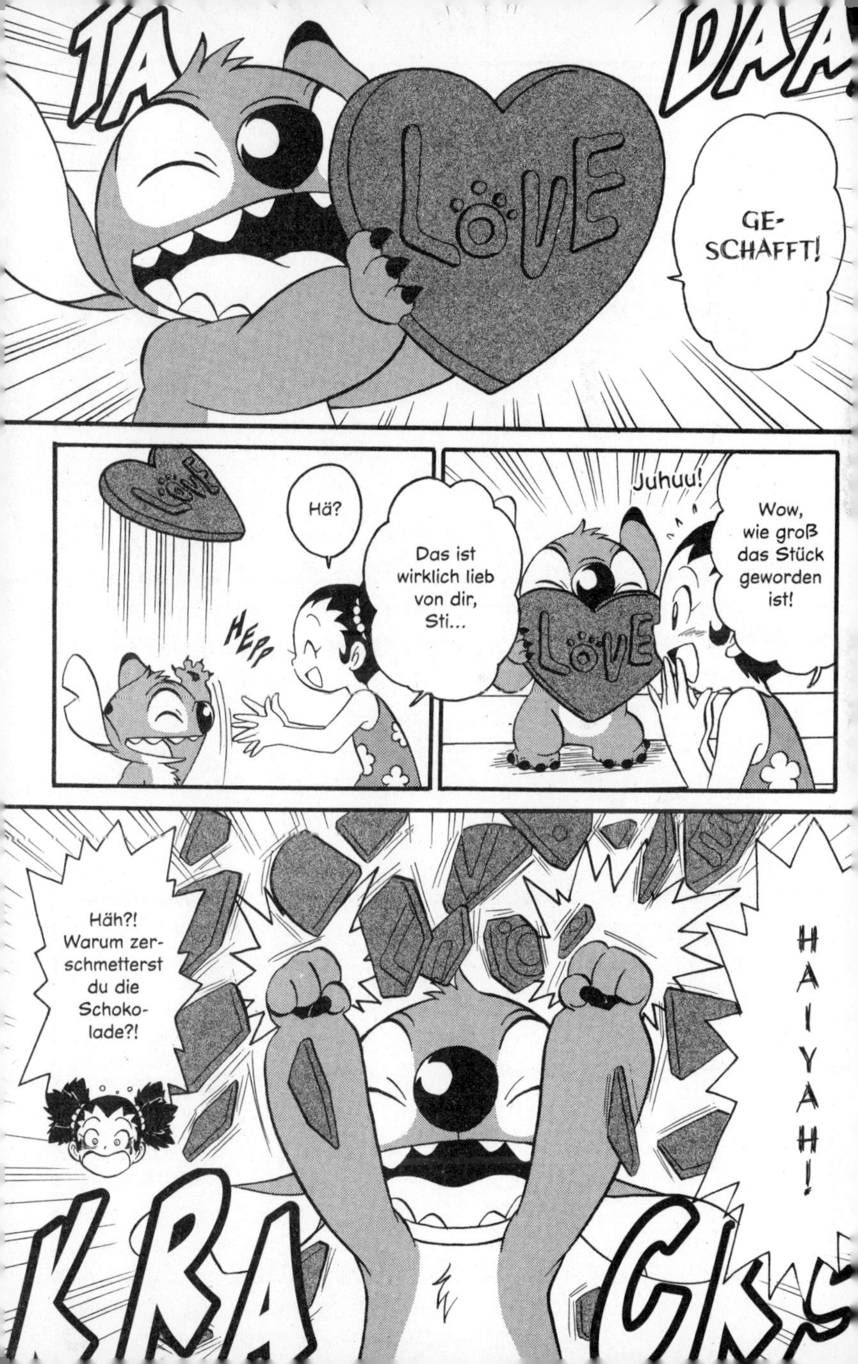
TA
DAA!
GE-SCHAFFT!
Hä?
Das ist wirklich lieb von dir, Sti...
HEPP
Juhuu!
Wow, wie groß das Stück geworden ist!
Häh?! Warum zerschmetterst du die Schokolade?!
HAIYAH!
KRA
CKS

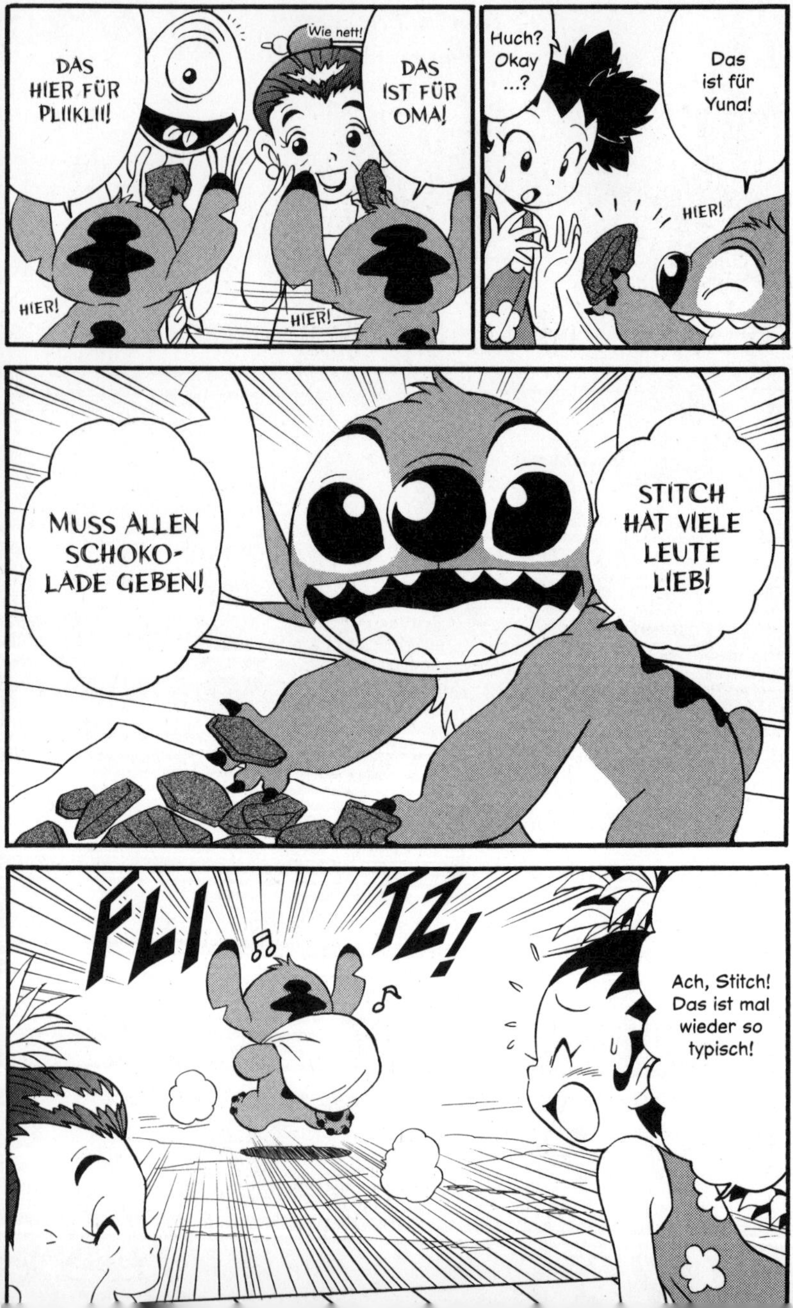
Das ist für Yuna!
HIER!
Huch? Okay ...?
DAS IST FÜR OMA!
Wie nett!
HIER!
DAS HIER FÜR PLIIKLII!
HIER!
STITCH HAT VIELE LEUTE LIEB!
MUSS ALLEN SCHOKO-LADE GEBEN!
Ach, Stitch! Das ist mal wieder so typisch!
FLI TZ!

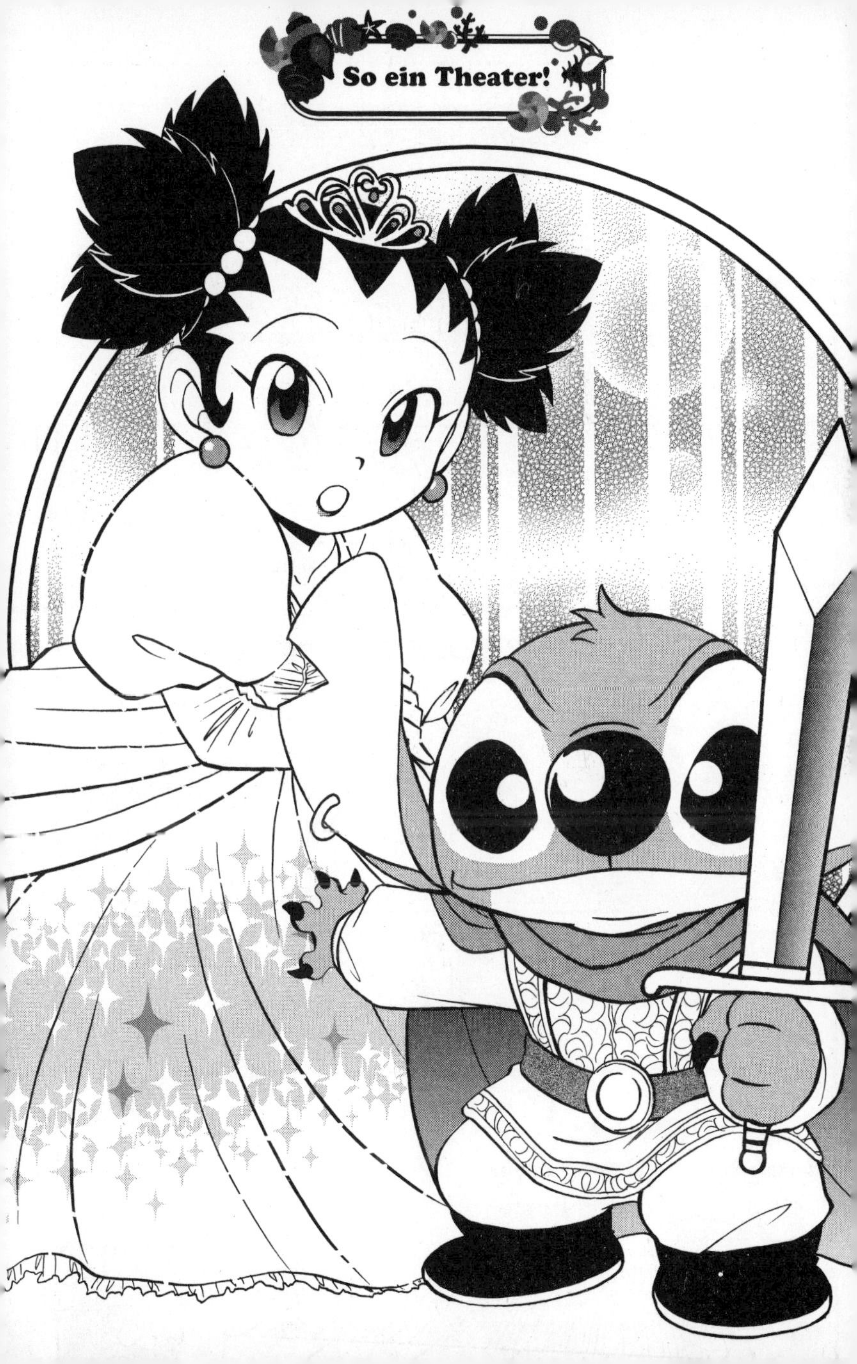
So ein Theater!

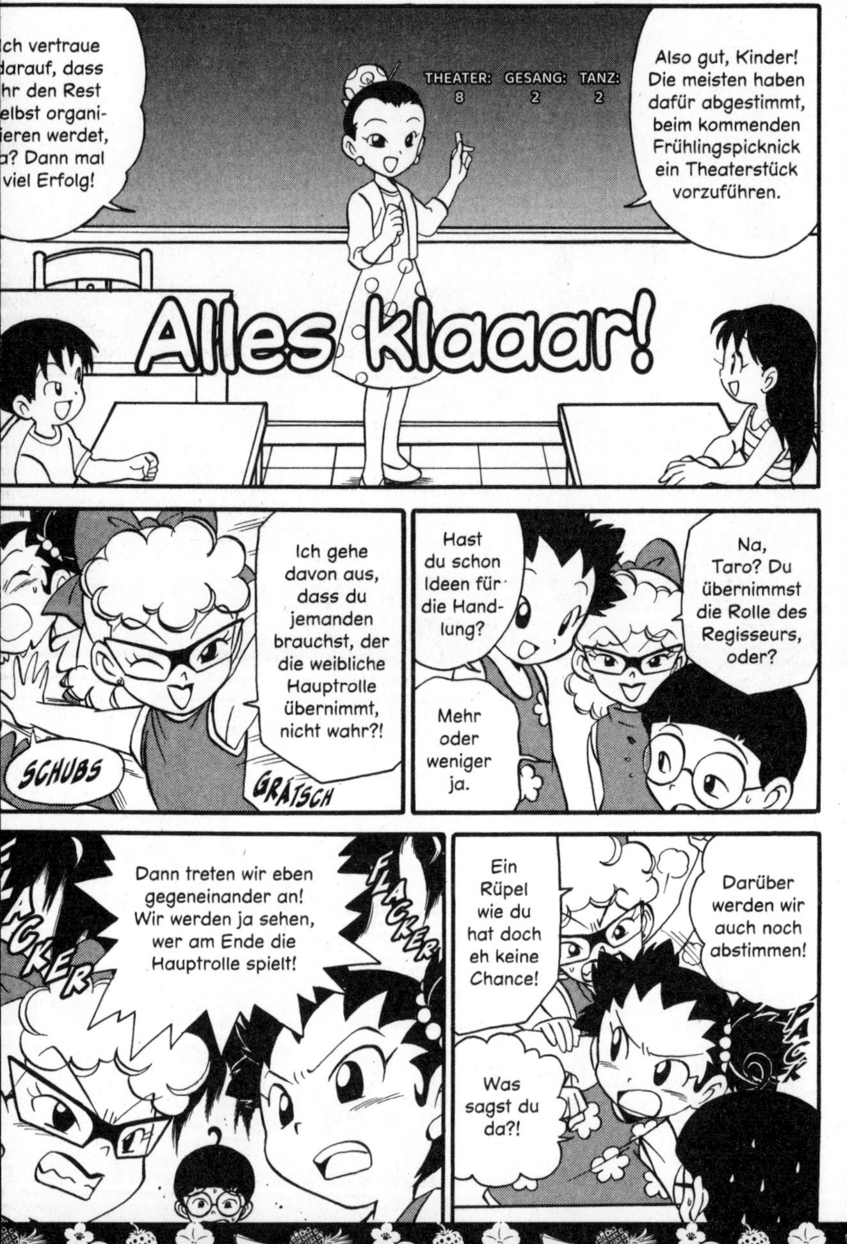
THEATER: 8 GESANG: 2 TANZ: 2
Also gut, Kinder! Die meisten haben dafür abgestimmt, beim kommenden Frühlingspicknick ein Theaterstück vorzuführen.
ch vertraue darauf, dass hr den Rest elbst organi- ieren werdet, a? Dann mal viel Erfolg!
Alles klaaar!
Na, Taro? Du übernimmst die Rolle des Regisseurs, oder?
Hast du schon Ideen für die Hand- lung?
Mehr oder weniger ja.
Ich gehe davon aus, dass du jemanden brauchst, der die weibliche Hauptrolle übernimmt, nicht wahr?!
SCHUBS
GRÄTSCH
Darüber werden wir auch noch abstimmen!
Ein Rüpel wie du hat doch eh keine Chance!
Was sagst du da?!
PACK
Dann treten wir eben gegeneinander an! Wir werden ja sehen, wer am Ende die Hauptrolle spielt!
FLACKER
FLACKER

Hier weiterlesen

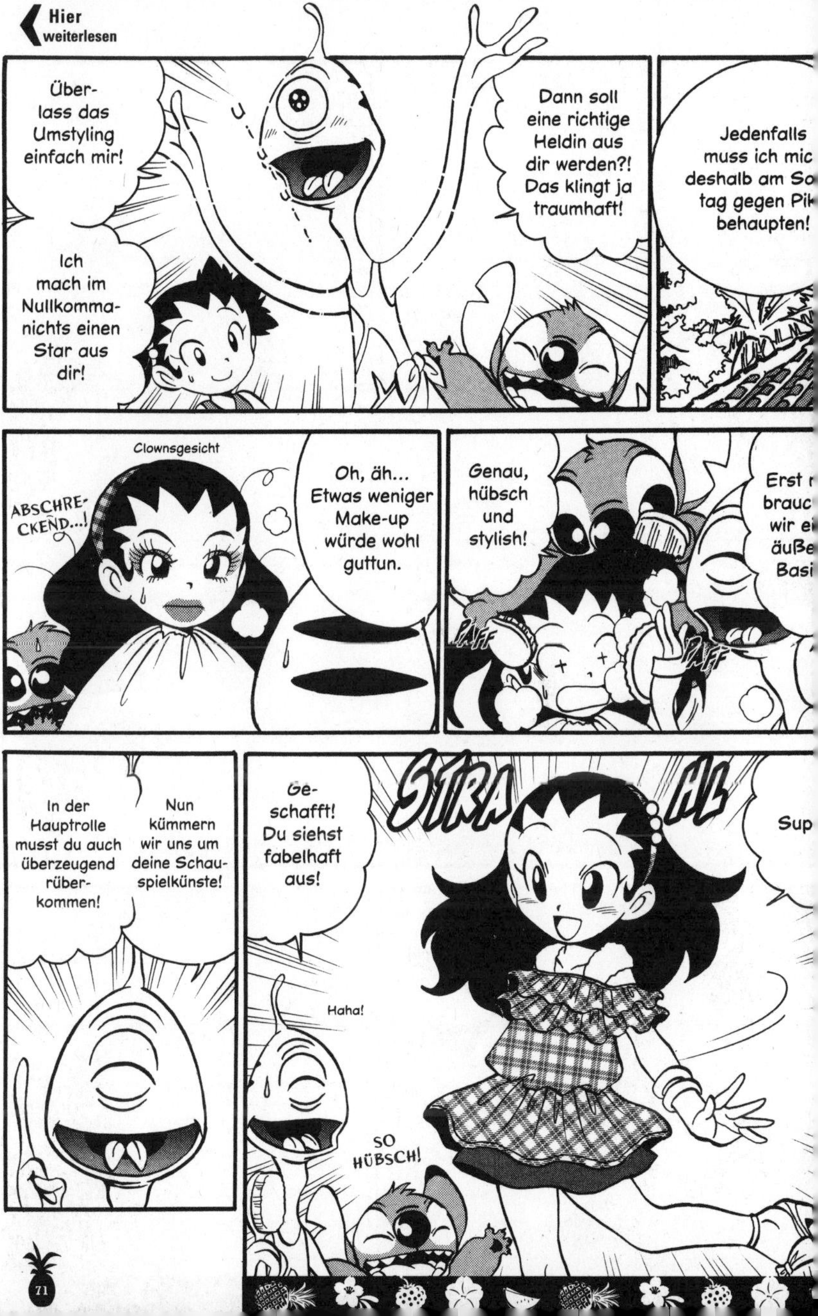

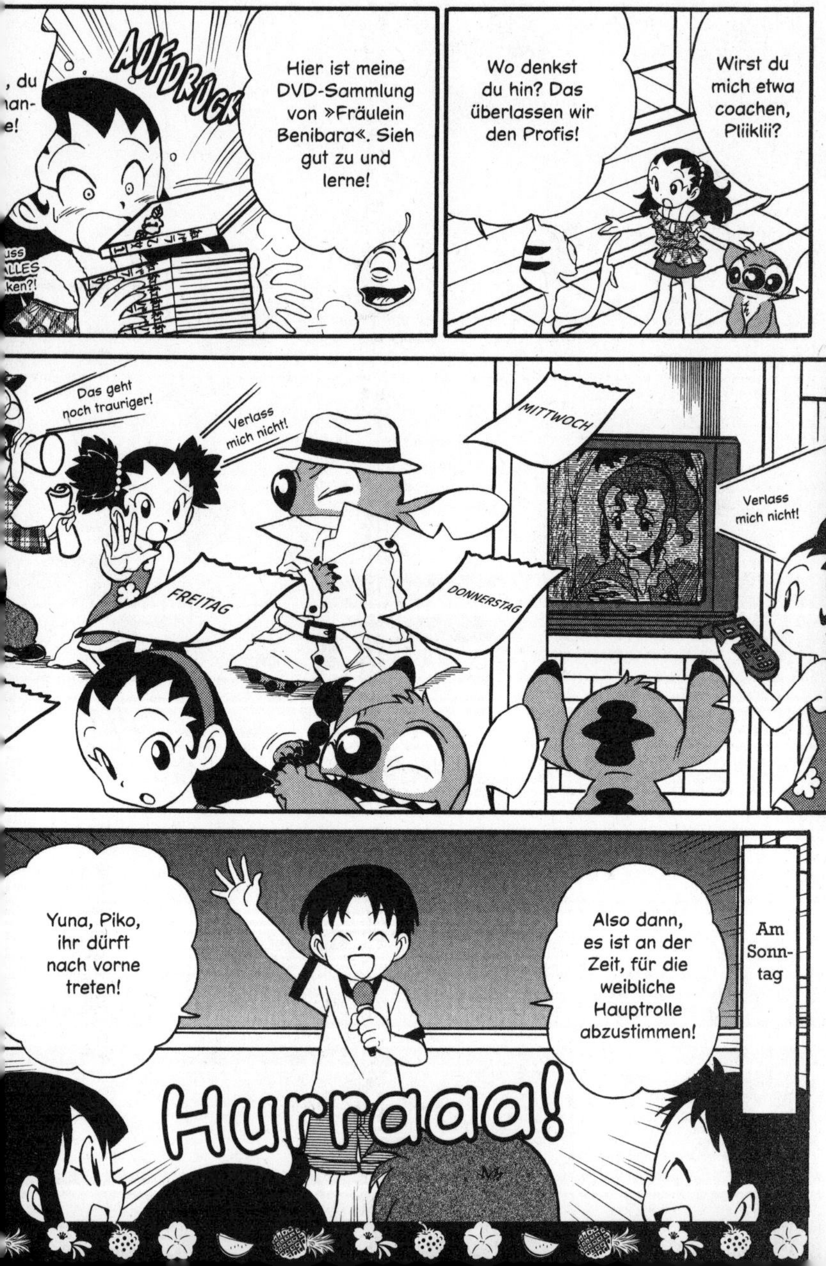
Wirst du mich etwa coachen, Pliiklii?
Wo denkst du hin? Das überlassen wir den Profis!
Hier ist meine DVD-Sammlung von »Fräulein Benibara«. Sieh gut zu und lerne!
AUFDRÜCK
Verlass mich nicht!
MITTWOCH
DONNERSTAG
FREITAG
Verlass mich nicht!
Das geht noch trauriger!
Am Sonntag
Also dann, es ist an der Zeit, für die weibliche Hauptrolle abzustimmen!
Yuna, Piko, ihr dürft nach vorne treten!
Hurraaa!

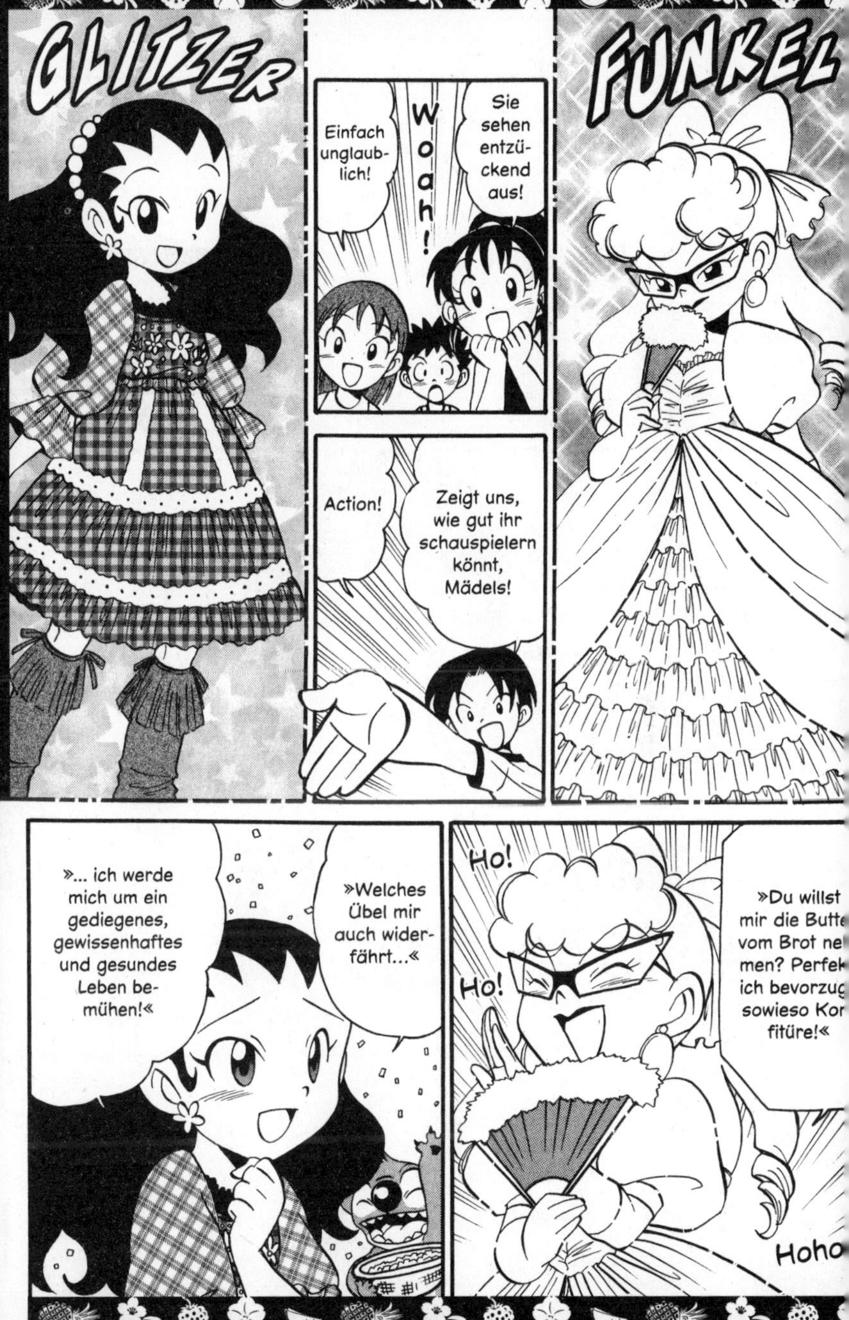

GLITZER
Einfach unglaublich!
Woah!
Sie sehen entzückend aus!
FUNKEL
Action!
Zeigt uns, wie gut ihr schauspielern könnt, Mädels!
»... ich werde mich um ein gediegenes, gewissenhaftes und gesundes Leben bemühen!«
»Welches Übel mir auch widerfährt...«
Ho!
Ho!
»Du willst mir die Butte vom Brot ne men? Perfek ich bevorzug sowieso Kor fitüre!«
Hoho

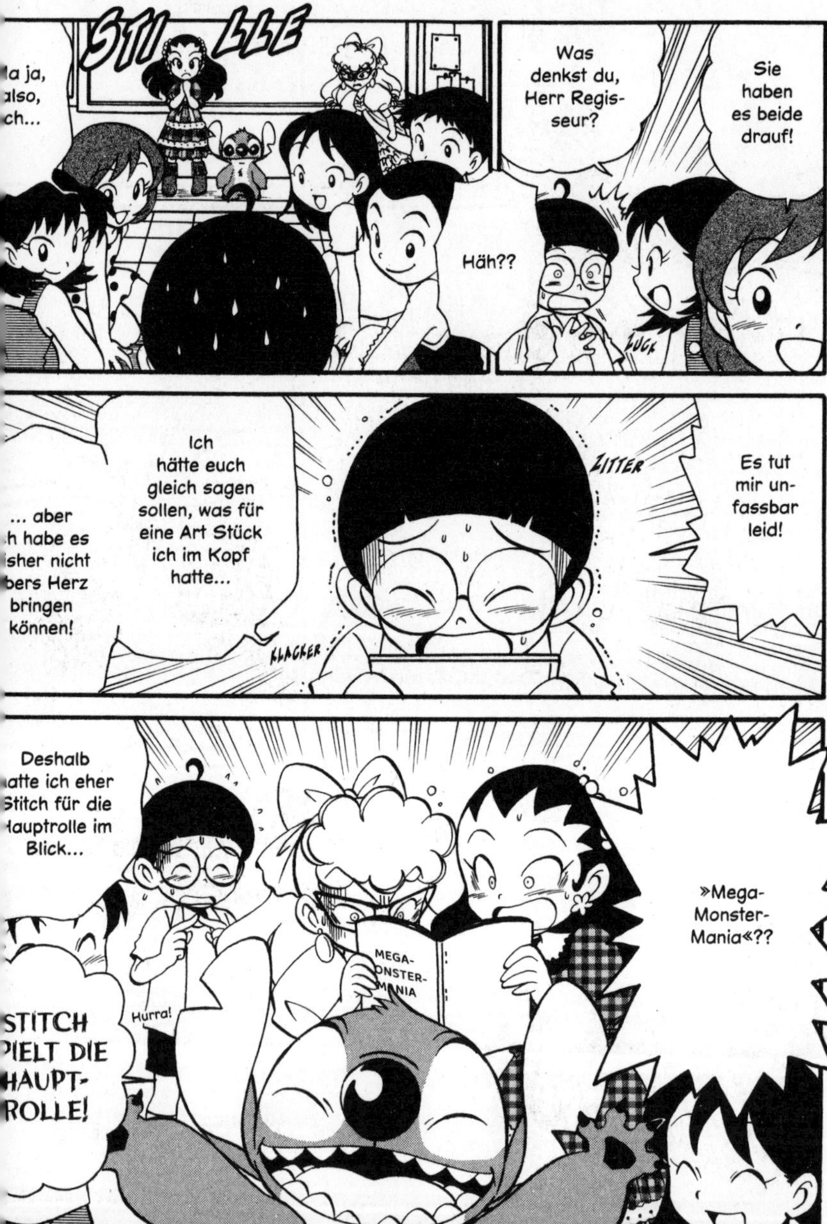

STILLE
a ja, lso, ch...
Was denkst du, Herr Regisseur?
Sie haben es beide drauf!
Häh??
ZUCK
... aber h habe es isher nicht bers Herz bringen können!
Ich hätte euch gleich sagen sollen, was für eine Art Stück ich im Kopf hatte...
KLACKER
ZITTER
Es tut mir unfassbar leid!
Deshalb atte ich eher Stitch für die auptrolle im Blick...
»Mega-Monster-Mania«??
MEGA-MONSTER-MANIA
Hurra!
STITCH PIELT DIE HAUPT-ROLLE!

Der Camping-Ausflug

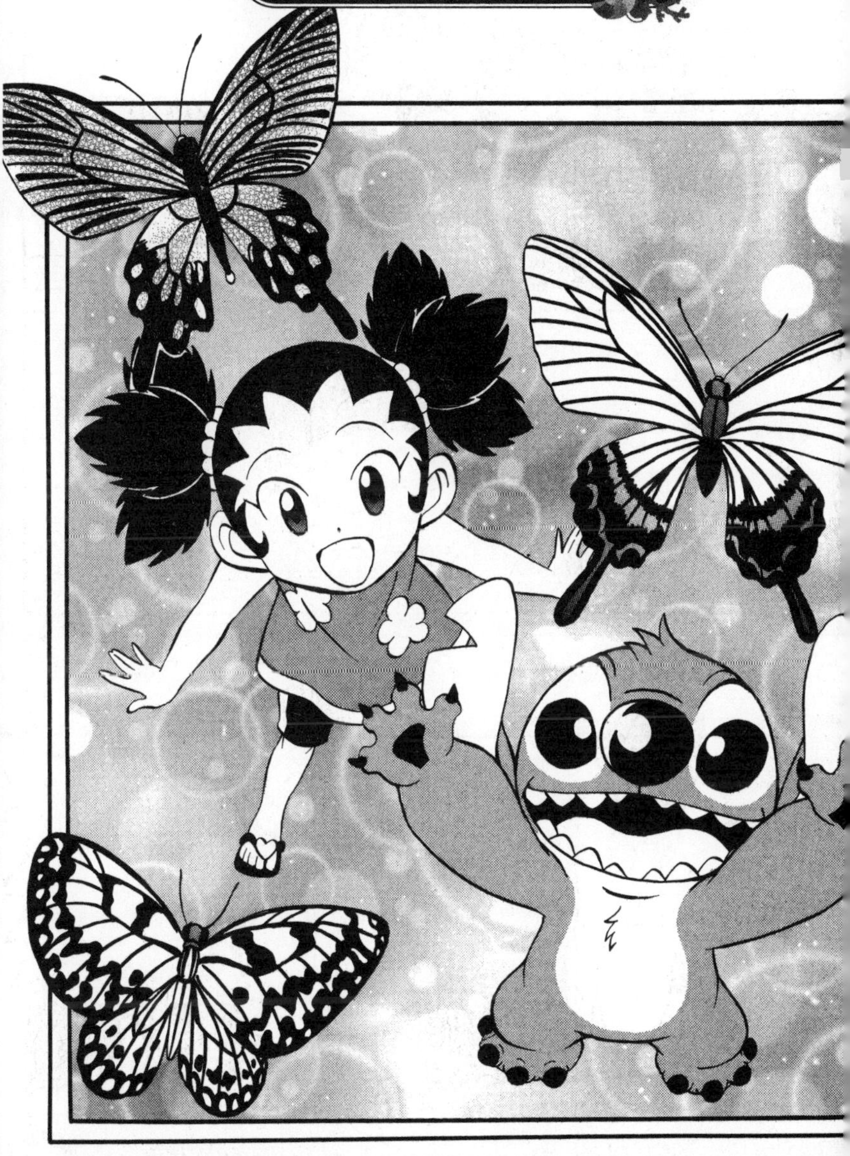

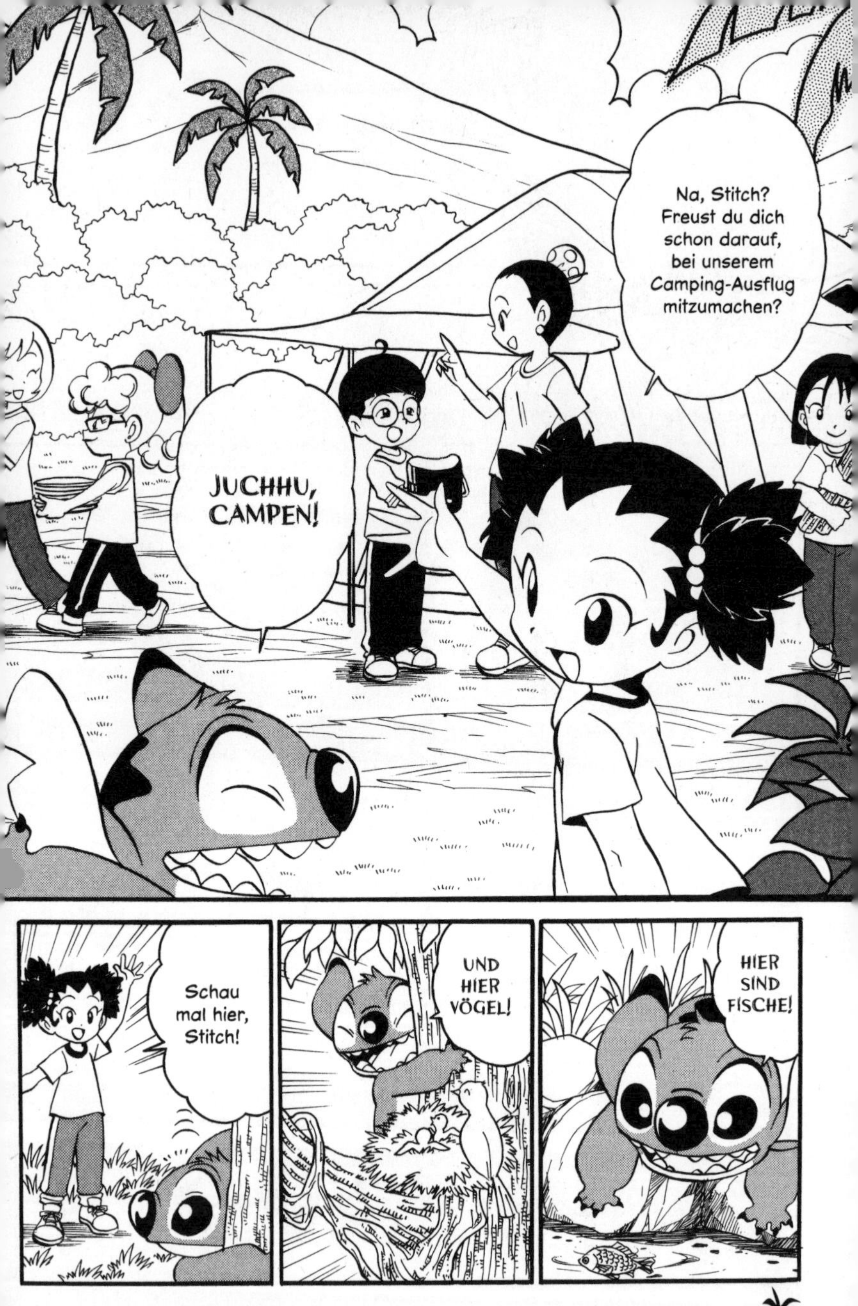
Na, Stitch? Freust du dich schon darauf, bei unserem Camping-Ausflug mitzumachen?
JUCHHU, CAMPEN!
Schau mal hier, Stitch!
UND HIER VÖGEL!
HIER SIND FISCHE!

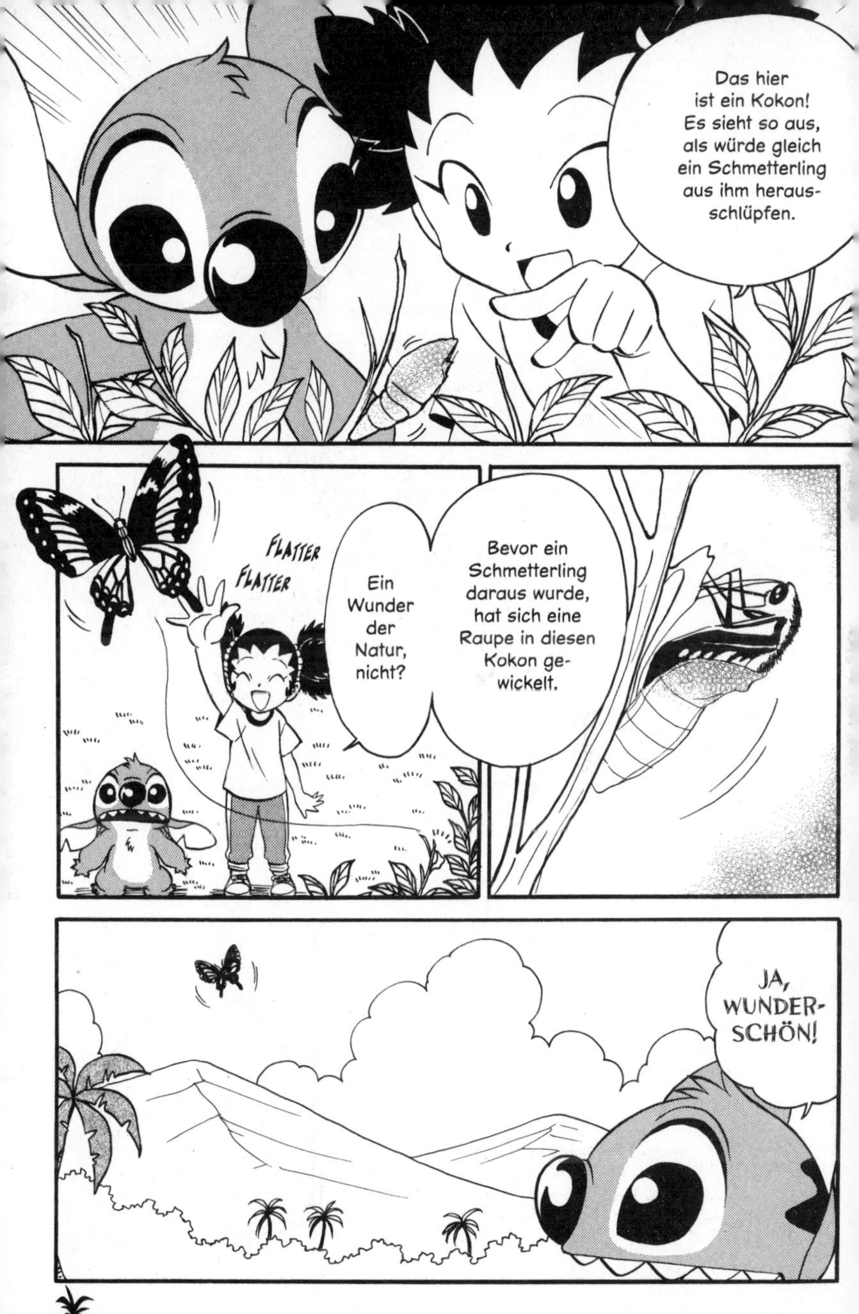
Das hier ist ein Kokon! Es sieht so aus, als würde gleich ein Schmetterling aus ihm heraus-schlüpfen.
Bevor ein Schmetterling daraus wurde, hat sich eine Raupe in diesen Kokon ge-wickelt.
Ein Wunder der Natur, nicht?
FLATTER
FLATTER
JA, WUNDER-SCHÖN!

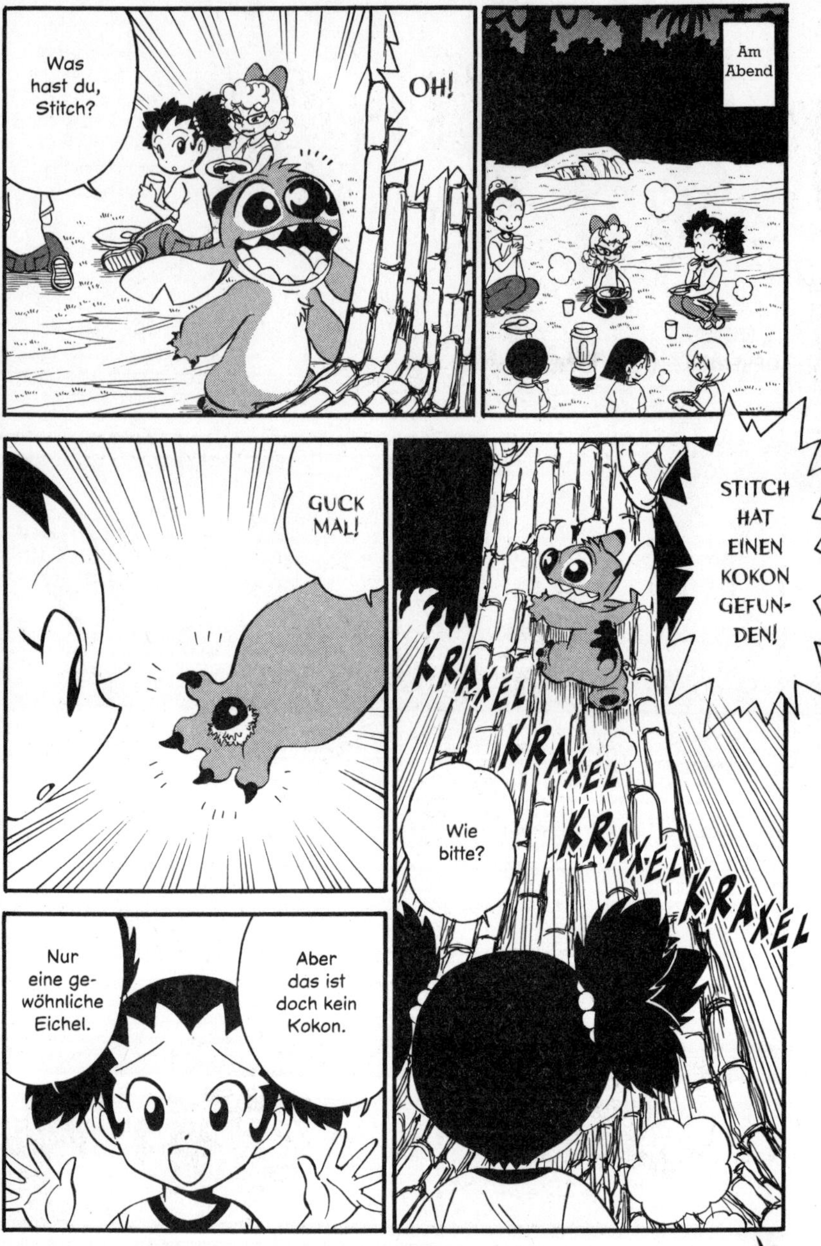
Am Abend
Was hast du, Stitch?
OH!
STITCH HAT EINEN KOKON GEFUN-DEN!
KRAXEL KRAXEL KRAXEL KRAXEL
Wie bitte?
GUCK MAL!
Aber das ist doch kein Kokon.
Nur eine ge-wöhnliche Eichel.

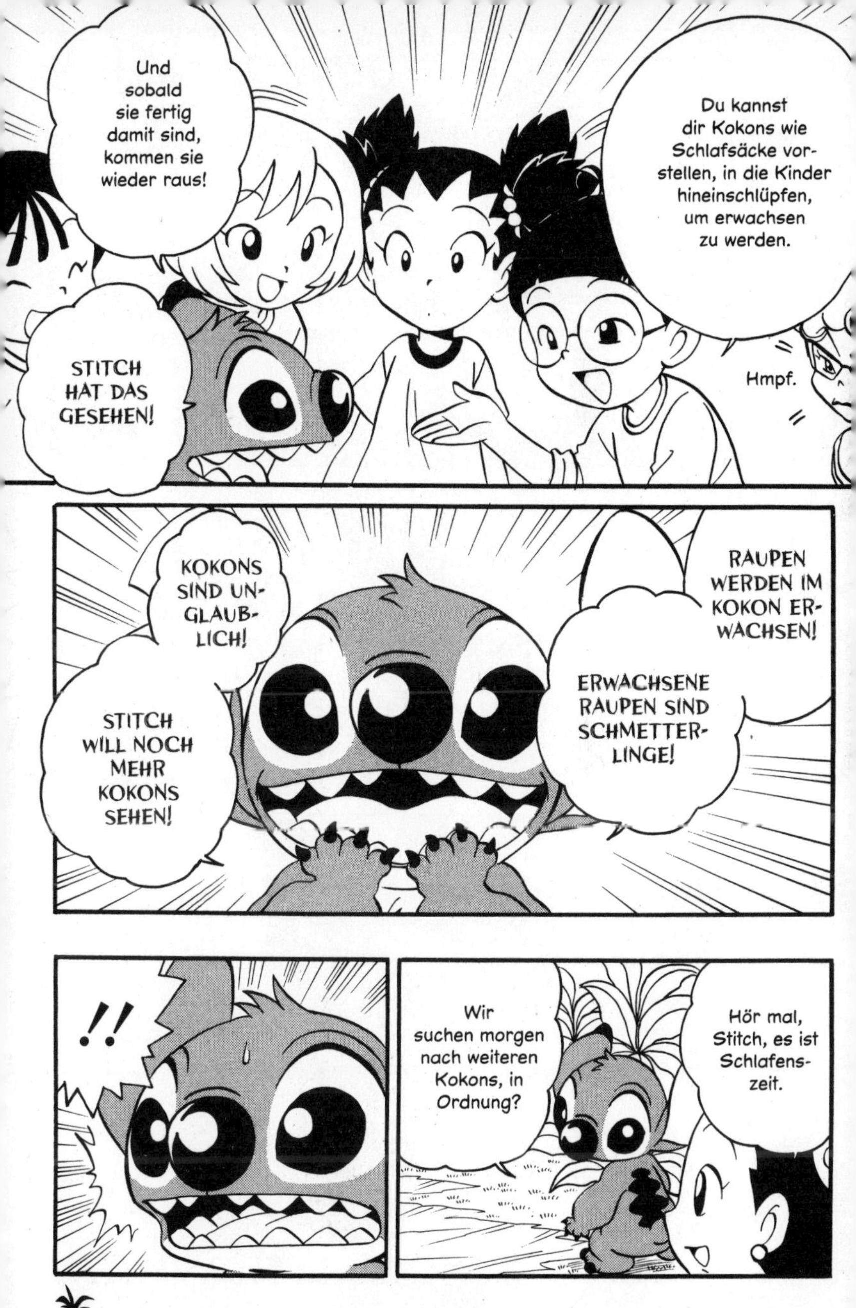
Und sobald sie fertig damit sind, kommen sie wieder raus!
Du kannst dir Kokons wie Schlafsäcke vorstellen, in die Kinder hineinschlüpfen, um erwachsen zu werden.
STITCH HAT DAS GESEHEN!
Hmpf.
KOKONS SIND UNGLAUBLICH!
STITCH WILL NOCH MEHR KOKONS SEHEN!
RAUPEN WERDEN IM KOKON ERWACHSEN!
ERWACHSENE RAUPEN SIND SCHMETTERLINGE!
!!
Hör mal, Stitch, es ist Schlafenszeit.
Wir suchen morgen nach weiteren Kokons, in Ordnung?

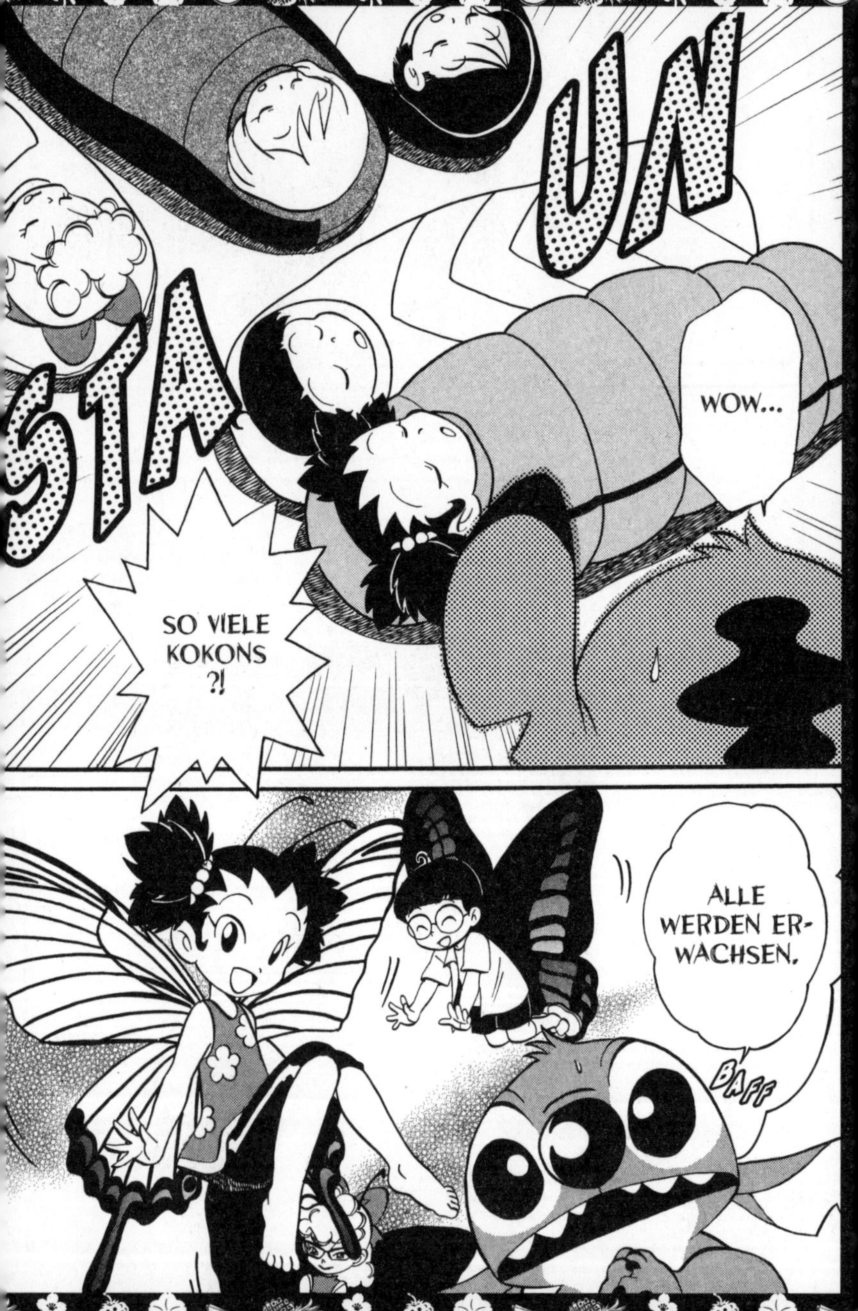
STAUN
WOW...
SO VIELE KOKONS ?!
ALLE WERDEN ER-WACHSEN.
BAFF

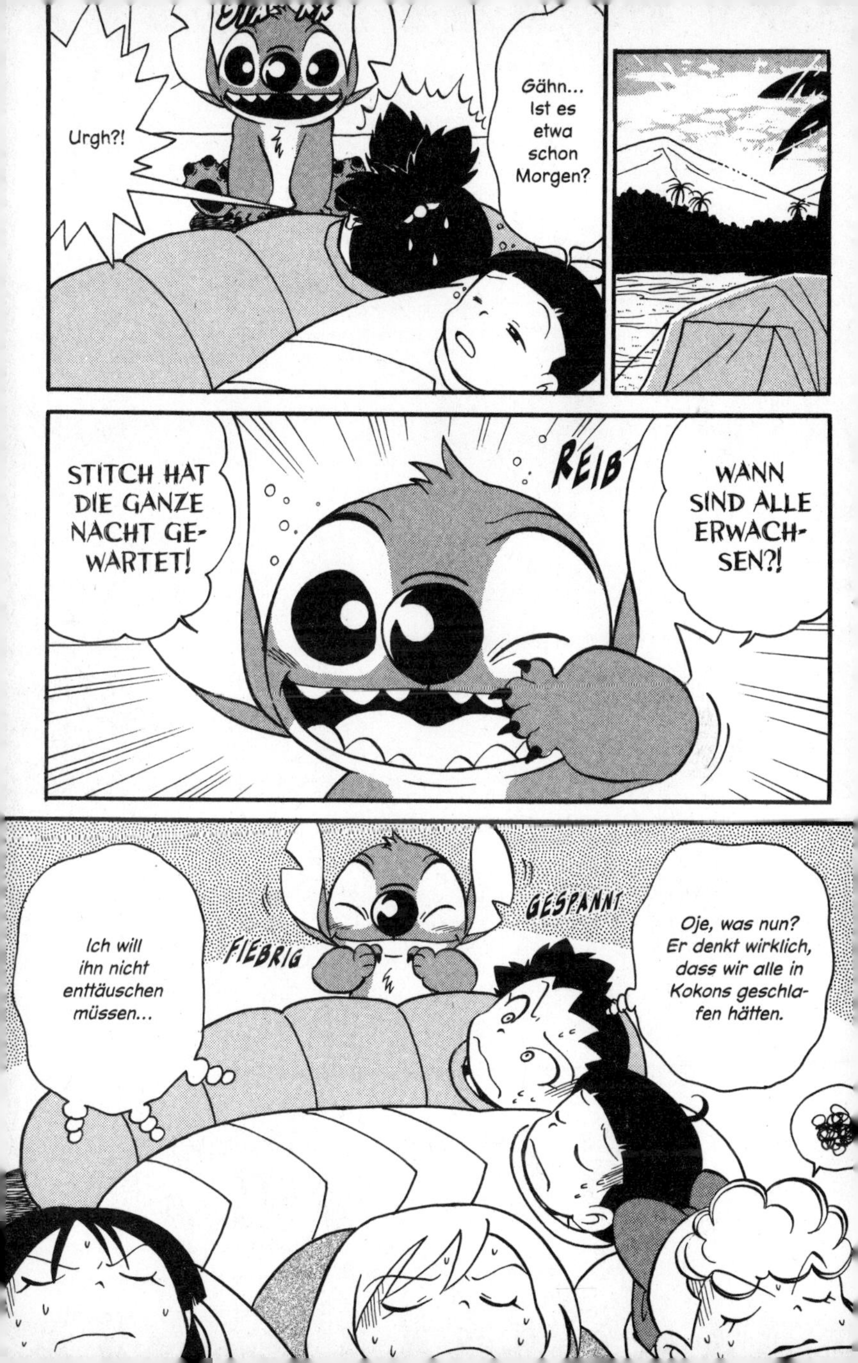
Gähn... Ist es etwa schon Morgen?
Urgh?!
WANN SIND ALLE ERWACH-SEN?!
REIB
STITCH HAT DIE GANZE NACHT GE-WARTET!
Oje, was nun? Er denkt wirklich, dass wir alle in Kokons geschla-fen hätten.
GESPANNT
FIEBRIG
Ich will ihn nicht enttäuschen müssen...

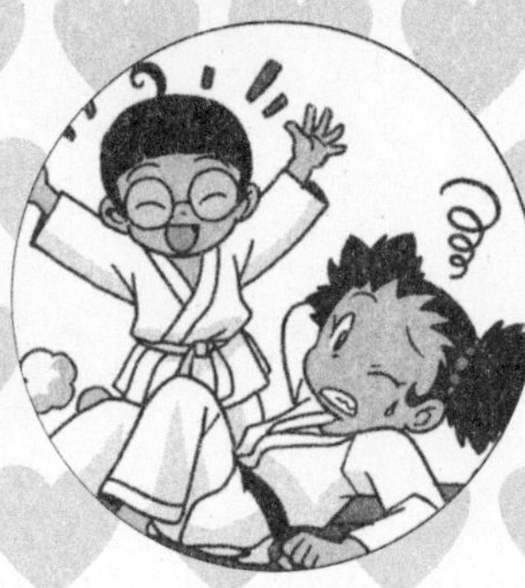

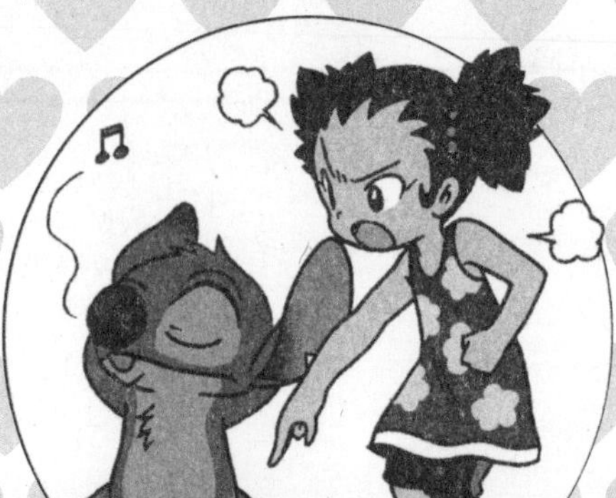

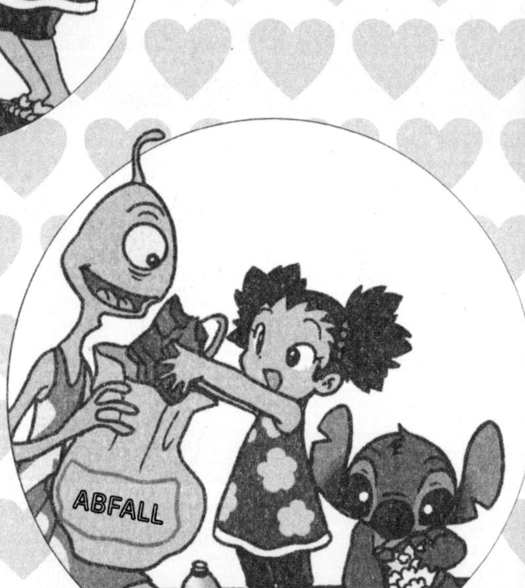
ABFALL

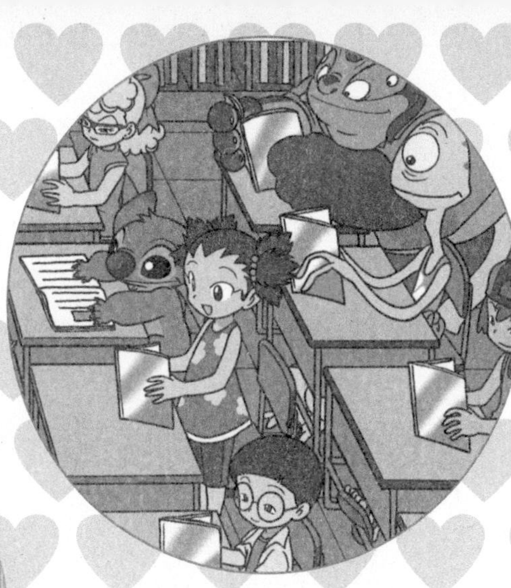

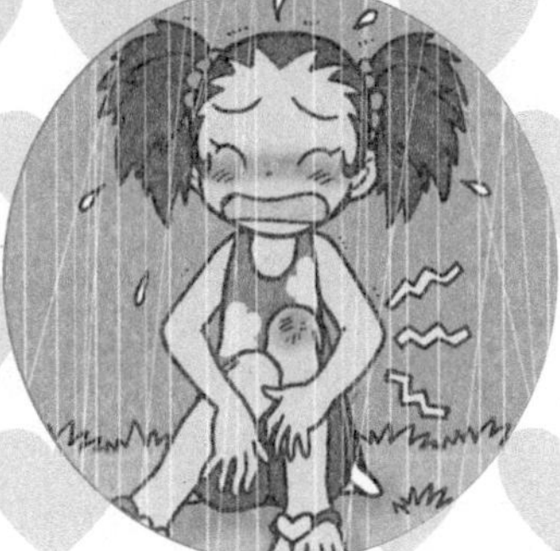

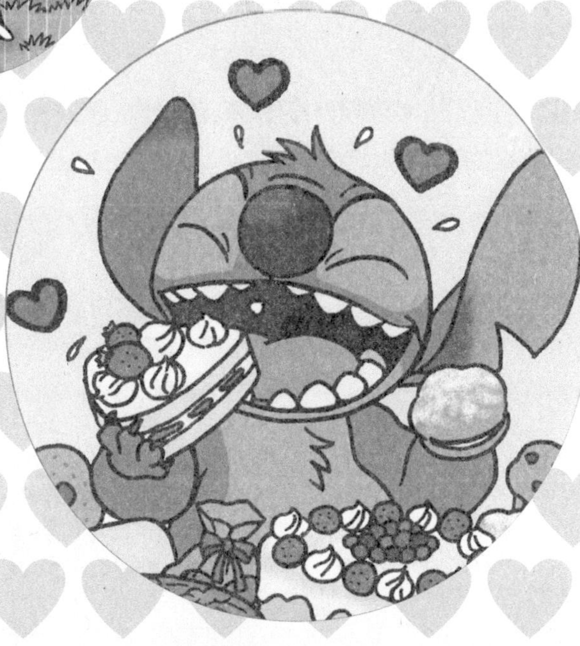

Disney
Stitch!

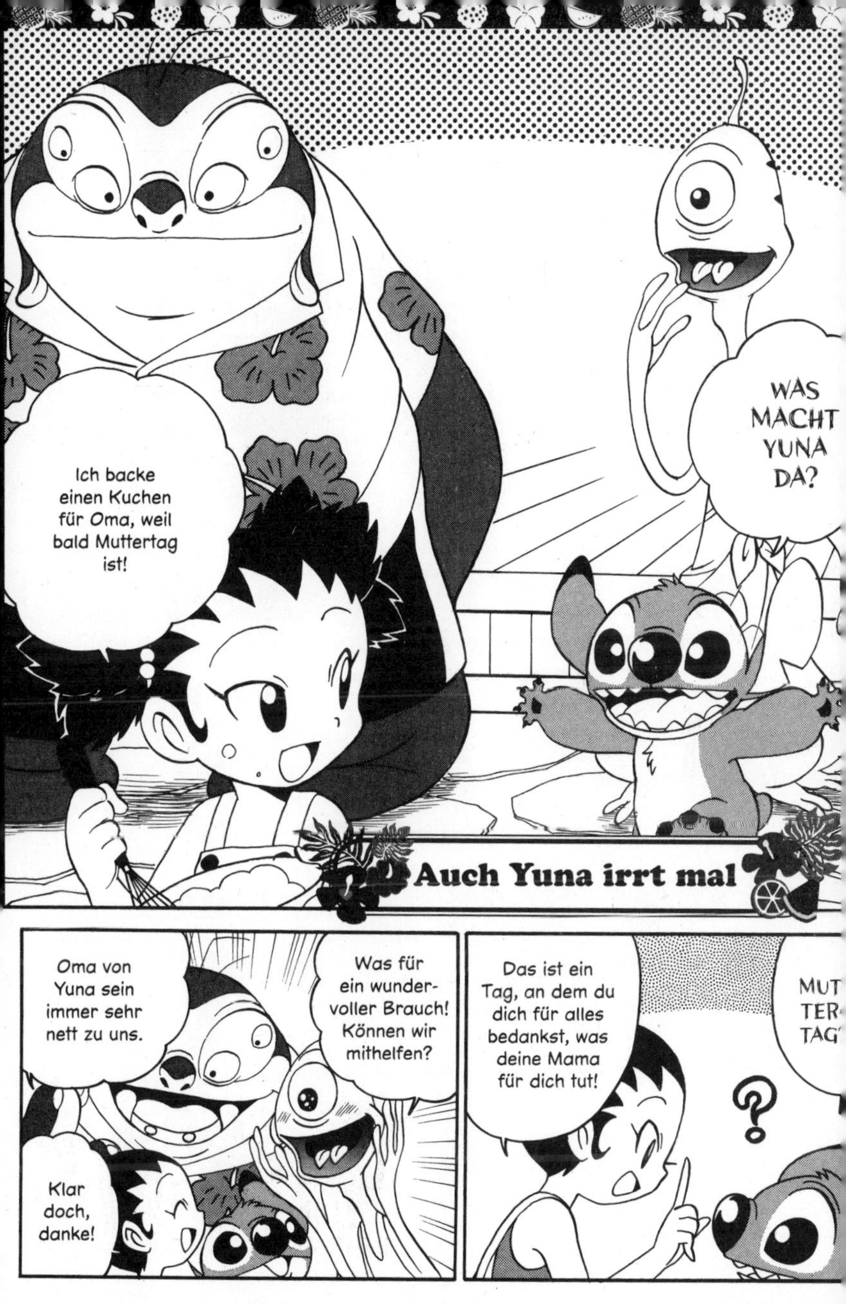
Ich backe einen Kuchen für Oma, weil bald Muttertag ist!
WAS MACHT YUNA DA?
Auch Yuna irrt mal
Oma von Yuna sein immer sehr nett zu uns.
Was für ein wundervoller Brauch! Können wir mithelfen?
Klar doch, danke!
Das ist ein Tag, an dem du dich für alles bedankst, was deine Mama für dich tut!
?

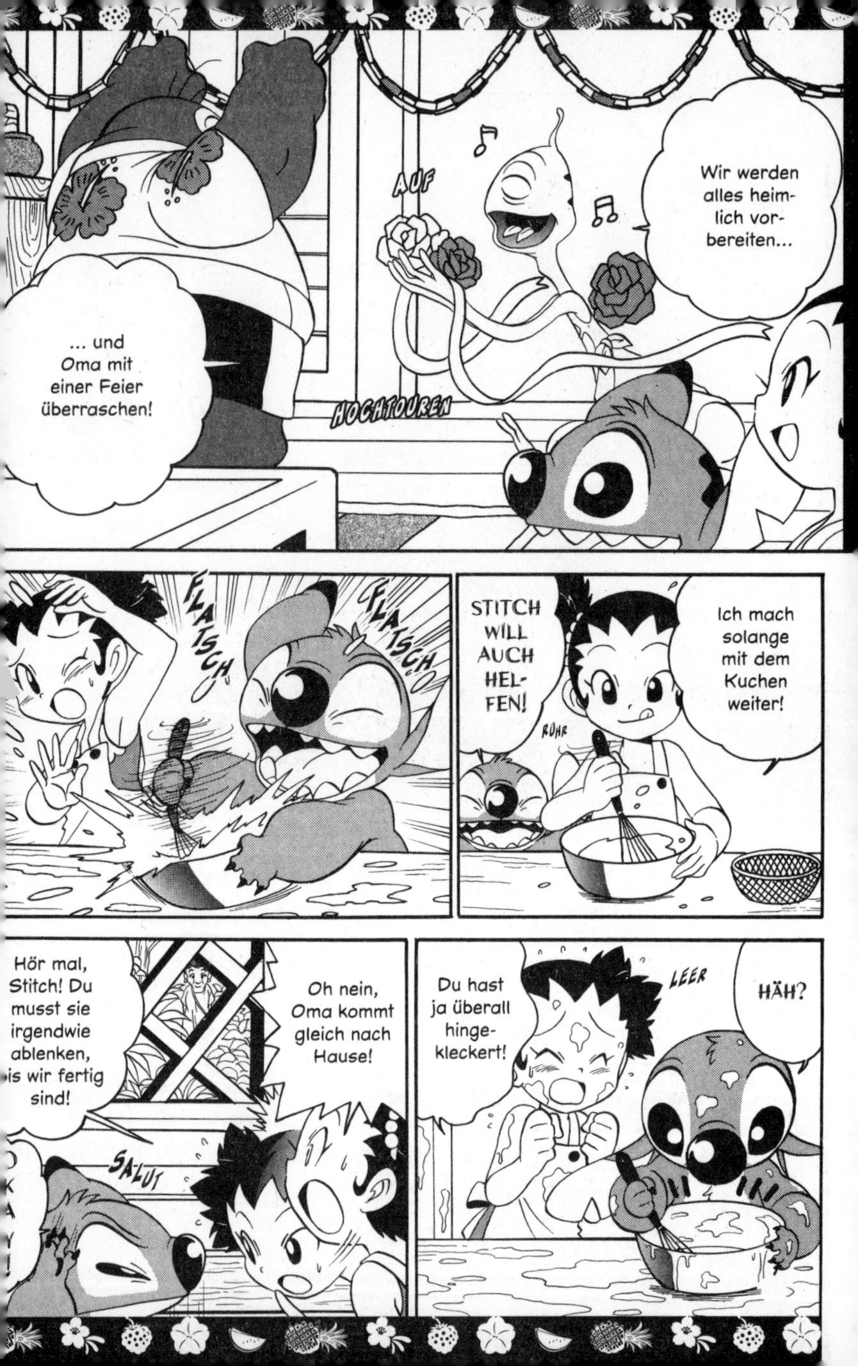
Wir werden alles heim-lich vor-bereiten...
AUF
... und Oma mit einer Feier überraschen!
HOCHTOUREN
Ich mach solange mit dem Kuchen weiter!
RÜHR
STITCH WILL AUCH HEL-FEN!
FLATSCH
FLATSCH
HÄH?
LEER
Du hast ja überall hinge-kleckert!
Oh nein, Oma kommt gleich nach Hause!
Hör mal, Stitch! Du musst sie irgendwie ablenken, is wir fertig sind!
SA-LUT
OKAY!

Hier weiterlesen

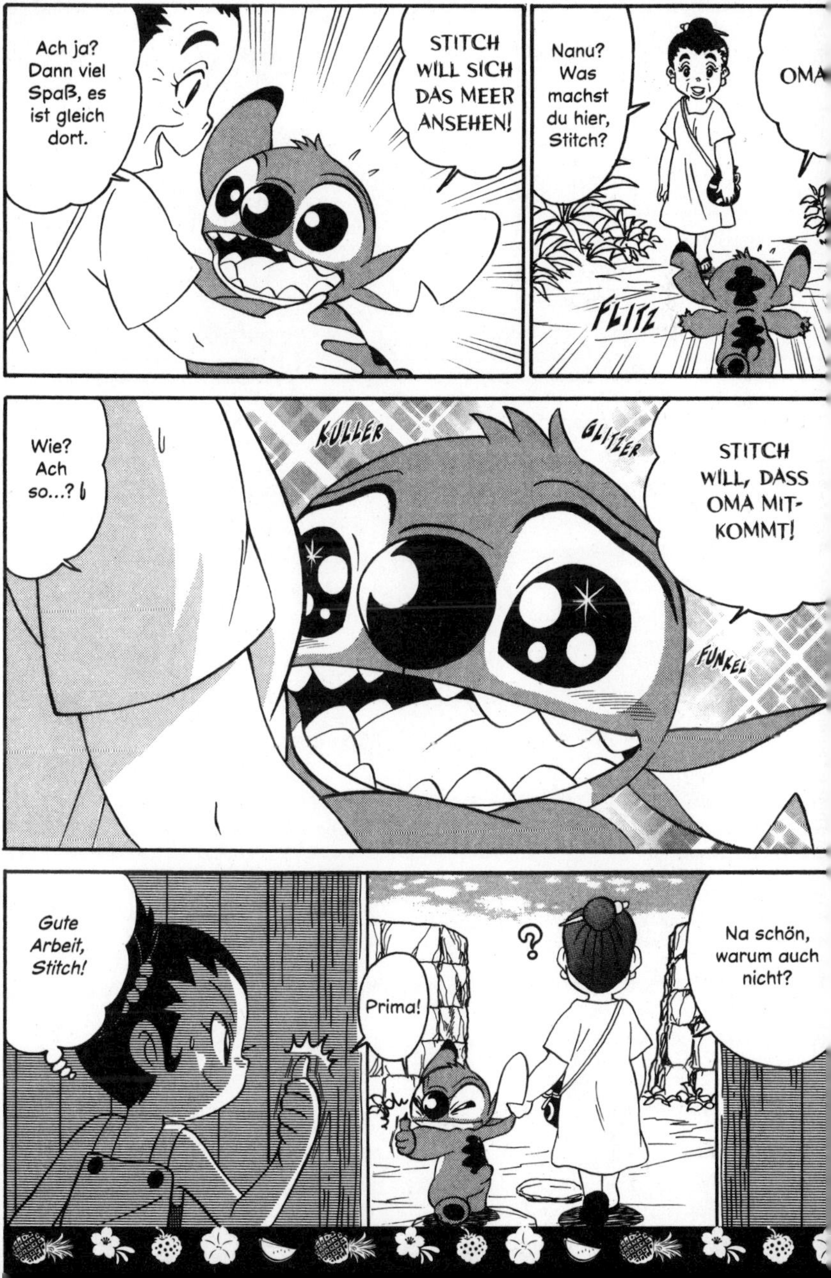

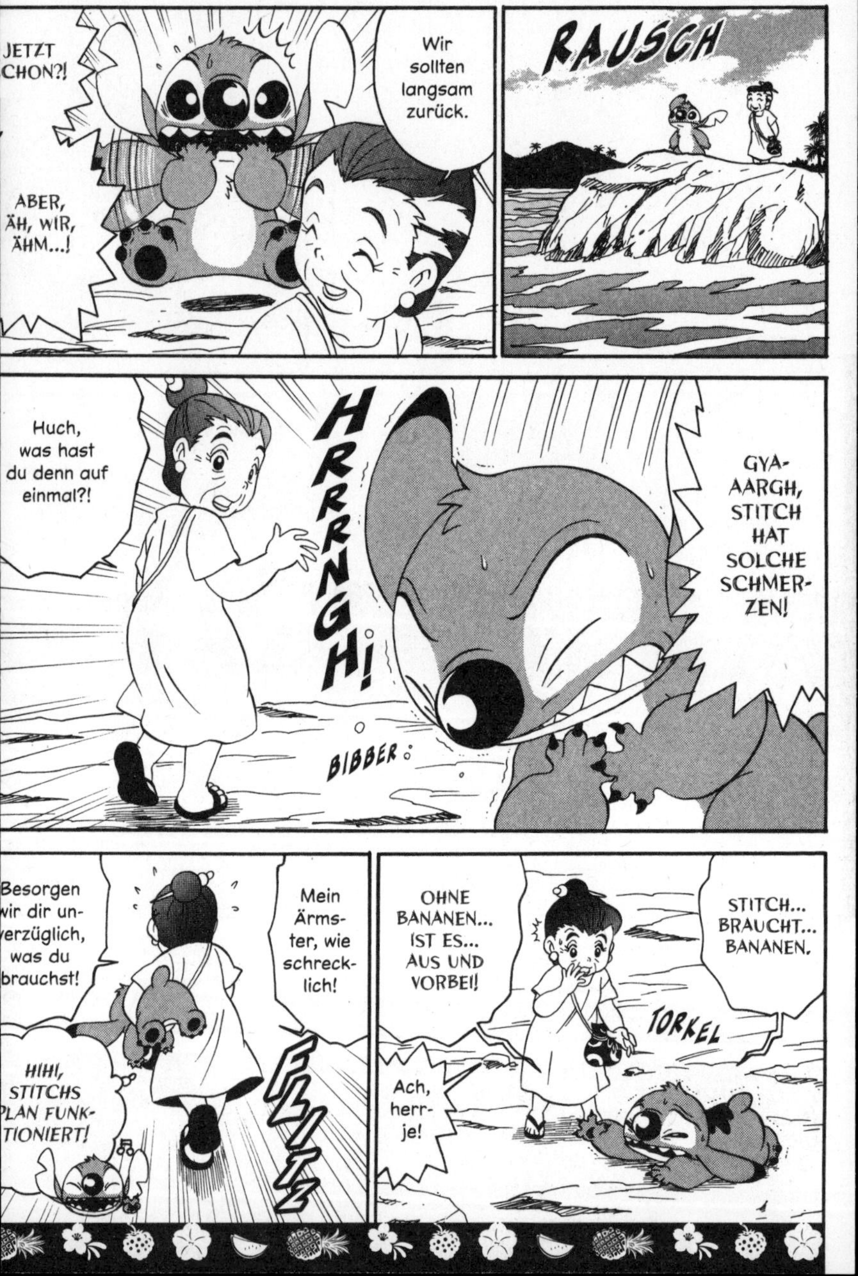
RAUSCH
Wir sollten langsam zurück.
JETZT SCHON?!
ABER, ÄH, WIR, ÄHM...!
GYA-AARGH, STITCH HAT SOLCHE SCHMER-ZEN!
HRRRNGH!
BIBBER
Huch, was hast du denn auf einmal?!
STITCH... BRAUCHT... BANANEN.
OHNE BANANEN... IST ES... AUS UND VORBEI!
TORKEL
Ach, herr-je!
Mein Ärms-ter, wie schreck-lich!
Besorgen wir dir un-verzüglich, was du brauchst!
FLITZ
HIHI, STITCHS PLAN FUNK-TIONIERT!

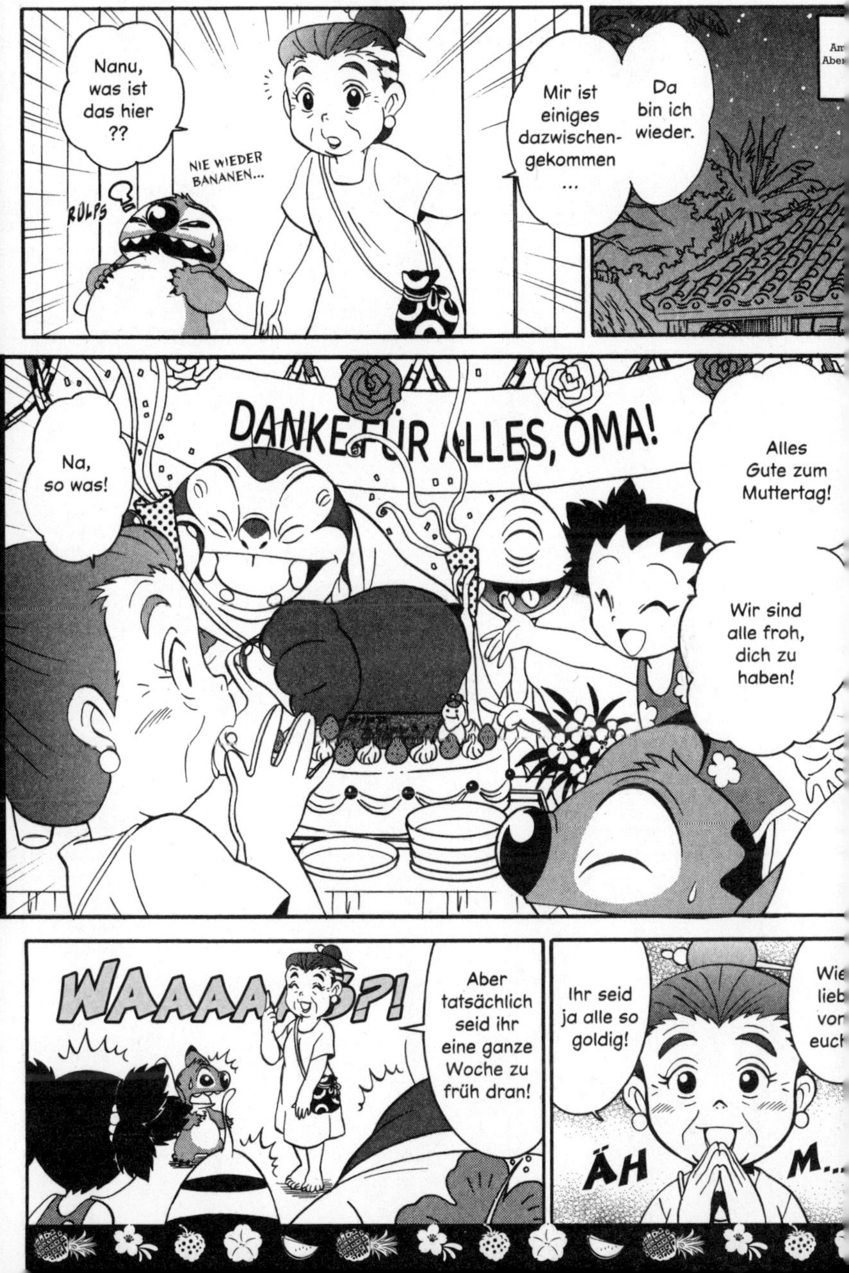
Da bin ich wieder.
Mir ist einiges dazwischen-gekommen ...
NIE WIEDER BANANEN...
RÜLPS
Nanu, was ist das hier ??
DANKE FÜR ALLES, OMA!
Alles Gute zum Muttertag!
Wir sind alle froh, dich zu haben!
Na, so was!
Ihr seid ja alle so goldig!
ÄH M...
Aber tatsächlich seid ihr eine ganze Woche zu früh dran!
WAAAA

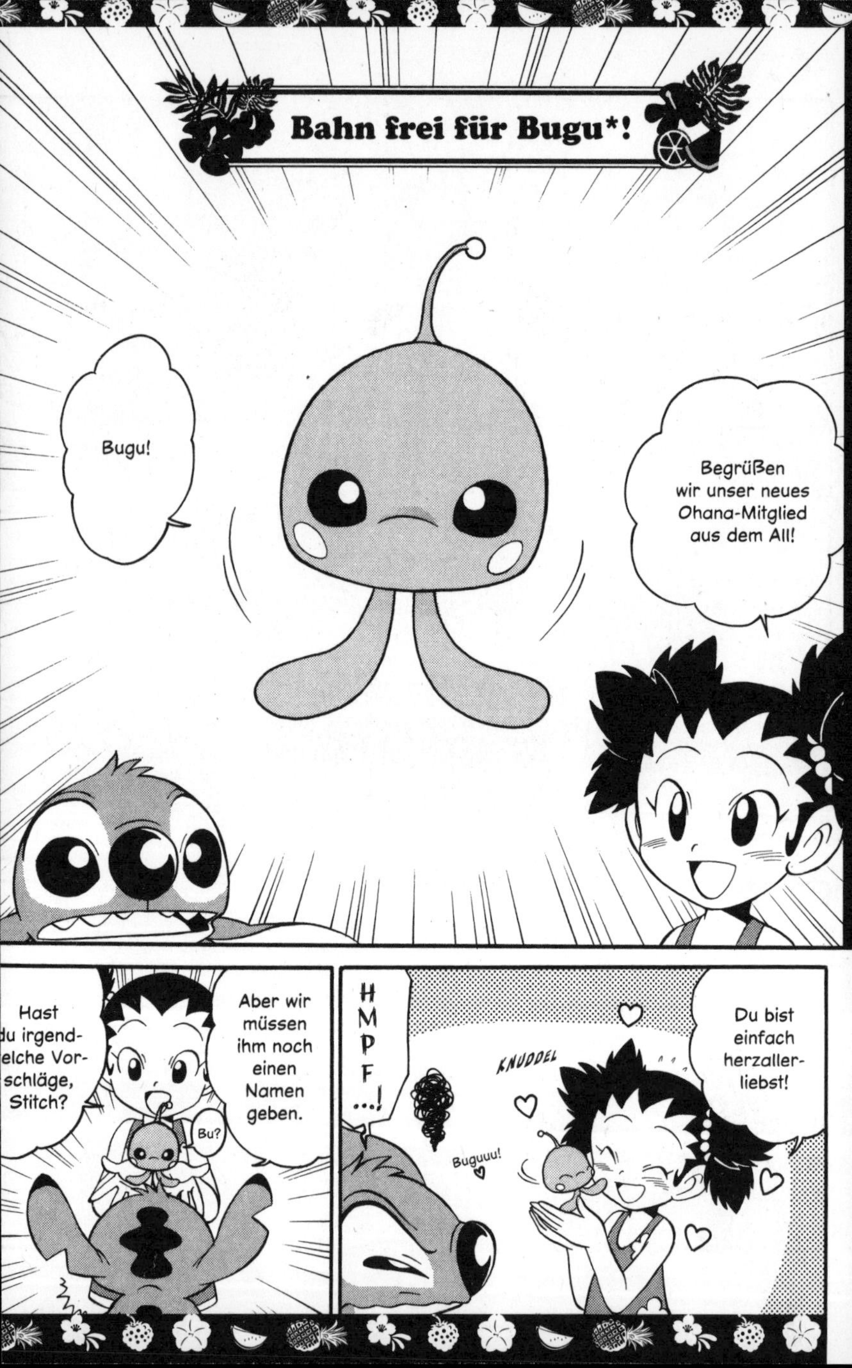
Bahn frei für Bugu*!
Begrüßen wir unser neues Ohana-Mitglied aus dem All!
Bugu!
Du bist einfach herzallerliebst!
KNUDDEL
Buguuu!
HMPF...!
Aber wir müssen ihm noch einen Namen geben.
Bu?
Hast du irgend- elche Vor- schläge, Stitch?

Hier weiterlesen

* Ein Schimpfwort in Stitchs Sprache

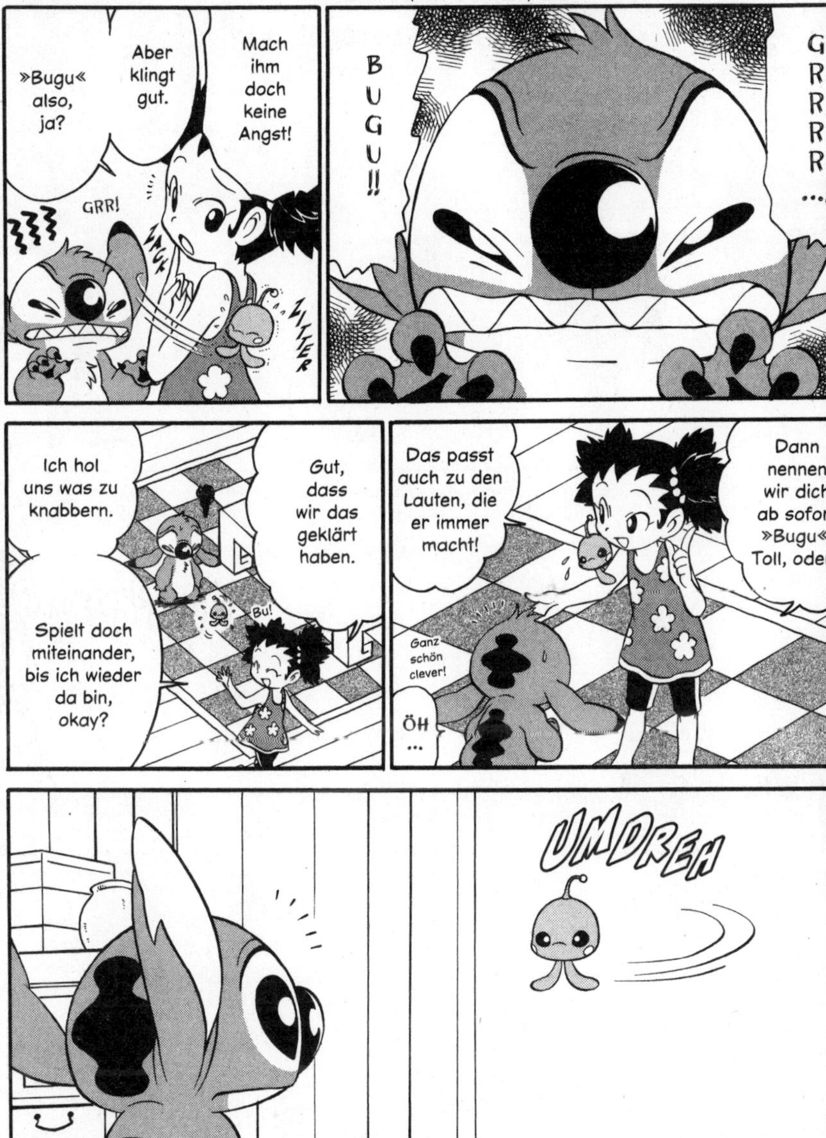

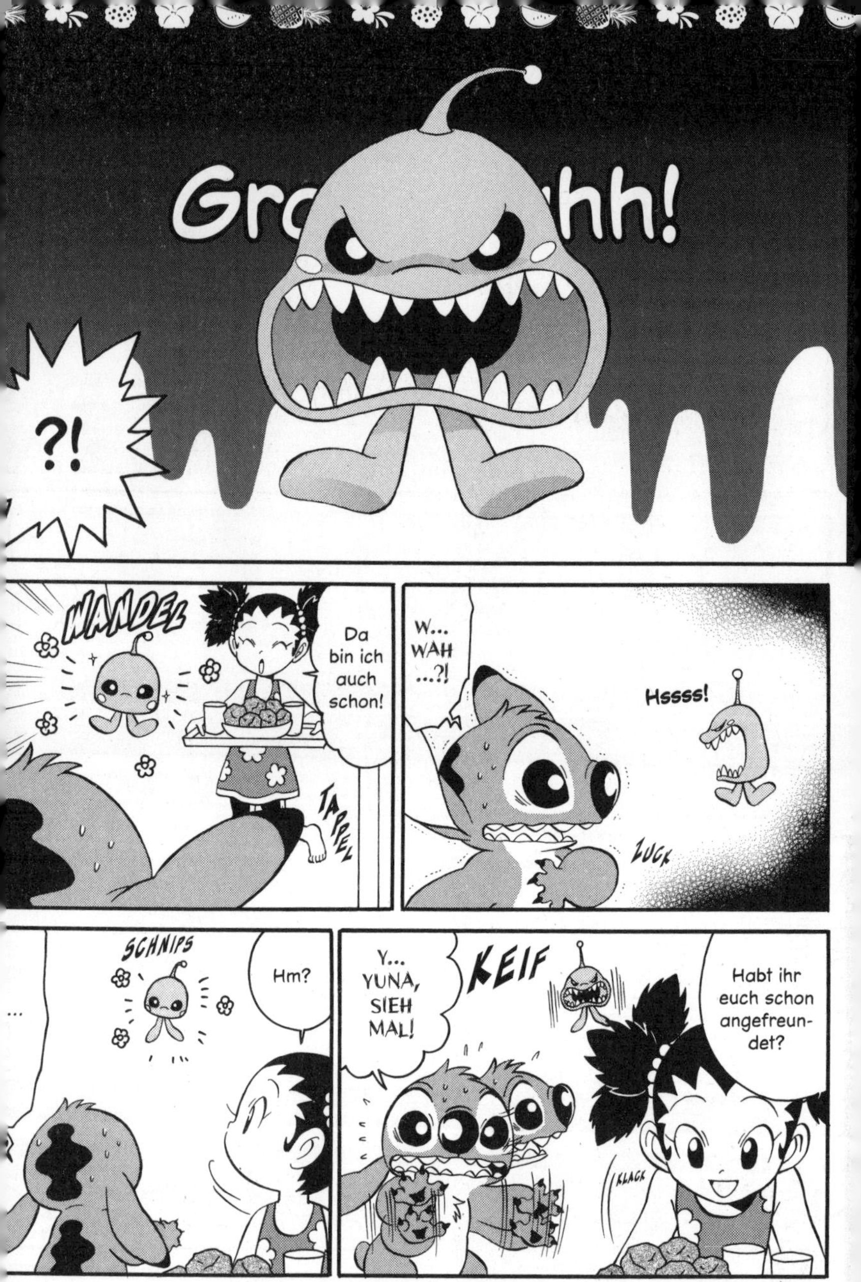

Gro...hh!
?!
WANDEL
Da bin ich auch schon!
TAPPEL
W... WAH ...?!
Hssss!
ZUCK
...
SCHNIPS
Hm?
Y... YUNA, SIEH MAL!
KEIF
Habt ihr euch schon angefreundet?
KLACK

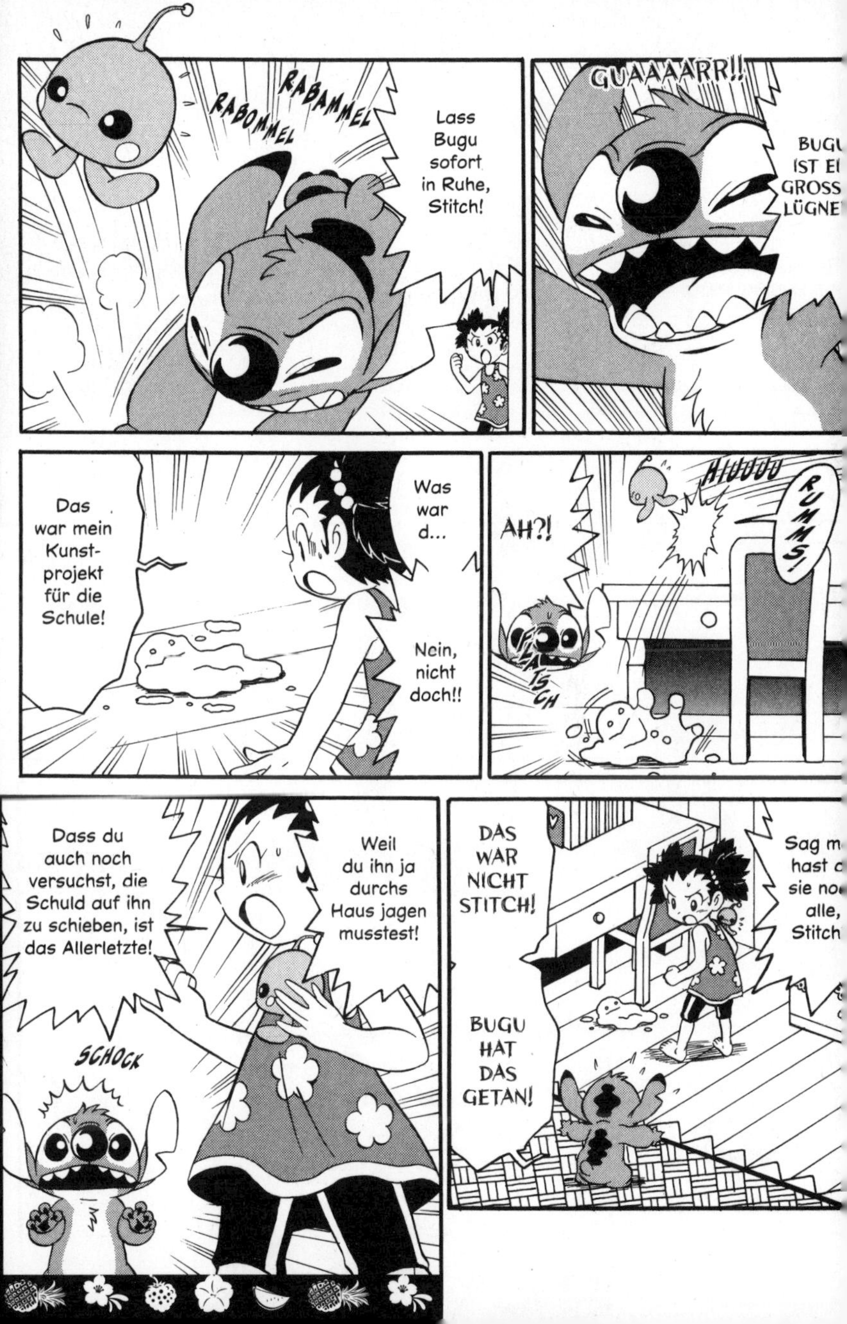

RABAMMEL
RABOMMEL
Lass Bugu sofort in Ruhe, Stitch!
GUAAAARR!!
BUGU IST EI GROSS LÜGNE
Das war mein Kunst-projekt für die Schule!
Was war d...
Nein, nicht doch!!
AH?!
HIUUUU
RUMMS!
FLATSCH
Dass du auch noch versuchst, die Schuld auf ihn zu schieben, ist das Allerletzte!
Weil du ihn ja durchs Haus jagen musstest!
SCHOCK
DAS WAR NICHT STITCH!
BUGU HAT DAS GETAN!
Sag m hast sie no alle, Stitch

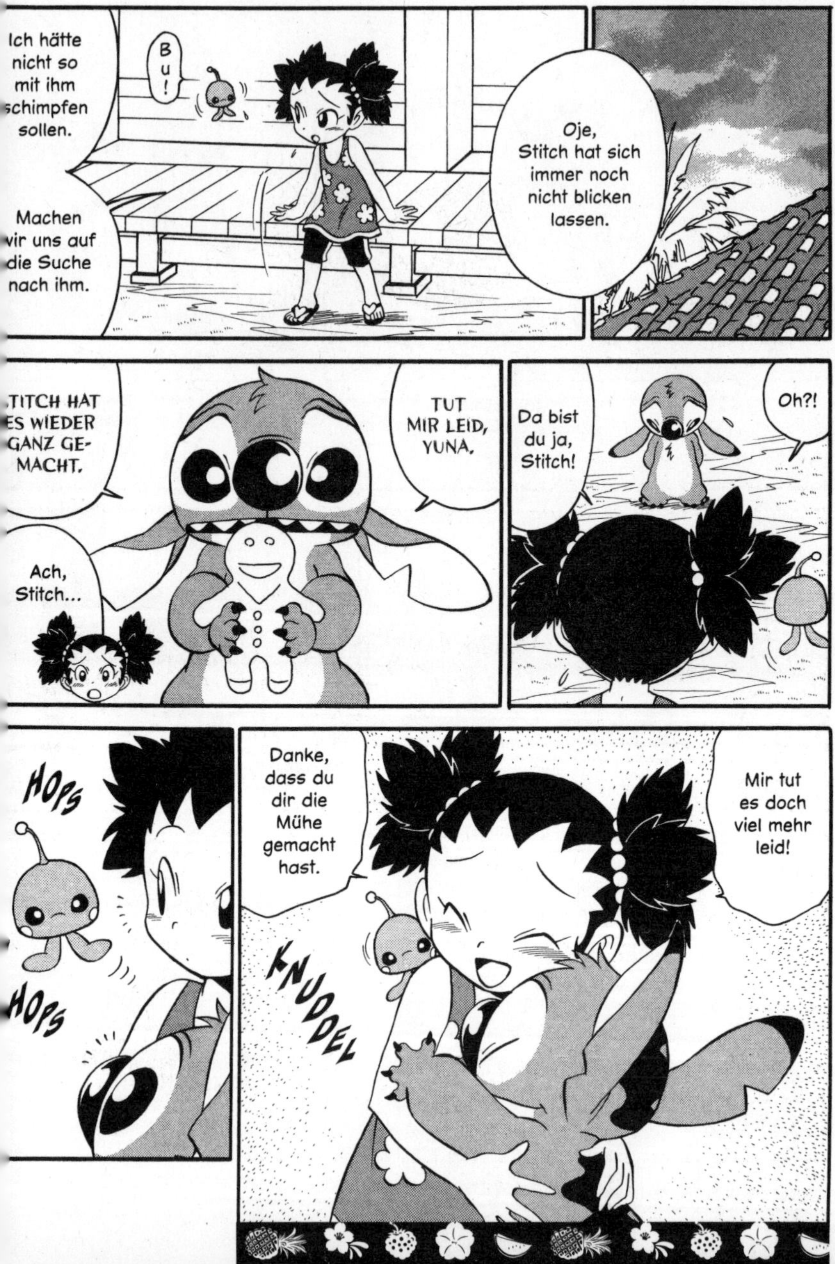

Oje, Stitch hat sich immer noch nicht blicken lassen.
Bu!
Ich hätte nicht so mit ihm schimpfen sollen.
Machen wir uns auf die Suche nach ihm.
Oh?!
Da bist du ja, Stitch!
TUT MIR LEID, YUNA.
STITCH HAT ES WIEDER GANZ GE-MACHT.
Ach, Stitch...
Mir tut es doch viel mehr leid!
Danke, dass du dir die Mühe gemacht hast.
KNUDDEL
HOPS
HOPS

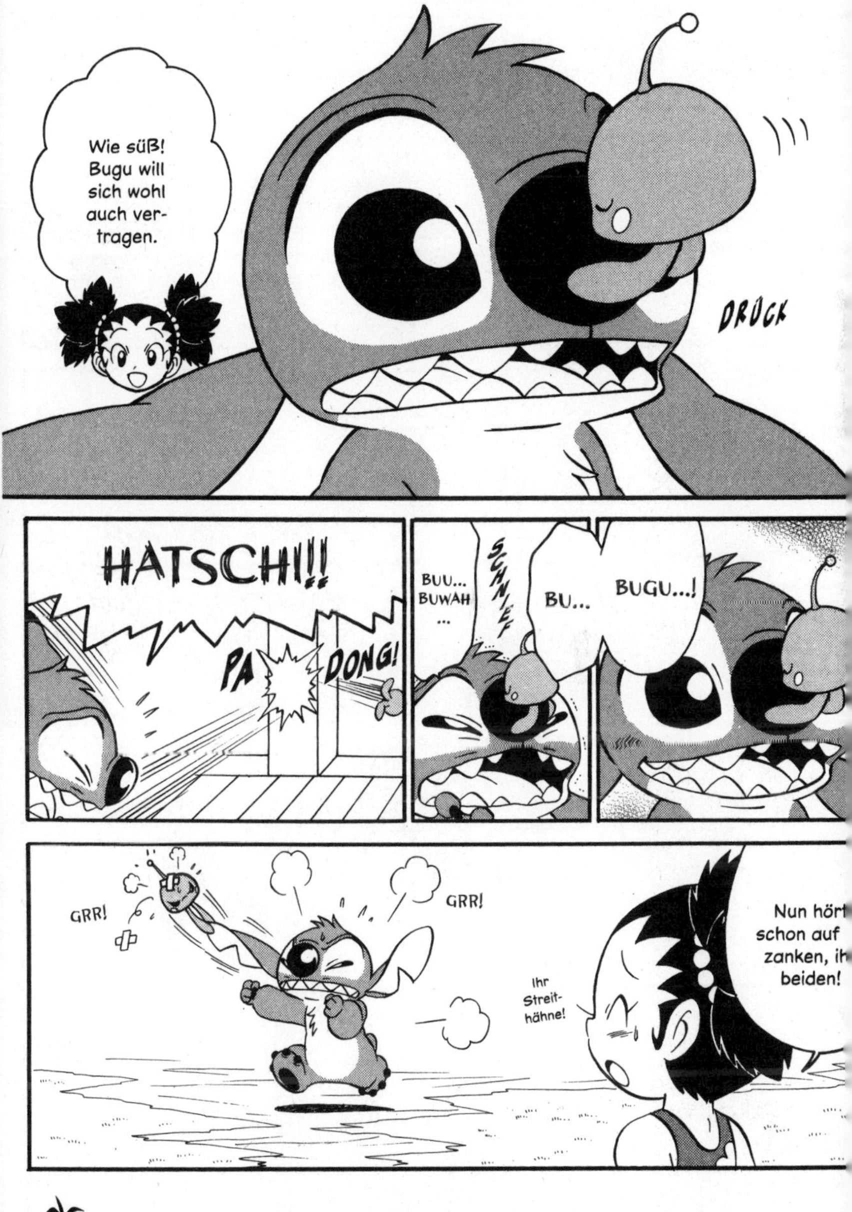
Wie süß! Bugu will sich wohl auch vertragen.
DRÜCK
HATSCHI!!
PA DONG!
BUU... BUWAH ...
SCHNIEF
BU...
BUGU...!
GRR!
GRR!
Ihr Streithähne!
Nun hört schon auf zanken, ih beiden!

Malerei-Mätzchen

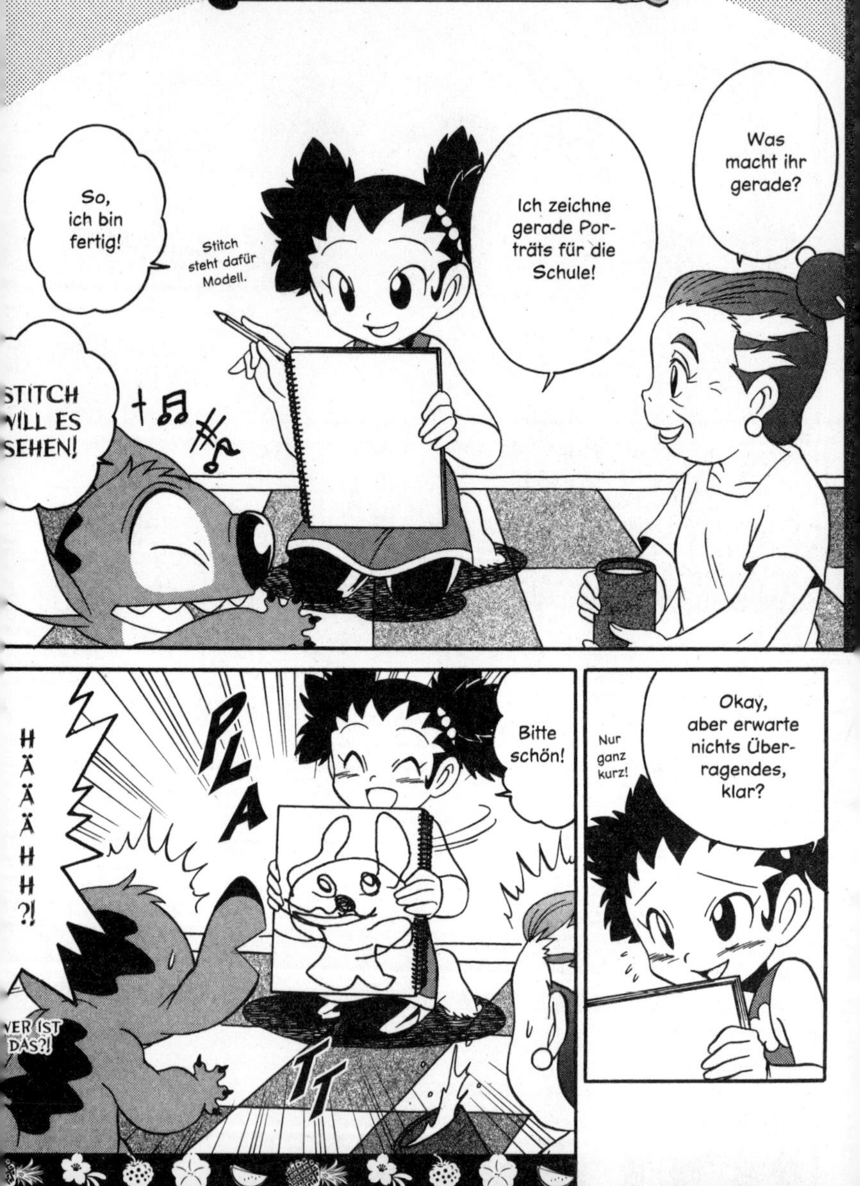

Hier weiterlesen

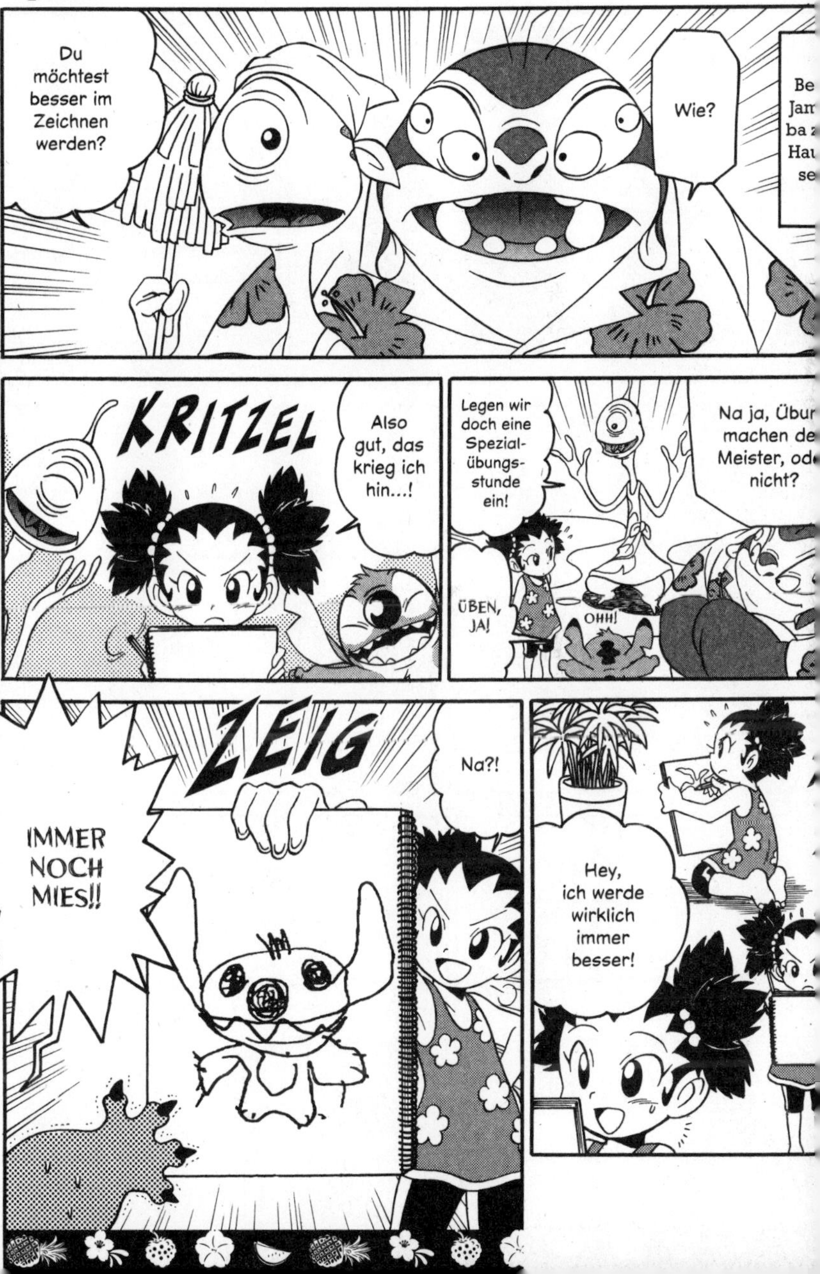

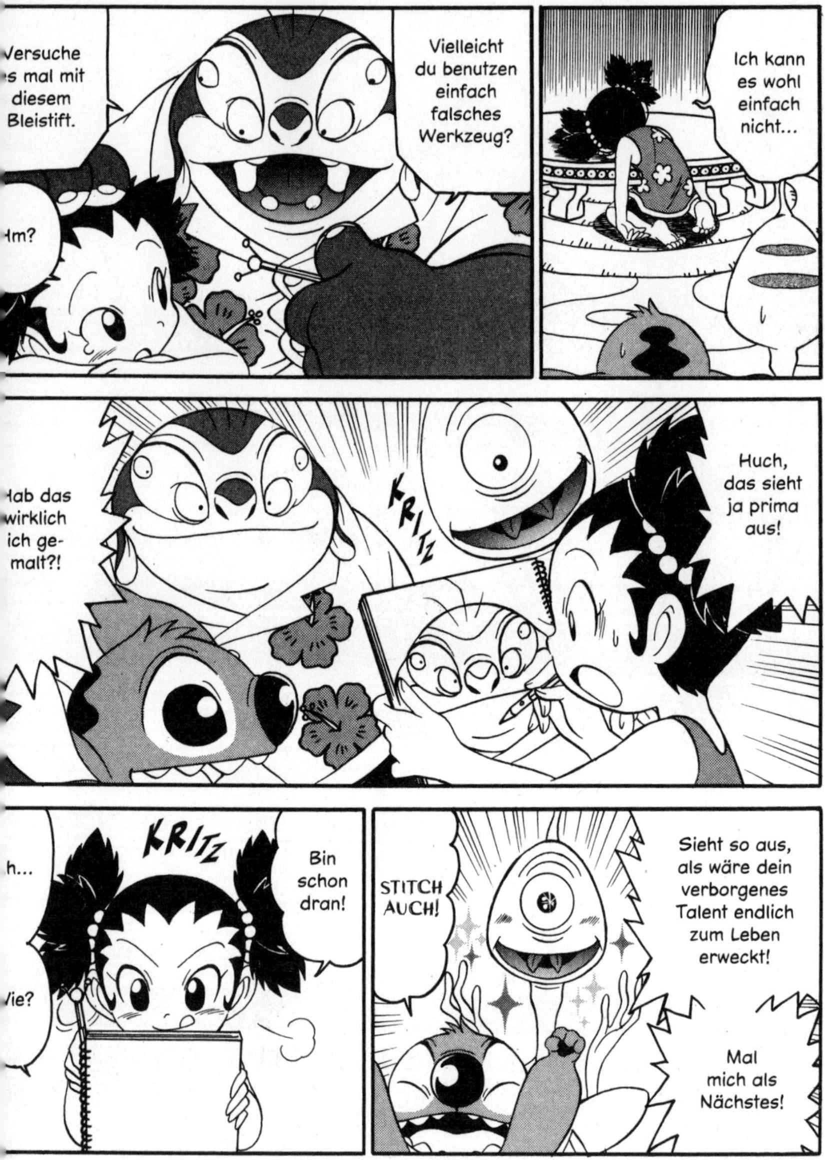
Ich kann es wohl einfach nicht...
Vielleicht du benutzen einfach falsches Werkzeug?
Versuche es mal mit diesem Bleistift.
Hm?
Huch, das sieht ja prima aus!
KRITZ
Hab das wirklich ich gemalt?!
Sieht so aus, als wäre dein verborgenes Talent endlich zum Leben erweckt!
STITCH AUCH!
Mal mich als Nächstes!
Bin schon dran!
KRITZ

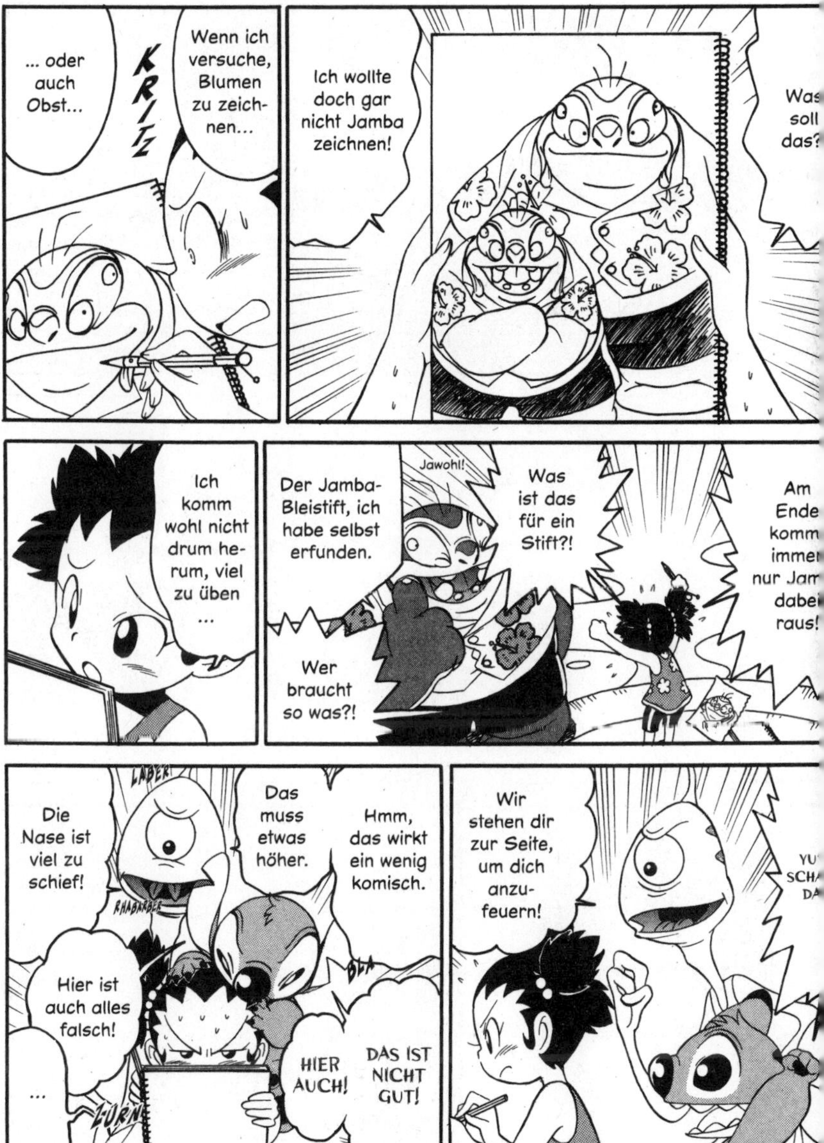
Was soll das?
Ich wollte doch gar nicht Jamba zeichnen!
Wenn ich versuche, Blumen zu zeichnen...
KRITZ
... oder auch Obst...
Am Ende komm immer nur Jam dabei raus!
Was ist das für ein Stift?!
Jawohl!
Der Jamba-Bleistift, ich habe selbst erfunden.
Wer braucht so was?!
Ich komm wohl nicht drum herum, viel zu üben ...
Wir stehen dir zur Seite, um dich anzufeuern!
Hmm, das wirkt ein wenig komisch.
Das muss etwas höher.
Die Nase ist viel zu schief!
LABER
RHABARBER
BLA
Hier ist auch alles falsch!
DAS IST NICHT GUT!
HIER AUCH!
...
ZÜRN

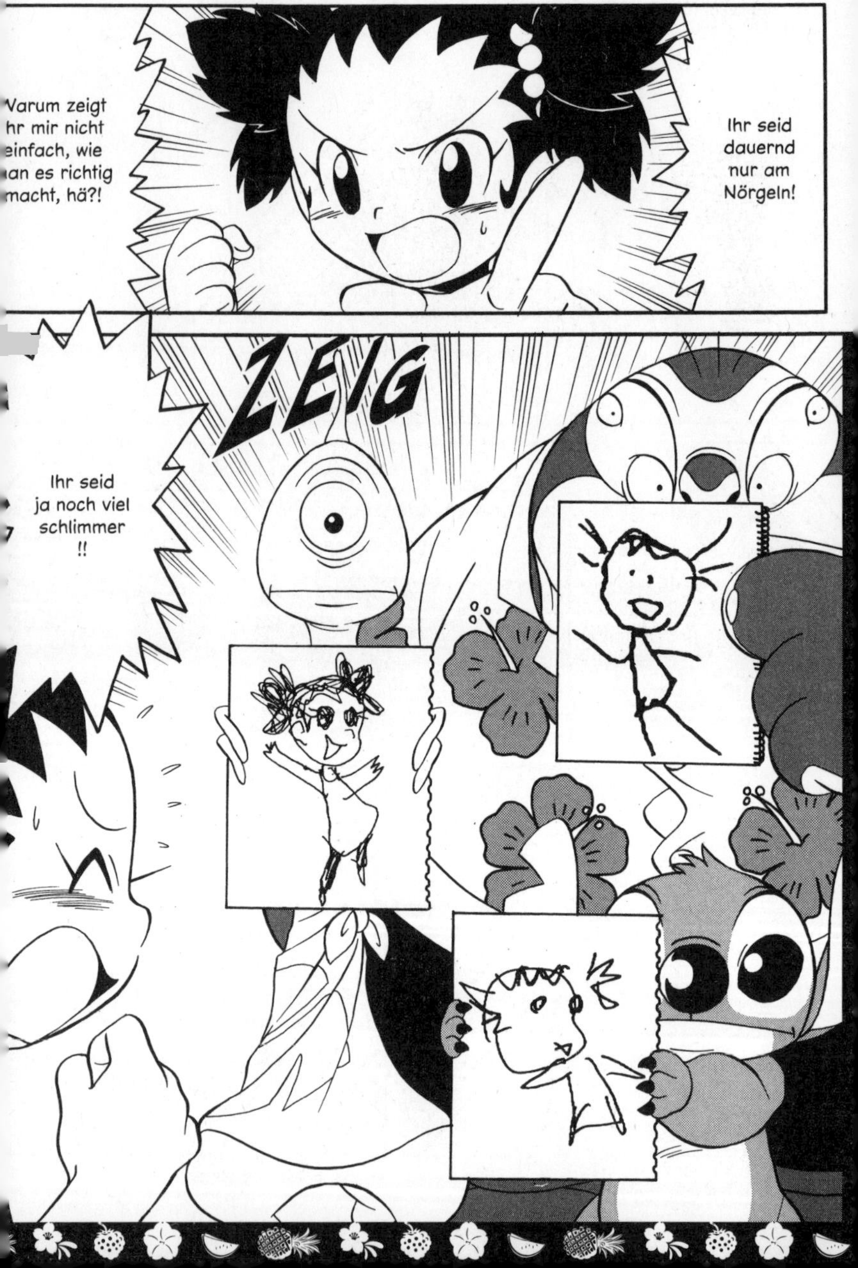
Ihr seid dauernd nur am Nörgeln!
Varum zeigt hr mir nicht einfach, wie an es richtig macht, hä?!
ZEIG
Ihr seid ja noch viel schlimmer !!

Jetzt ist Yuna sauer!

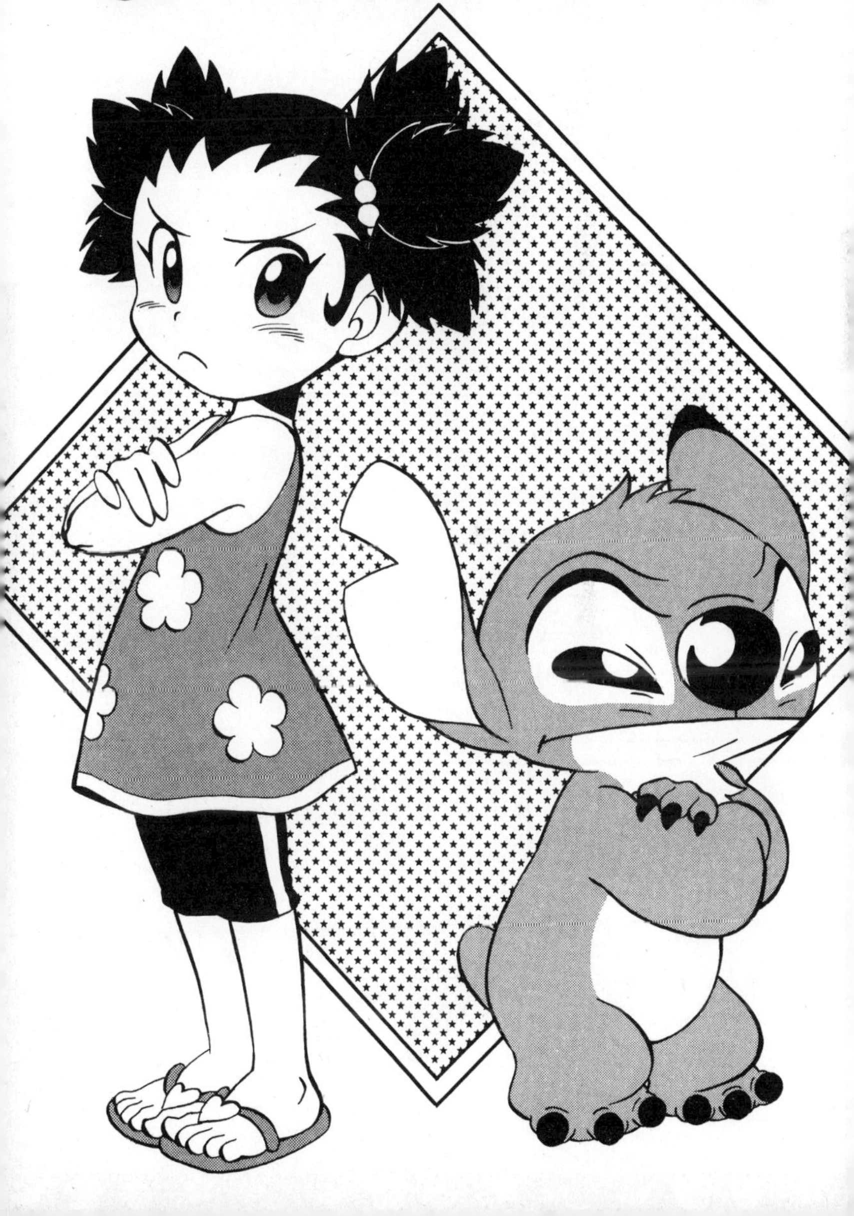

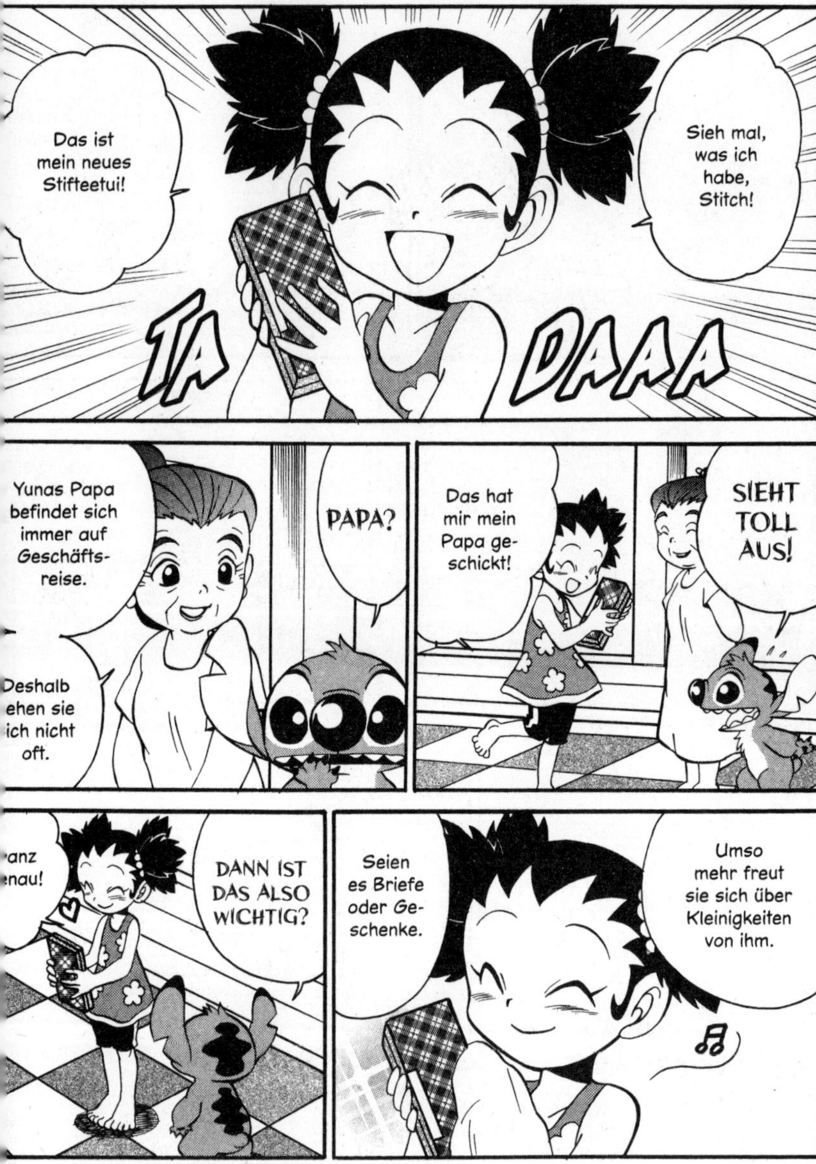

Sieh mal, was ich habe, Stitch!
TA DAAA
Das ist mein neues Stifteetui!
SIEHT TOLL AUS!
Das hat mir mein Papa geschickt!
PAPA?
Yunas Papa befindet sich immer auf Geschäftsreise.
eshalb ehen sie ich nicht oft.
Umso mehr freut sie sich über Kleinigkeiten von ihm.
Seien es Briefe oder Geschenke.
DANN IST DAS ALSO WICHTIG?
anz enau!

Hier weiterlesen

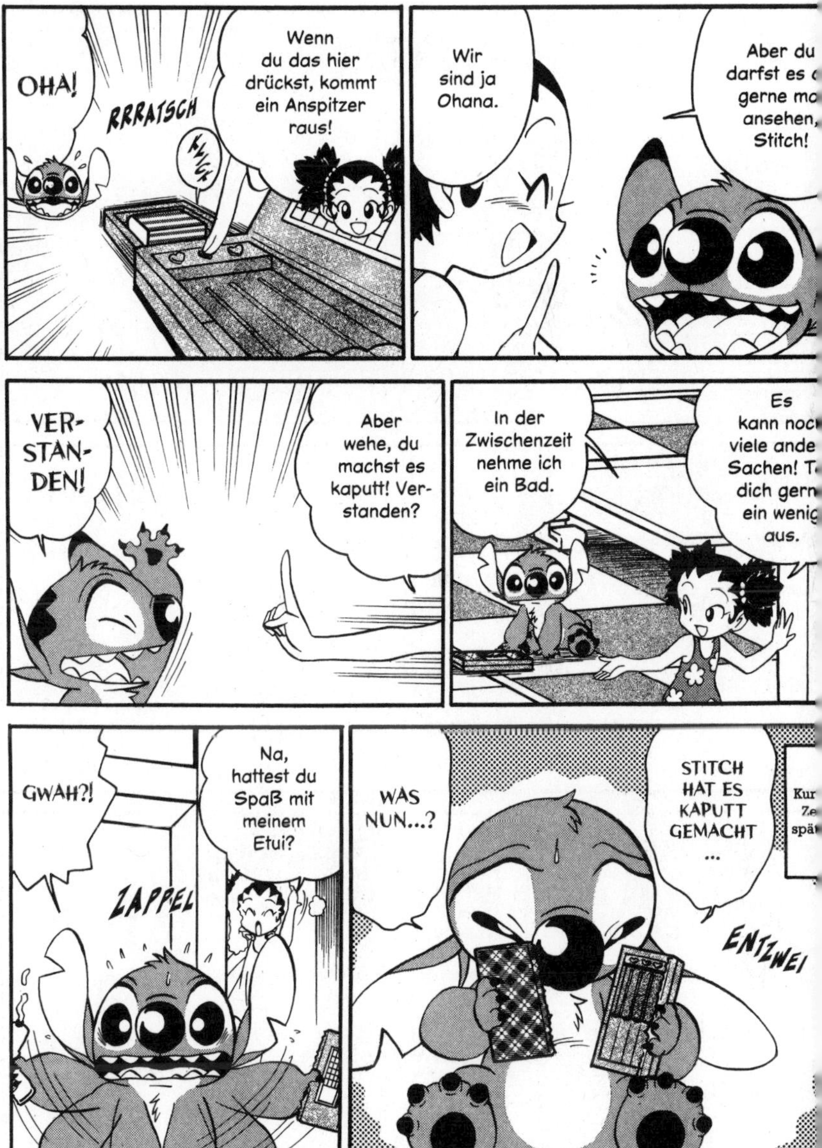

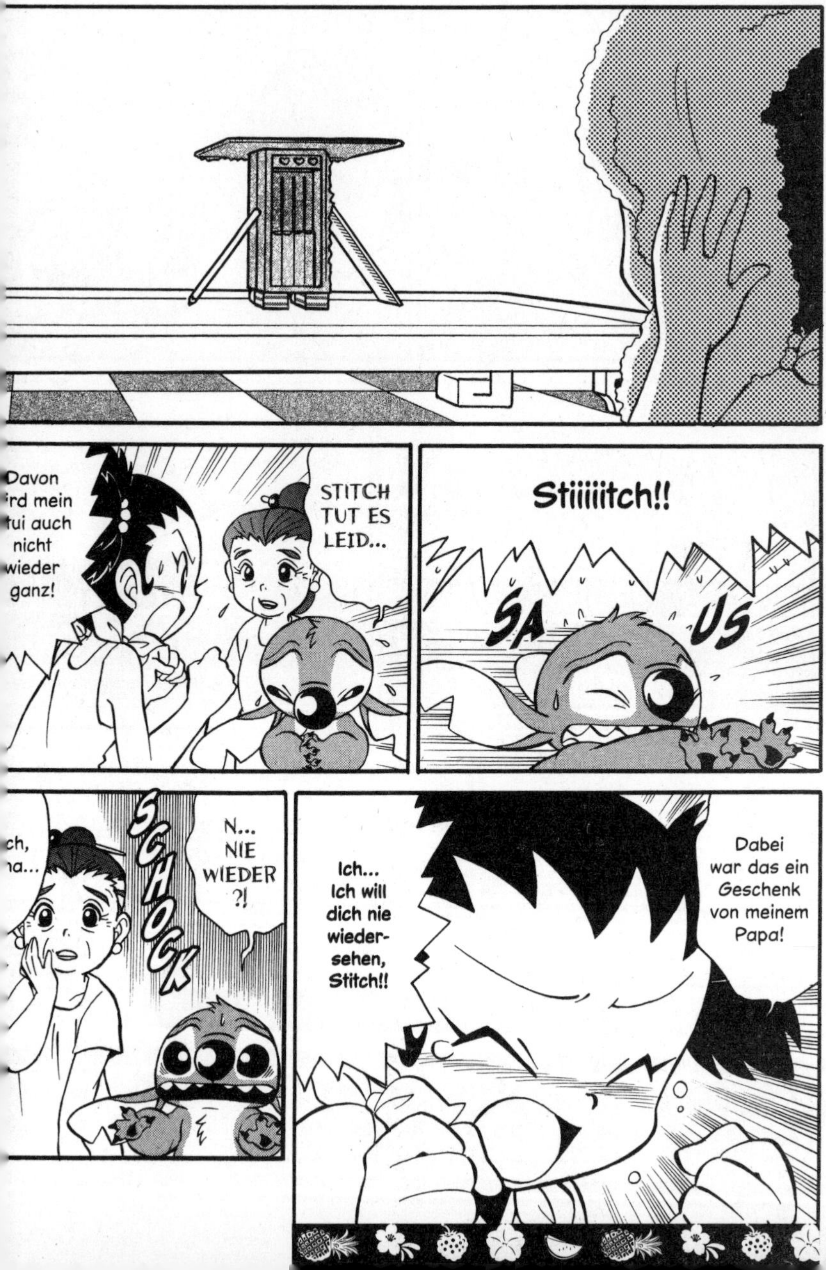
Stiiiiiitch!!
SAUS
STITCH TUT ES LEID...
Davon
ird mein
tui auch
nicht
wieder
ganz!
Dabei war das ein Geschenk von meinem Papa!
Ich... Ich will dich nie wieder-sehen, Stitch!!
N... NIE WIEDER ?!
SCHOCK
ch,
a...

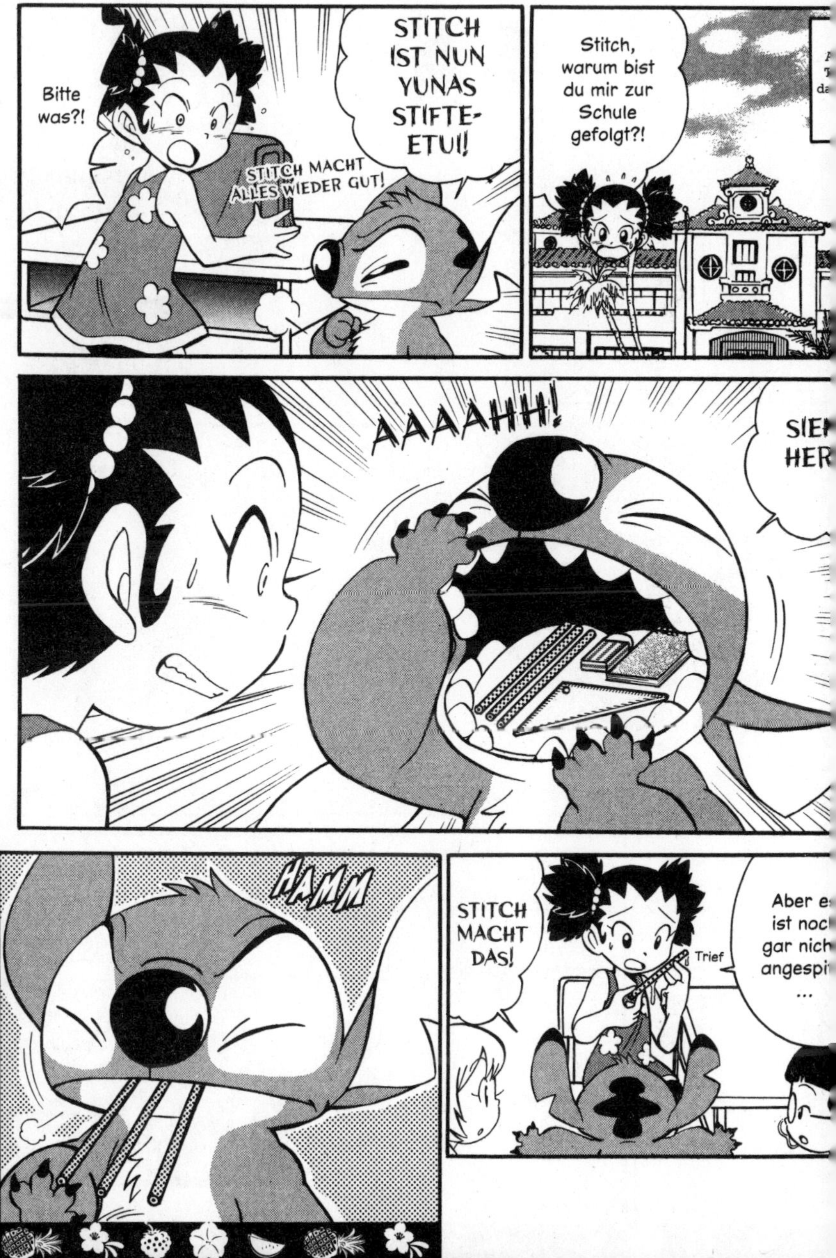
Bitte was?!
STITCH IST NUN YUNAS STIFTE-ETUI!
STITCH MACHT ALLES WIEDER GUT!
Stitch, warum bist du mir zur Schule gefolgt?!
AAAAHH!
HAMM
STITCH MACHT DAS!
Trief

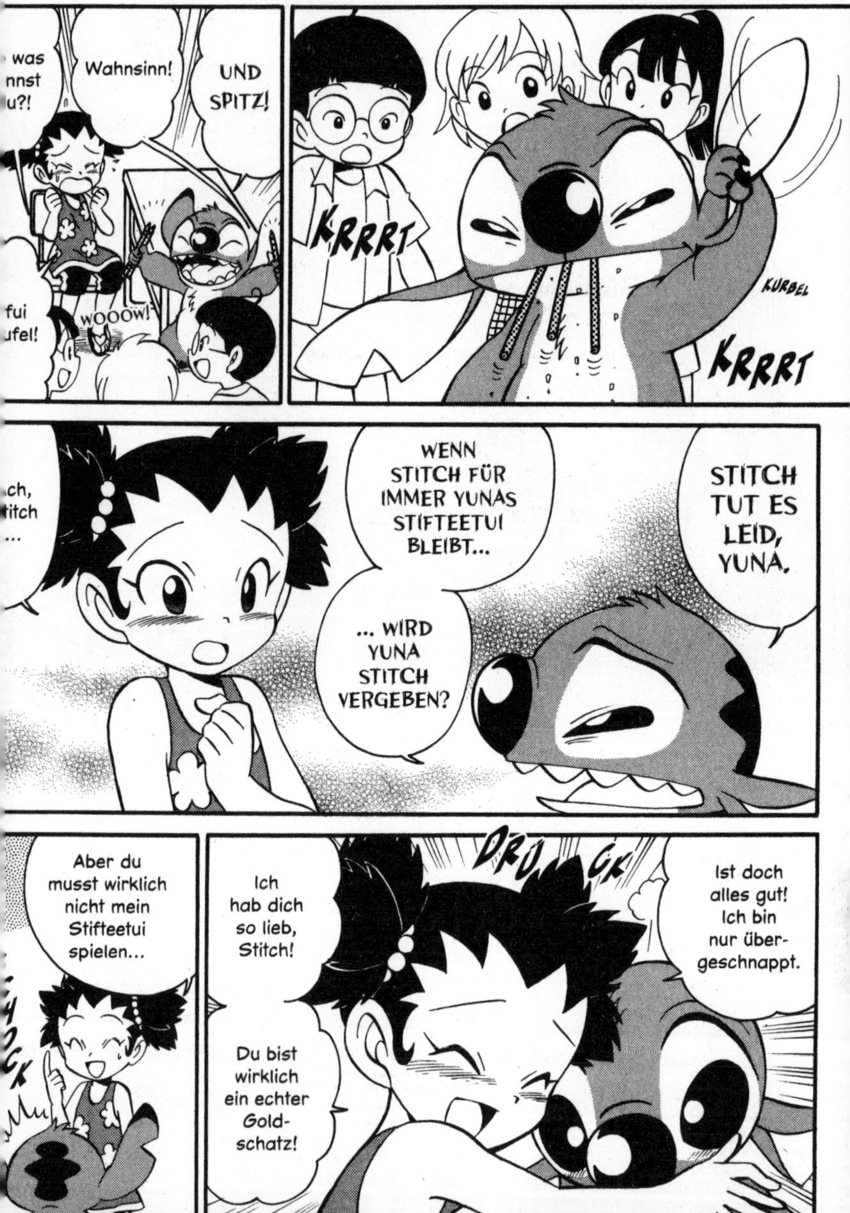

was
nnst
u?!
Wahnsinn!
UND SPITZ!
fui
ufel!
WOOOW!
KRRRT
KURBEL
KRRRT
ch,
itch
...
WENN STITCH FÜR IMMER YUNAS STIFTEETUI BLEIBT...
... WIRD YUNA STITCH VERGEBEN?
STITCH TUT ES LEID, YUNA.
Aber du musst wirklich nicht mein Stifteetui spielen...
Ich hab dich so lieb, Stitch!
Du bist wirklich ein echter Goldschatz!
DRÜCK
Ist doch alles gut! Ich bin nur übergeschnappt.

Angel kommt zu Besuch!

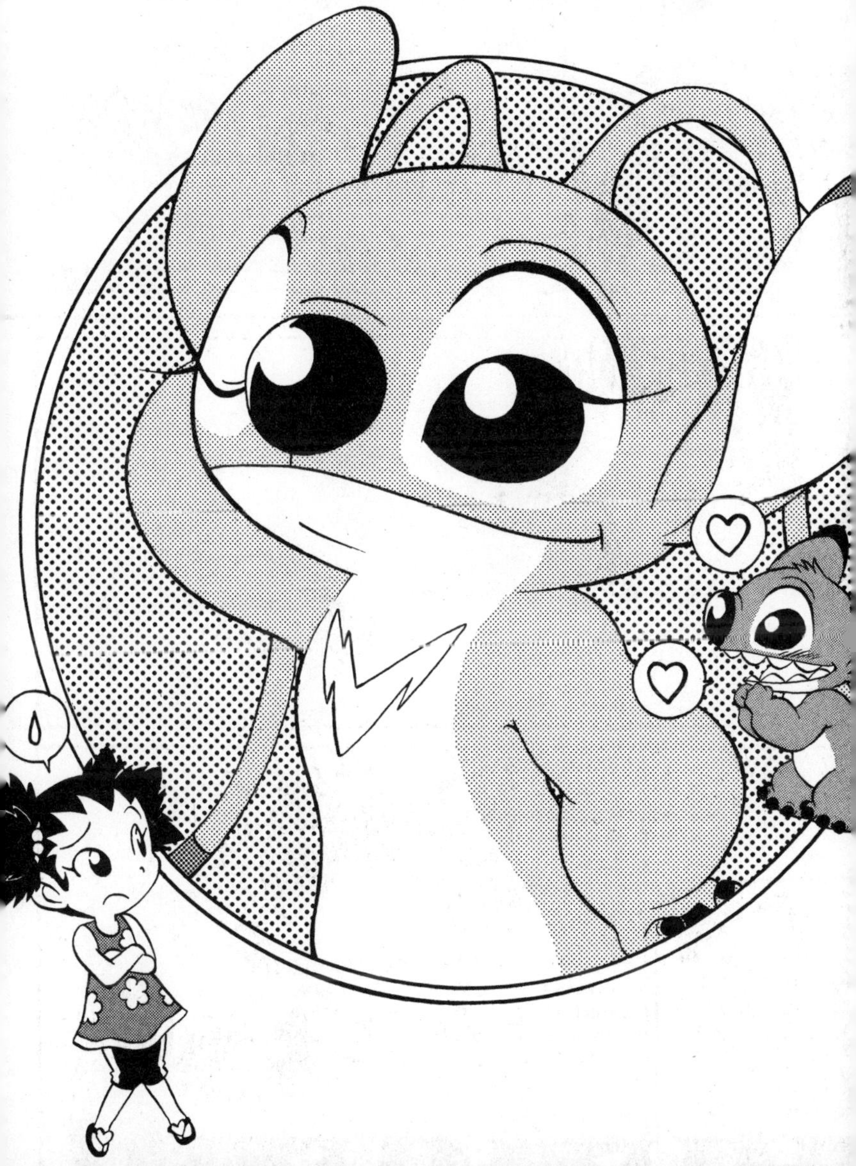

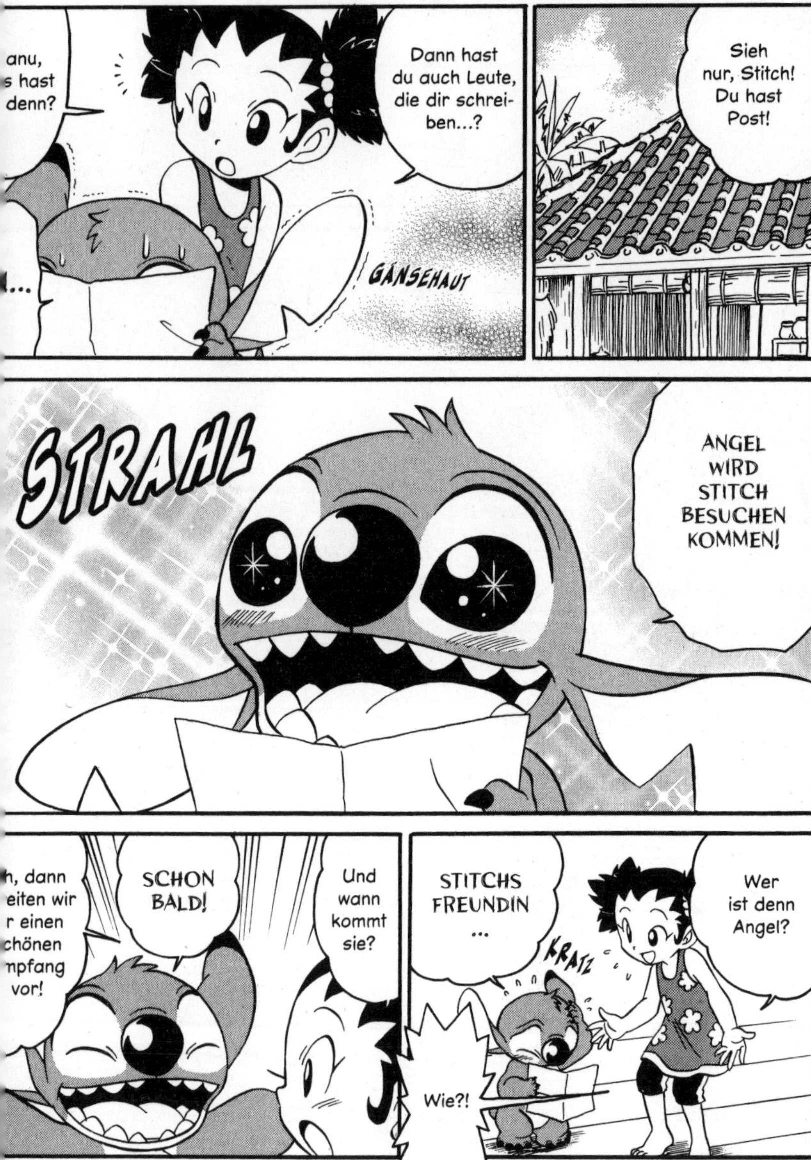
Sieh nur, Stitch! Du hast Post!
Dann hast du auch Leute, die dir schreiben...?
anu, s hast denn?
GÄNSEHAUT
...
STRAHL
ANGEL WIRD STITCH BESUCHEN KOMMEN!
Wer ist denn Angel?
KRATZ
STITCHS FREUNDIN ...
Wie?!
Und wann kommt sie?
SCHON BALD!
h, dann eiten wir r einen chönen mpfang vor!

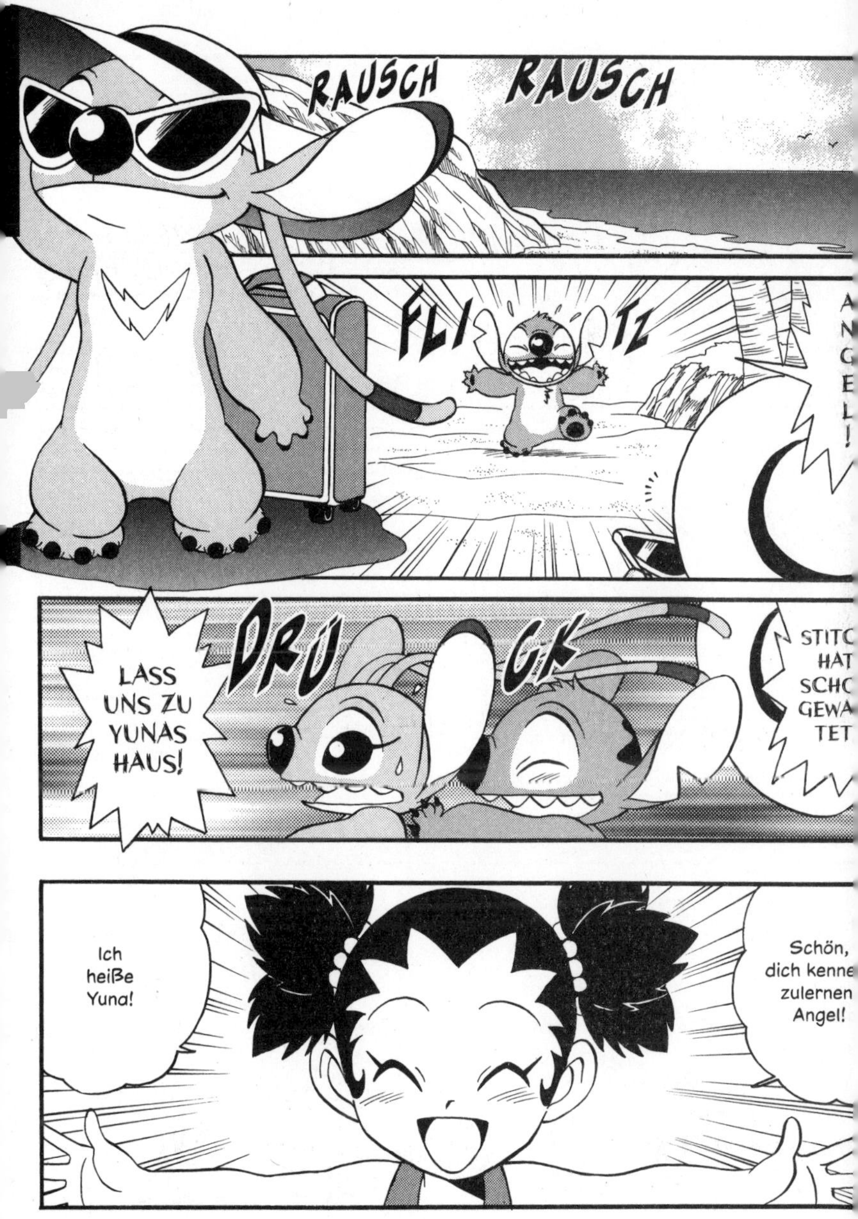
RAUSCH RAUSCH
FLITZ
ANGEL!
STITC HAT SCHO GEWA TET
DRÜCK
LASS UNS ZU YUNAS HAUS!
Schön, dich kenne zulernen Angel!
Ich heiße Yuna!

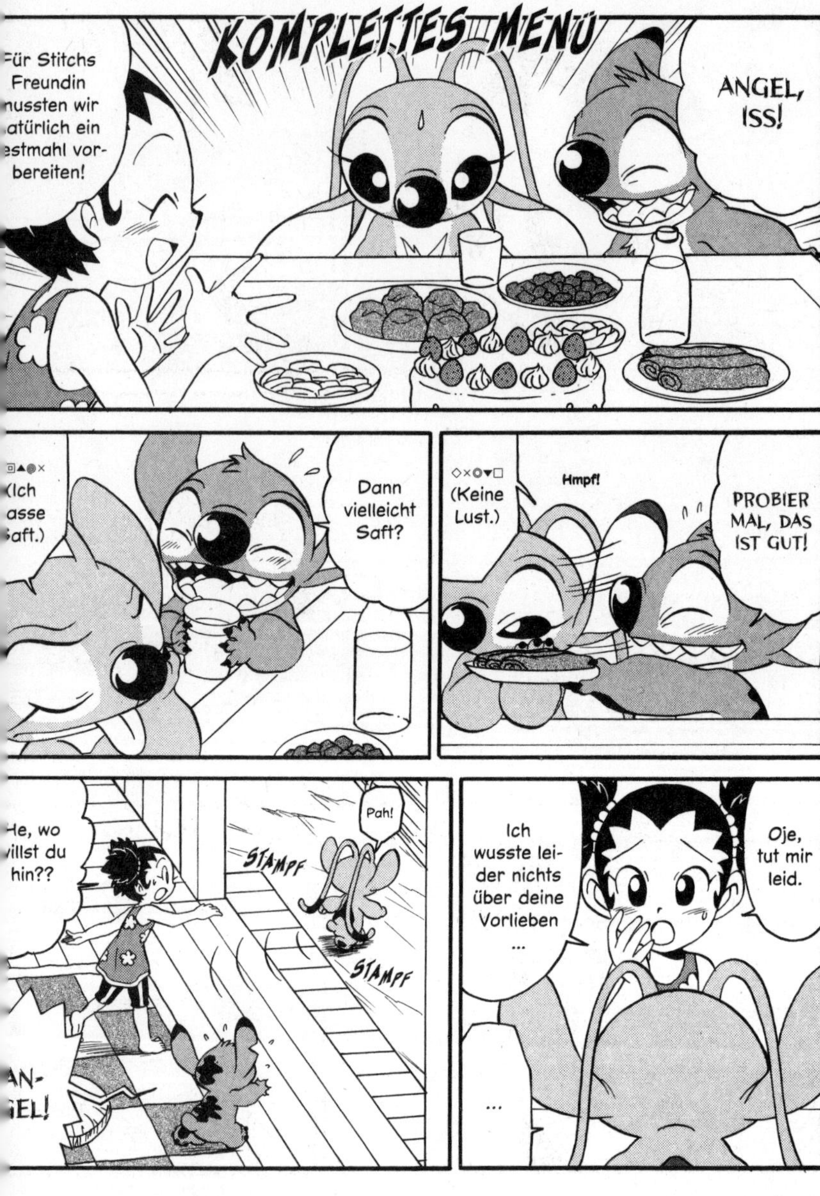

KOMPLETTES MENÜ
Für Stitchs Freundin mussten wir natürlich ein Festmahl vorbereiten!
ANGEL, ISS!
Dann vielleicht Saft?
(Ich hasse Saft.)
PROBIER MAL, DAS IST GUT!
Hmpf!
(Keine Lust.)
He, wo willst du hin??
Pah!
STAMPF
STAMPF
AN-GEL!
Oje, tut mir leid.
Ich wusste leider nichts über deine Vorlieben ...
...

Hier weiterlesen

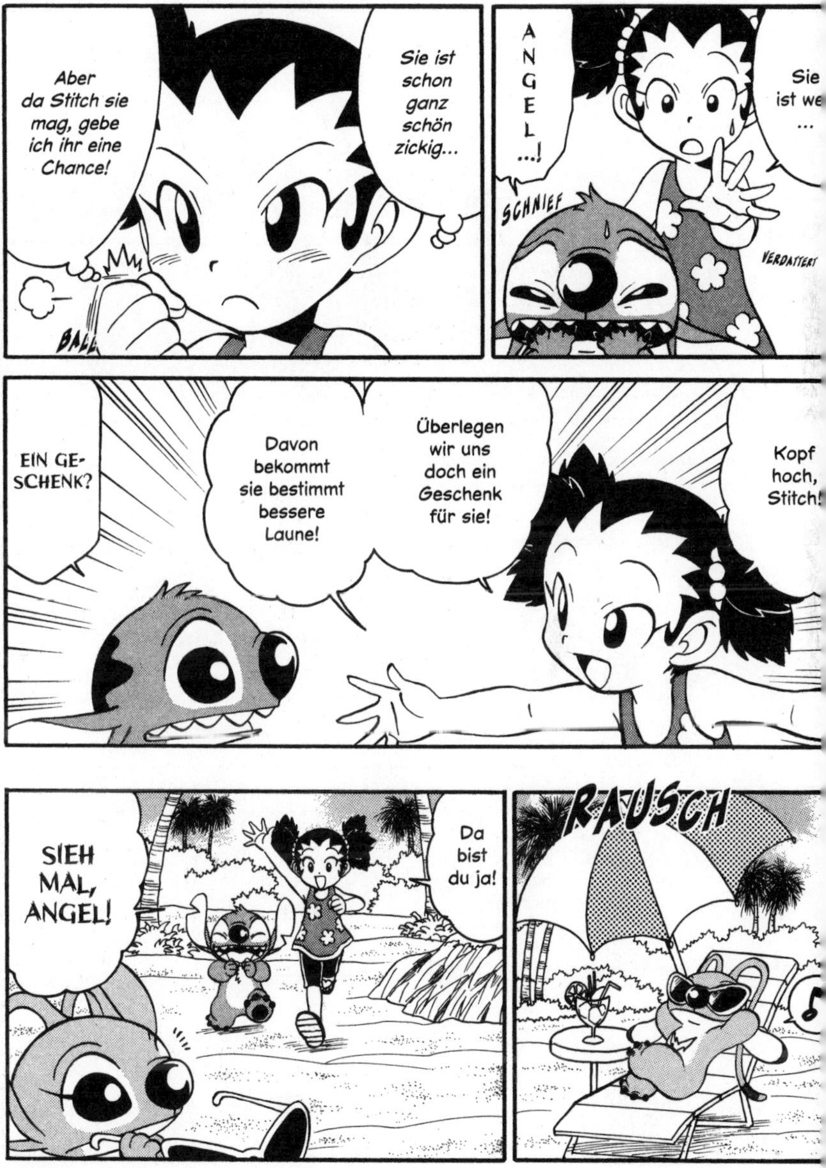

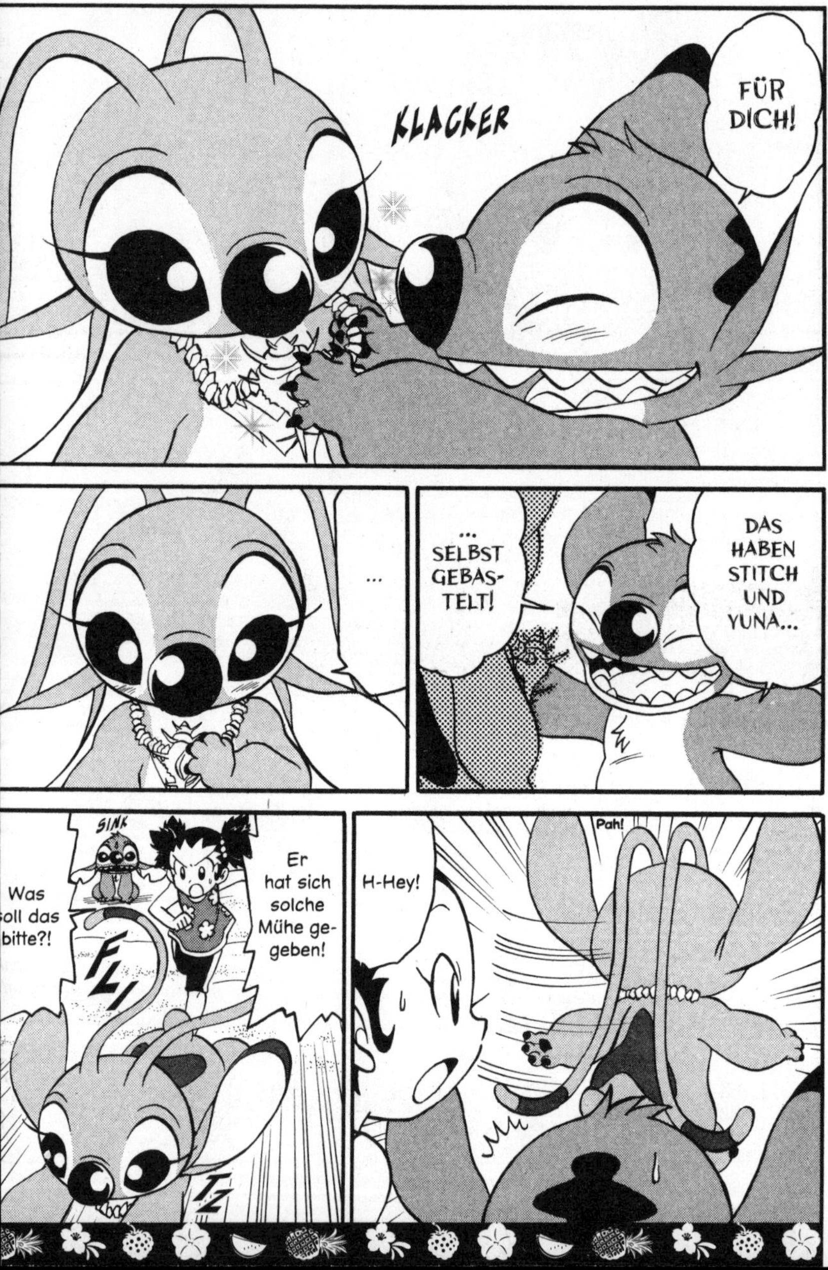
FÜR DICH!
KLACKER
DAS HABEN STITCH UND YUNA...
... SELBST GEBASTELT!
...
Pah!
H-Hey!
SINK
Er hat sich solche Mühe gegeben!
Was soll das bitte?!
FLI
TZ

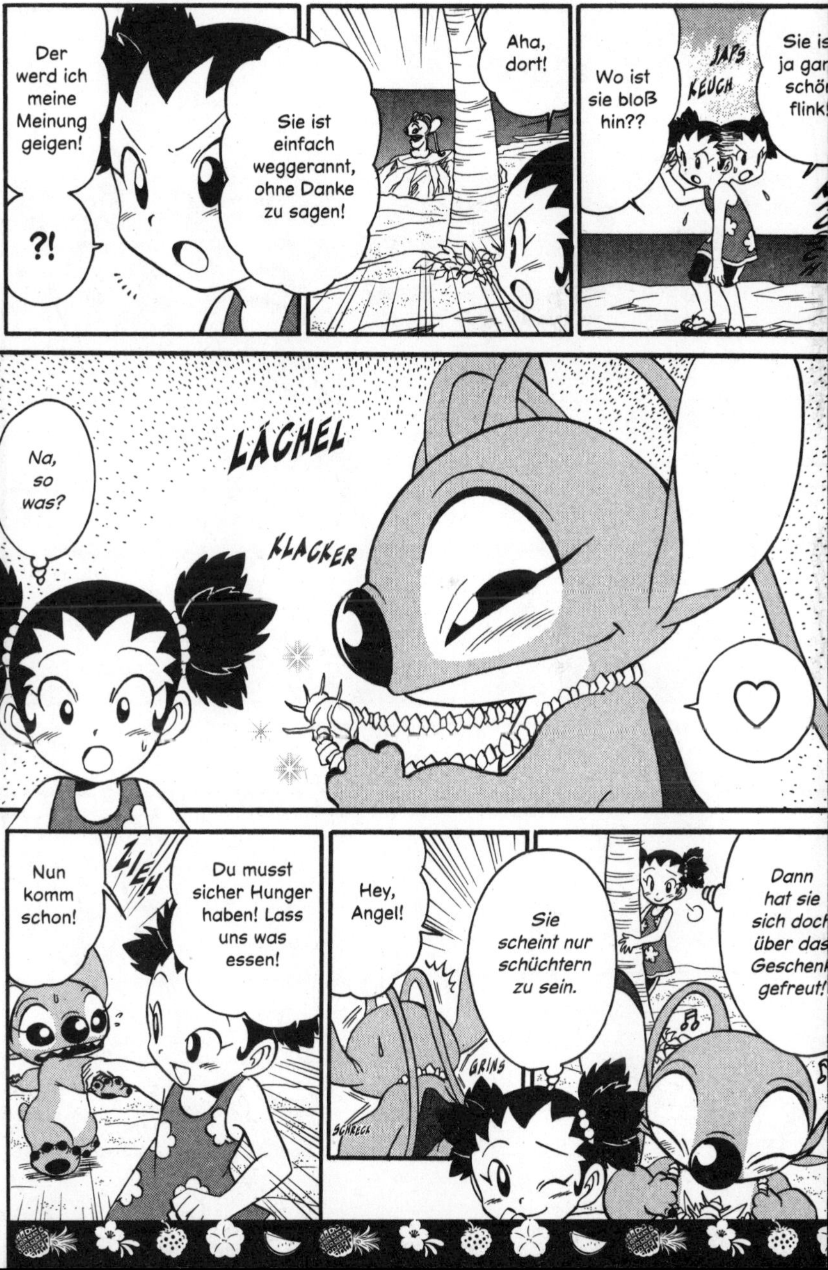

Sie is
ja gar
schön
flink!
JAPS
KEUCH
Wo ist sie bloß hin??
Aha, dort!
Sie ist einfach weggerannt, ohne Danke zu sagen!
Der werd ich meine Meinung geigen!
?!
LÄCHEL
KLACKER
Na, so was?
Dann hat sie sich doch über das Geschen gefreut!
Sie scheint nur schüchtern zu sein.
GRINS
Hey, Angel!
SCHRECK
Du musst sicher Hunger haben! Lass uns was essen!
ZIEH
Nun komm schon!

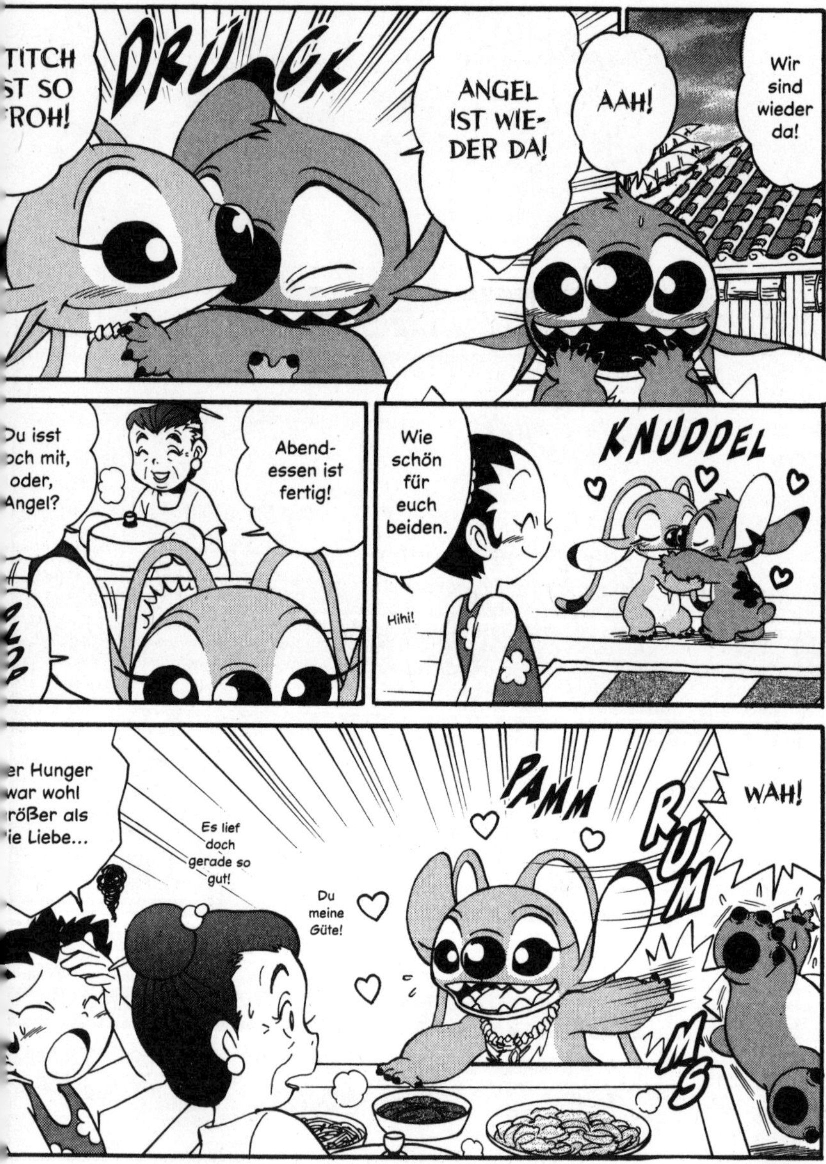
Wir sind wieder da!
AAH!
ANGEL IST WIE-DER DA!
DRÜCK
TITCH
ST SO
ROH!
KNUDDEL
Wie schön für euch beiden.
Hihi!
Abend-essen ist fertig!
Du isst
och mit,
oder,
Angel?
WAH!
RUMMS
PAMM
Du meine Güte!
Es lief doch gerade so gut!
er Hunger
war wohl
rößer als
ie Liebe...

Auch Bäume haben Träume

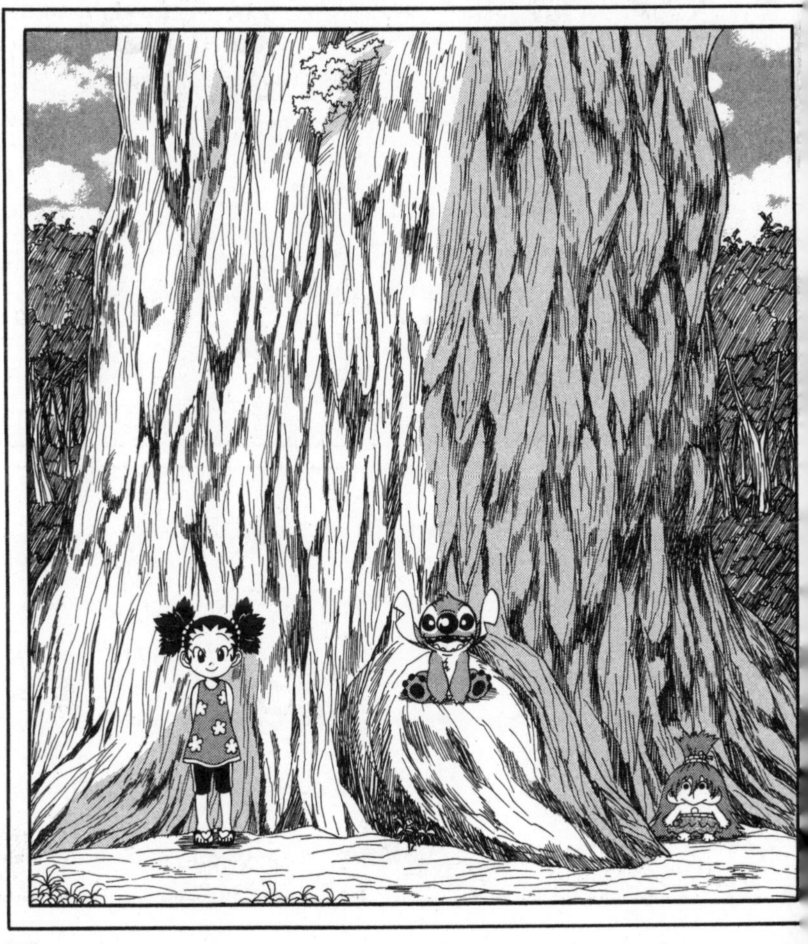

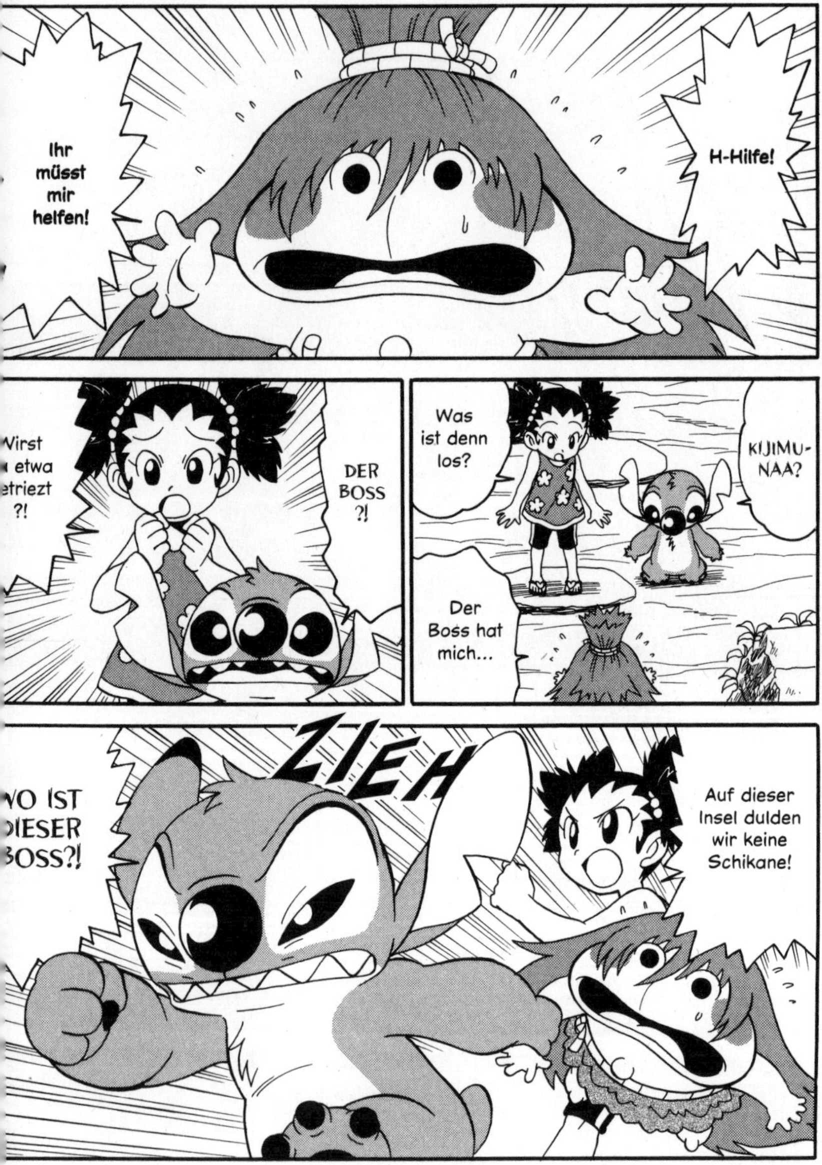
H-Hilfe!
Ihr müsst mir helfen!
KIJIMU-NAA?
Was ist denn los?
Der Boss hat mich...
DER BOSS ?!
Wirst etwa triezt ?!
Auf dieser Insel dulden wir keine Schikane!
ZIEH
O IST IESER OSS?!

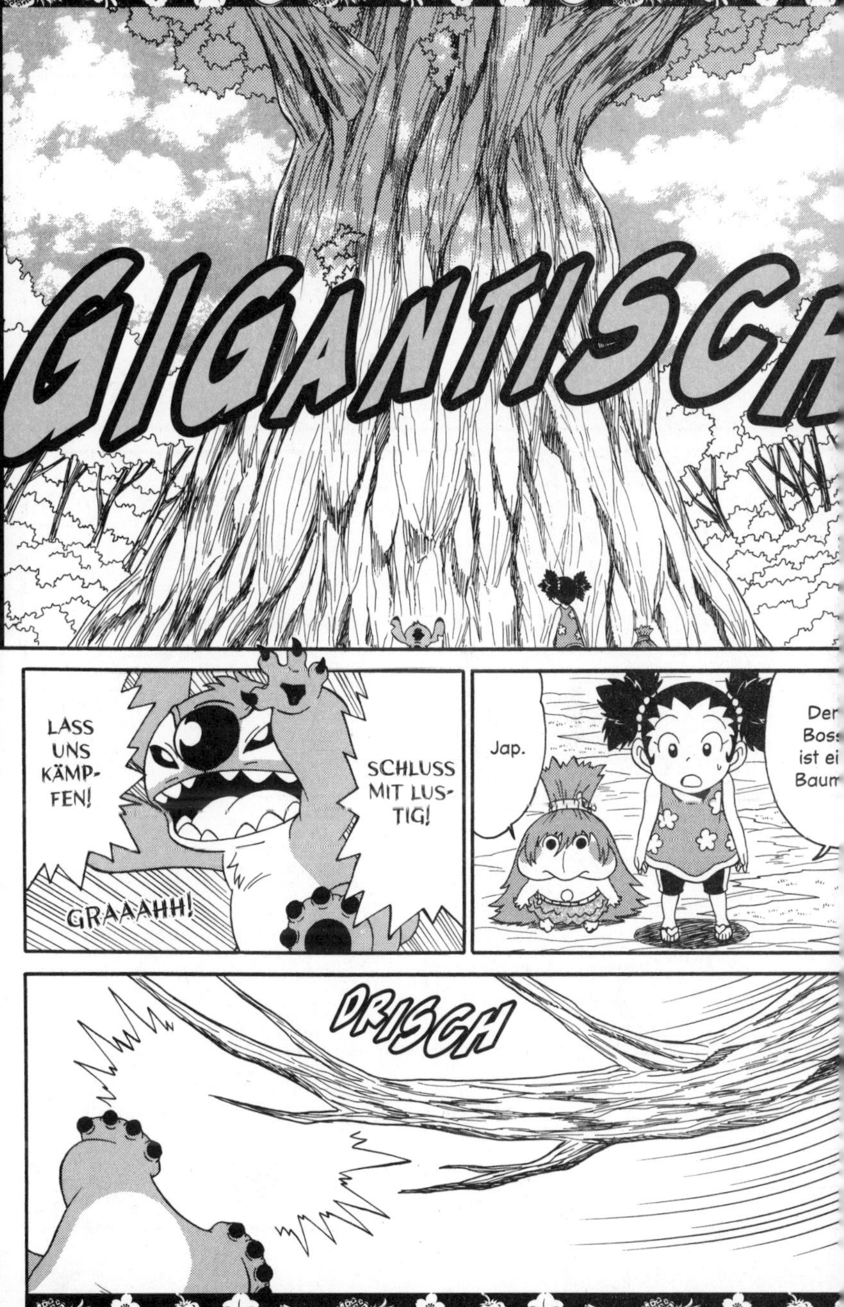
GIGANTISCH
Der
Boss
ist ei
Baum
Jap.
SCHLUSS MIT LUS-TIG!
LASS UNS KÄMP-FEN!
GRAAAHH!
DRISCH

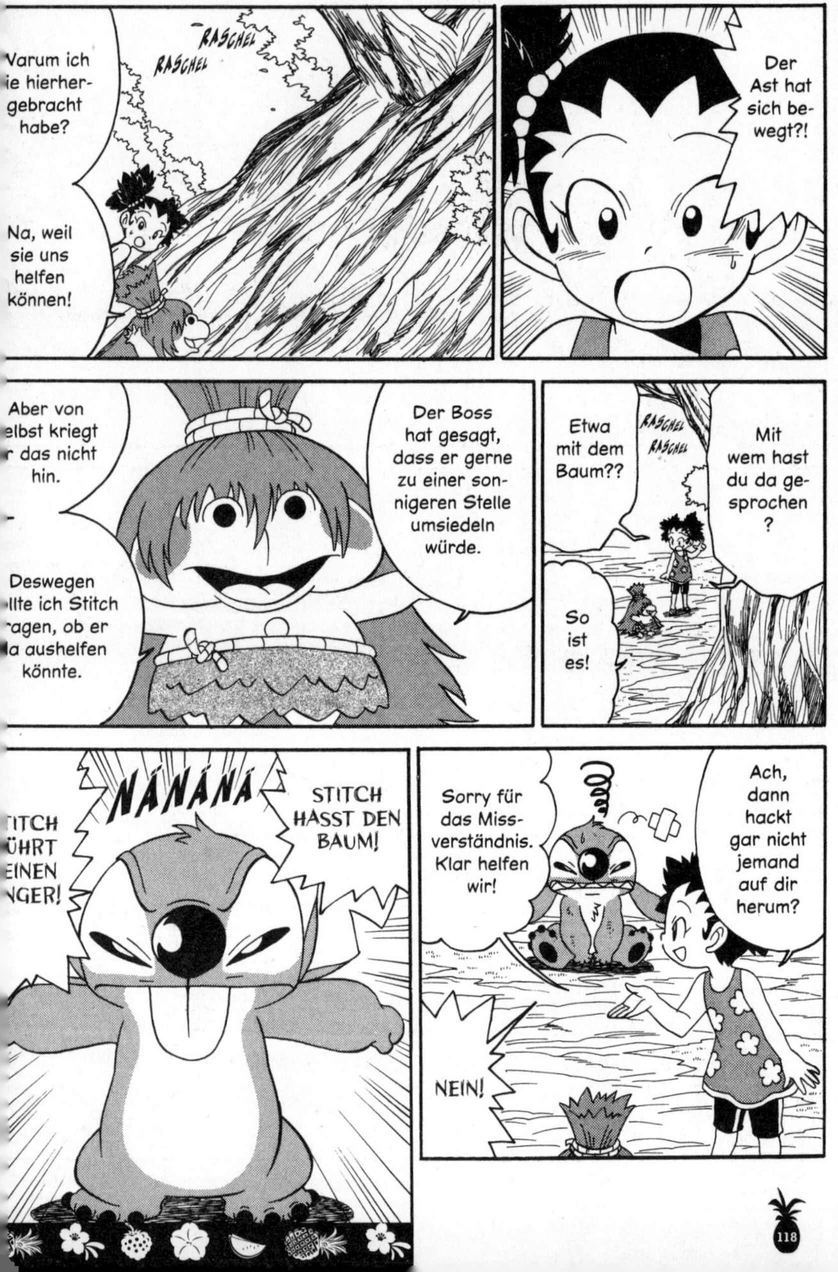

Der Ast hat sich bewegt?!
RASCHEL RASCHEL
Varum ich ie hierhergebracht habe?
Na, weil sie uns helfen können!
Mit wem hast du da gesprochen?
RASCHEL RASCHEL
Etwa mit dem Baum??
So ist es!
Der Boss hat gesagt, dass er gerne zu einer sonnigeren Stelle umsiedeln würde.
Aber von elbst kriegt r das nicht hin.
Deswegen llte ich Stitch ragen, ob er a aushelfen könnte.
Ach, dann hackt gar nicht jemand auf dir herum?
Sorry für das Missverständnis. Klar helfen wir!
NEIN!
NÄNÄNÄ
STITCH HASST DEN BAUM!
TITCH ÜHRT EINEN NGER!

Hier weiterlesen

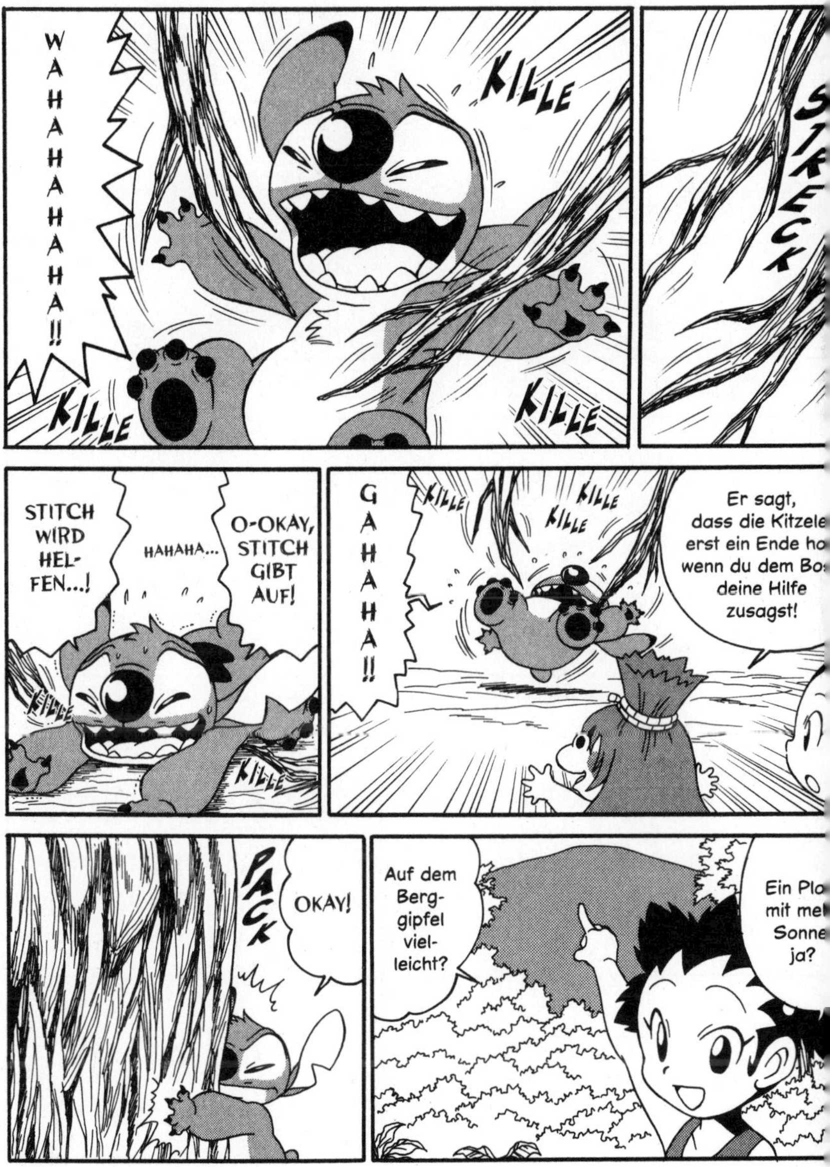

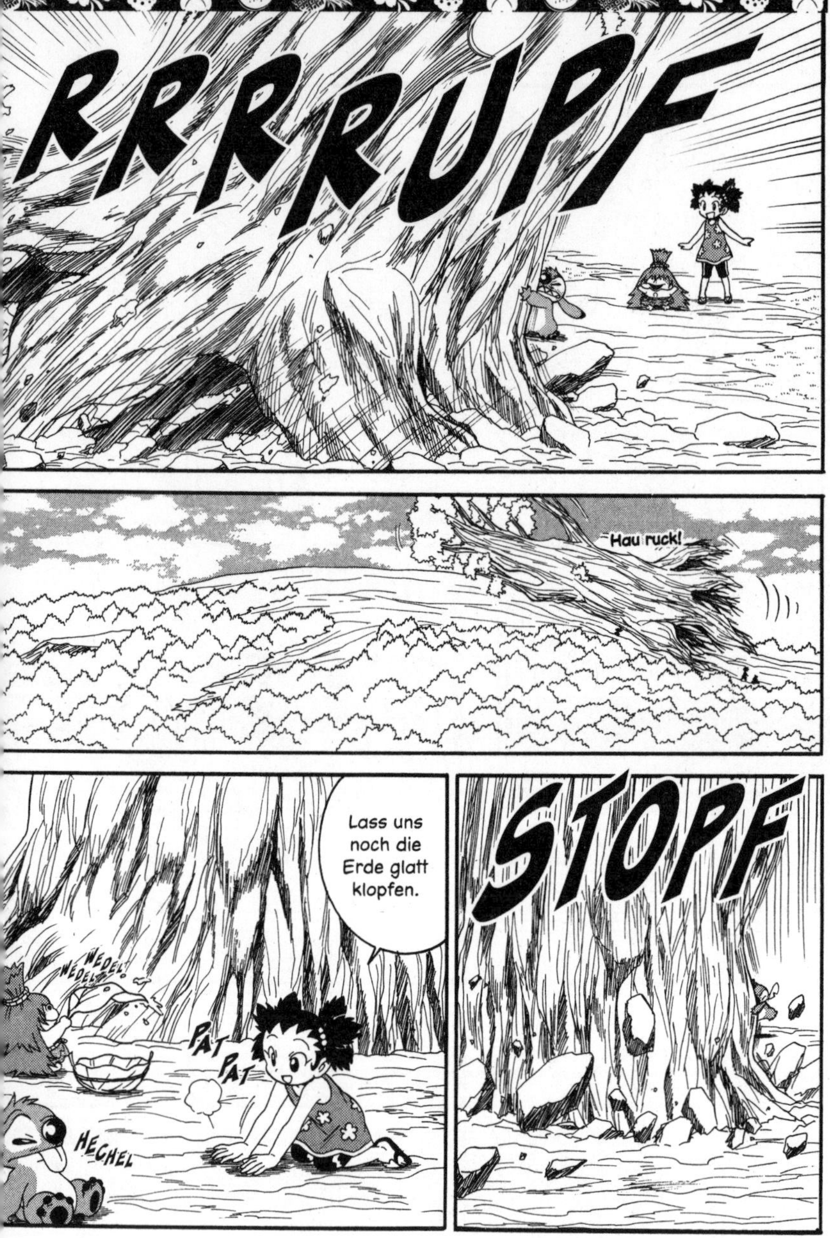
RRRRUPF
Hau ruck!
Lass uns noch die Erde glatt klopfen.
WEDEL WEDEL
PAT PAT
HECHEL
STOPF

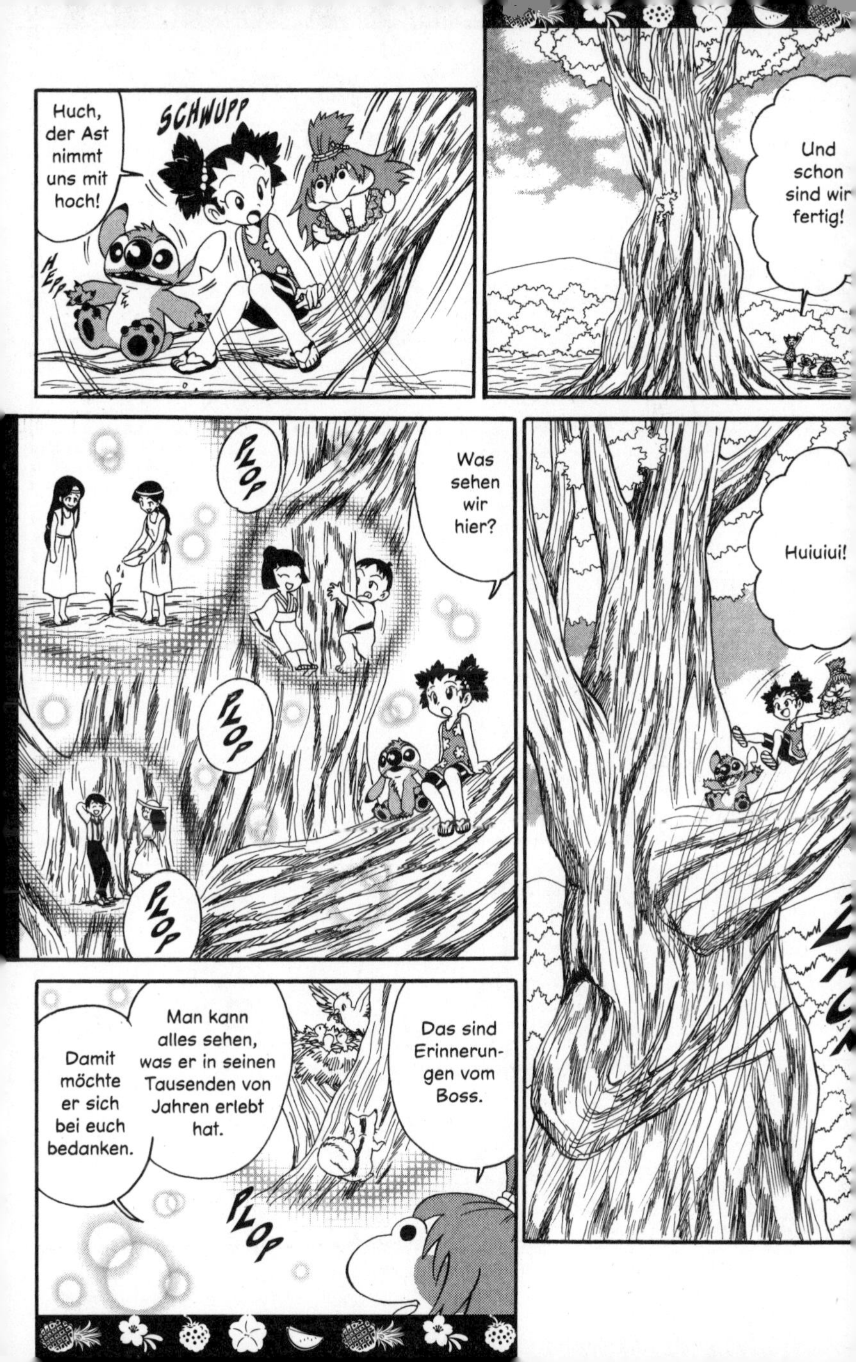
Und schon sind wir fertig!
Huch, der Ast nimmt uns mit hoch!
SCHWUPP
HEPP
Huiuiui!
Was sehen wir hier?
PLOP
PLOP
PLOP
Das sind Erinnerungen vom Boss.
Man kann alles sehen, was er in seinen Tausenden von Jahren erlebt hat.
Damit möchte er sich bei euch bedanken.
PLOP

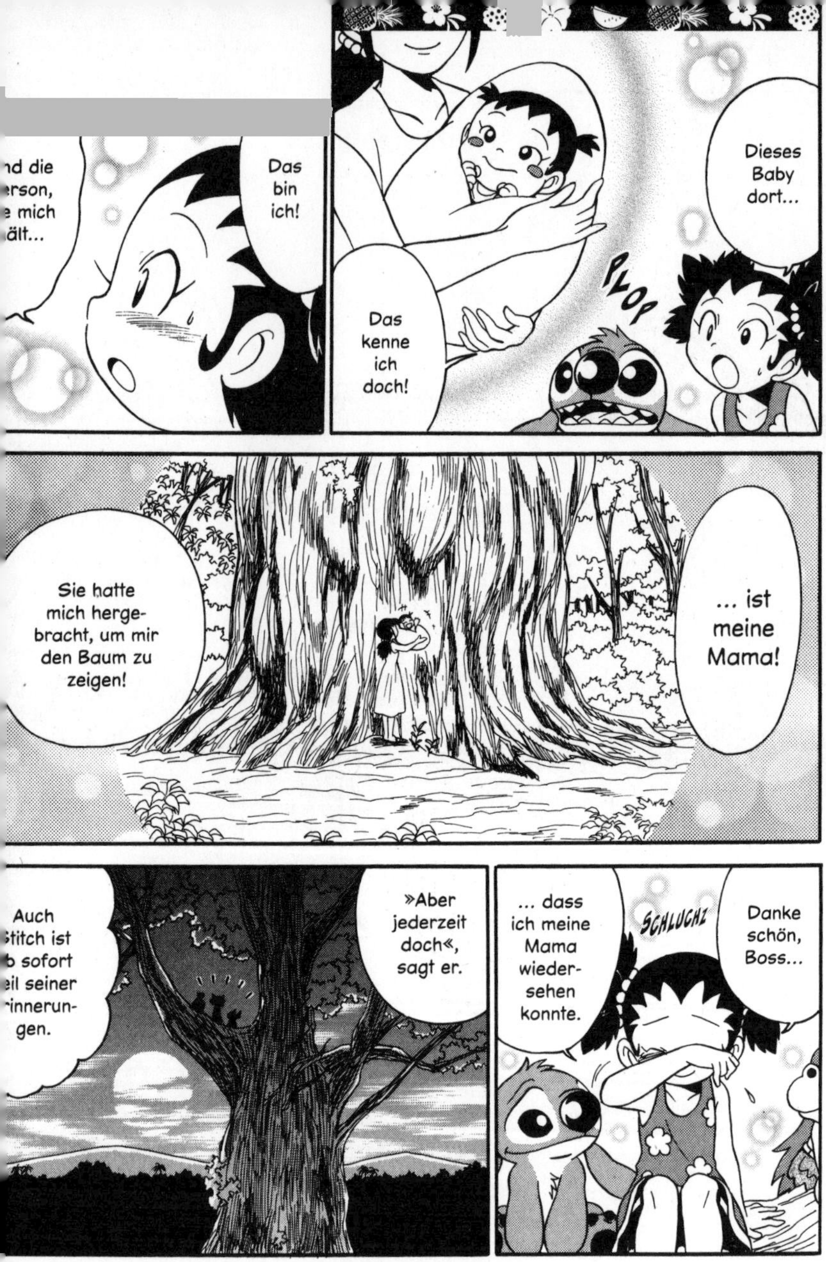
Dieses Baby dort...
PLOP
Das kenne ich doch!
Das bin ich!
nd die rson, e mich ält...
... ist meine Mama!
Sie hatte mich hergebracht, um mir den Baum zu zeigen!
Danke schön, Boss...
SCHLUCHZ
... dass ich meine Mama wiedersehen konnte.
»Aber jederzeit doch«, sagt er.
Auch titch ist b sofort il seiner rinnerungen.

Gestatten? Sae!

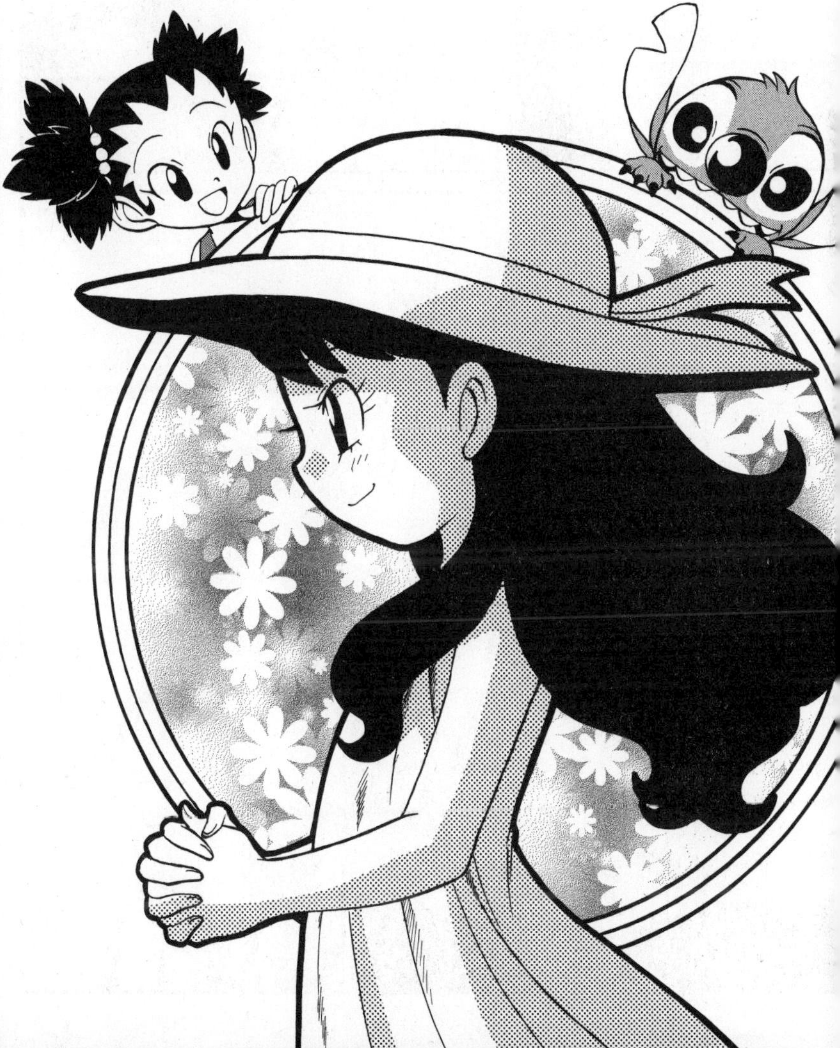

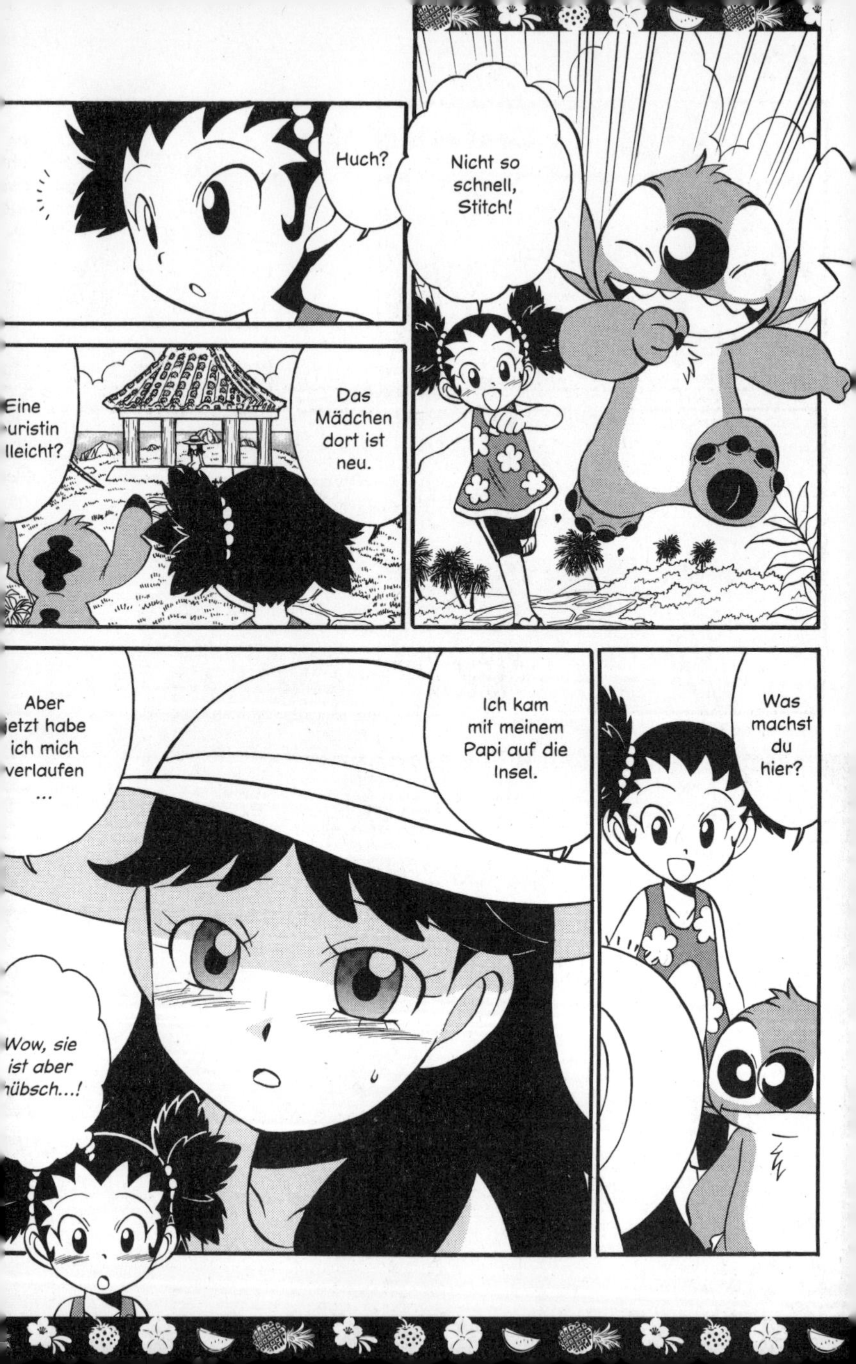

Nicht so schnell, Stitch!
Huch?
Das Mädchen dort ist neu.
Eine
uristin
lleicht?
Was machst du hier?
Ich kam mit meinem Papi auf die Insel.
Aber
jetzt habe ich mich
verlaufen ...
Wow, sie ist aber
hübsch...!

Hier weiterlesen

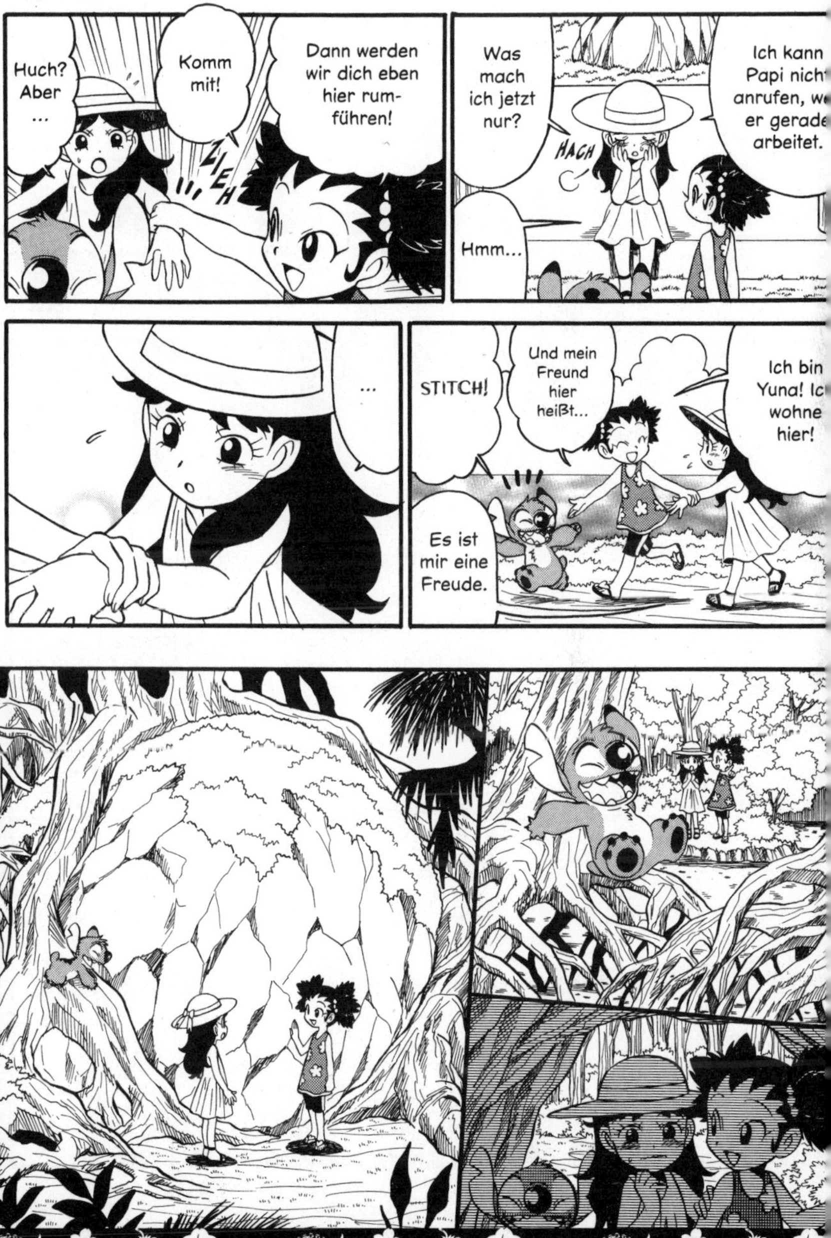

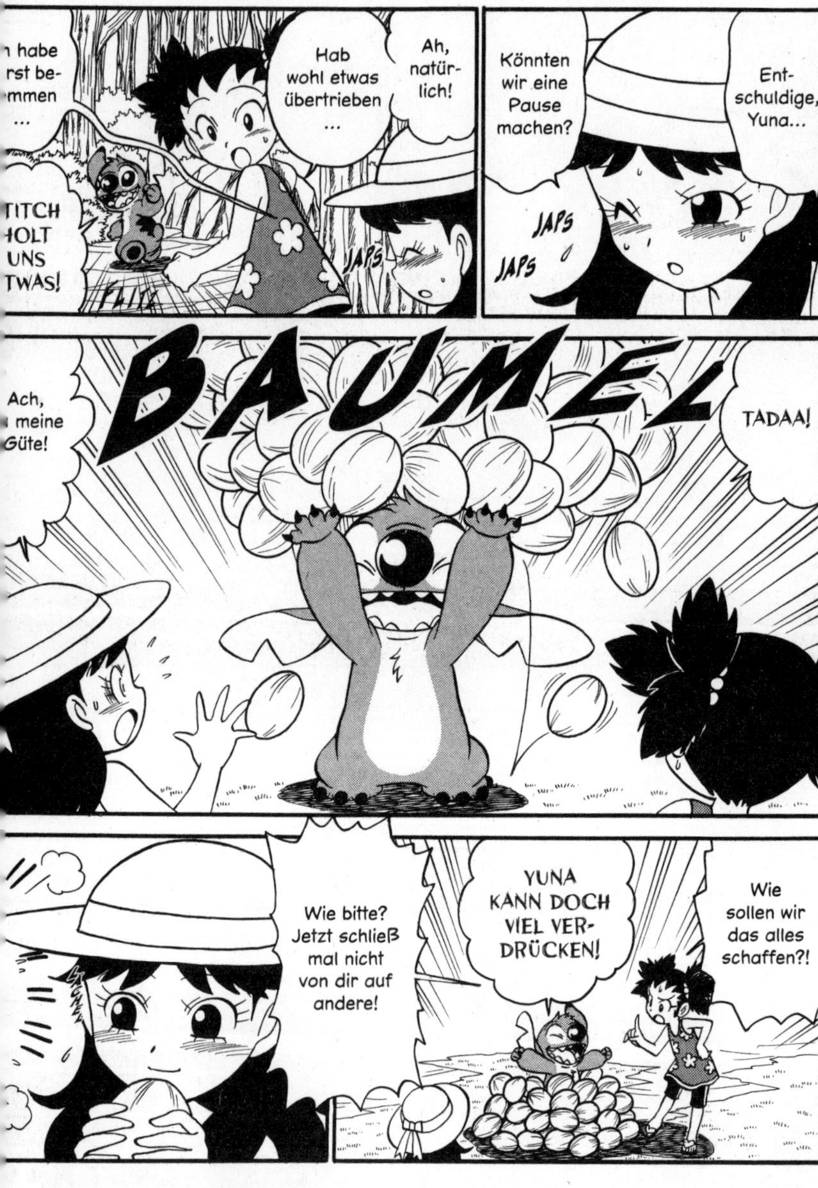
Entschuldige, Yuna...
Könnten wir eine Pause machen?
JAPS JAPS
Ah, natürlich!
Hab wohl etwas übertrieben ...
JAPS
ı habe rst be- ımmen ...
TITCH HOLT UNS TWAS!
BAUMEL
TADAA!
Ach, ı meine Güte!
Wie sollen wir das alles schaffen?!
YUNA KANN DOCH VIEL VERDRÜCKEN!
Wie bitte? Jetzt schließ mal nicht von dir auf andere!

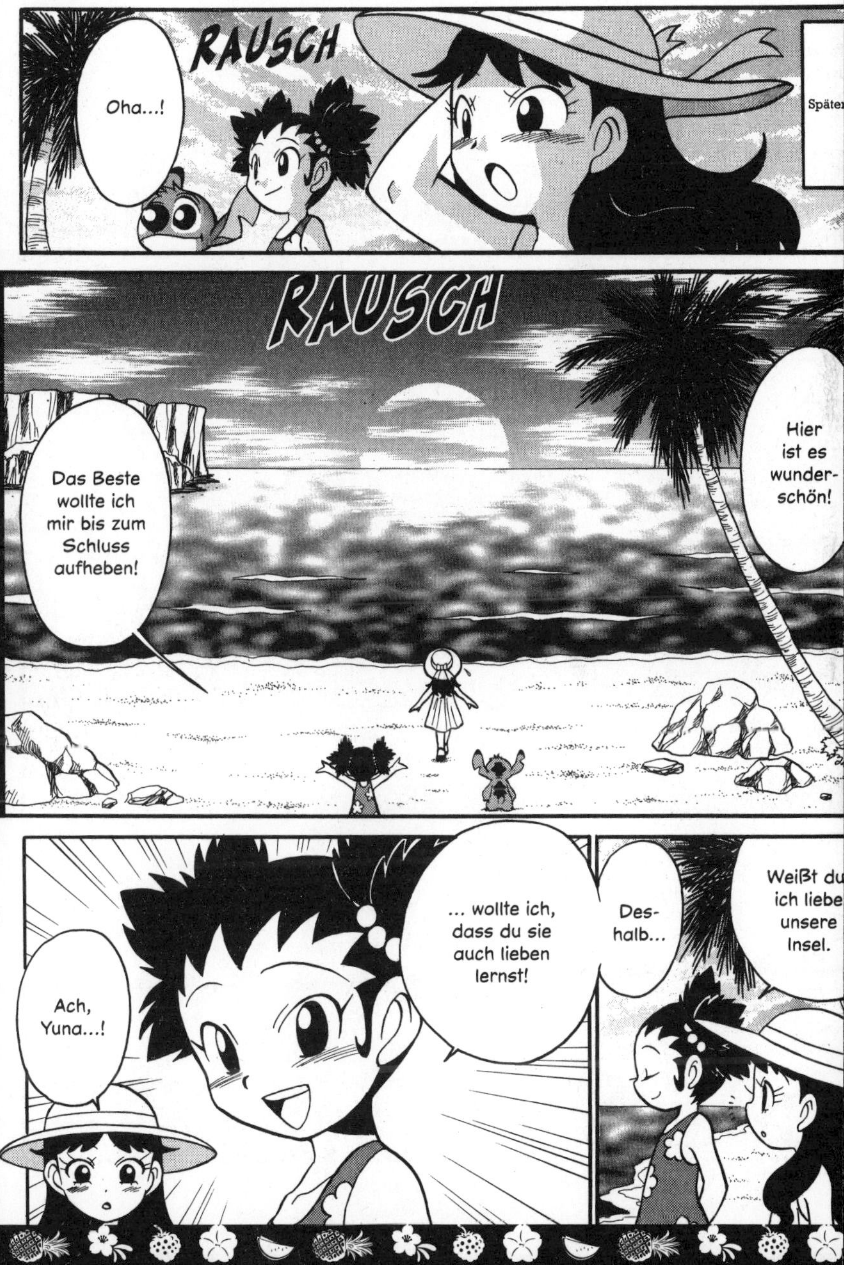
Später
RAUSCH
Oha...!
RAUSCH
Hier ist es wunder-schön!
Das Beste wollte ich mir bis zum Schluss aufheben!
Weißt du ich liebe unsere Insel.
Des-halb...
... wollte ich, dass du sie auch lieben lernst!
Ach, Yuna...!

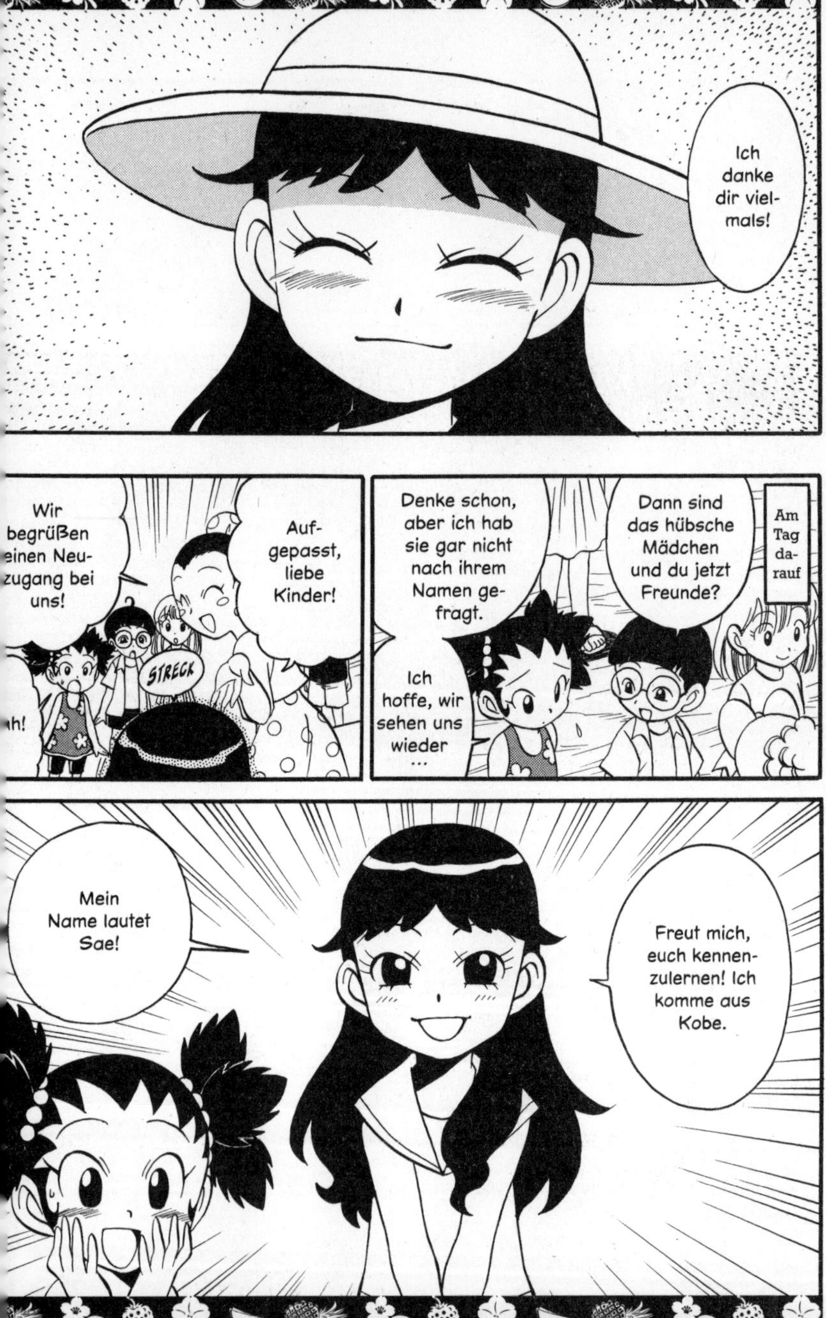
Ich danke dir vielmals!
Am Tag darauf
Dann sind das hübsche Mädchen und du jetzt Freunde?
Denke schon, aber ich hab sie gar nicht nach ihrem Namen gefragt.
Ich hoffe, wir sehen uns wieder …
Aufgepasst, liebe Kinder!
STRECK
Wir begrüßen einen Neuzugang bei uns!
Freut mich, euch kennenzulernen! Ich komme aus Kobe.
Mein Name lautet Sae!

Ein würziger Valentinstag

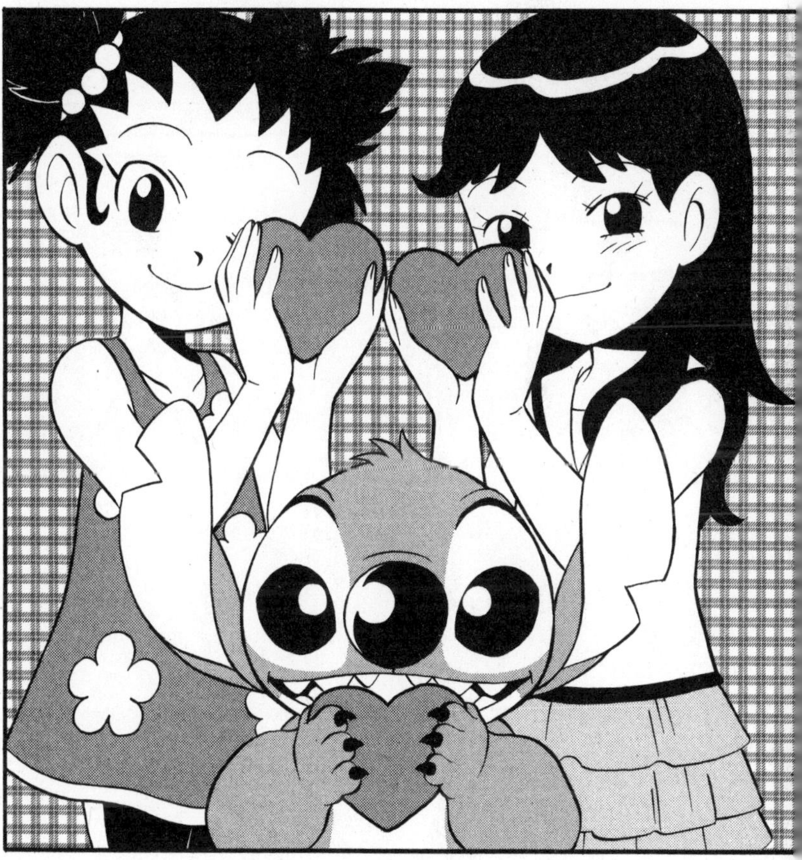

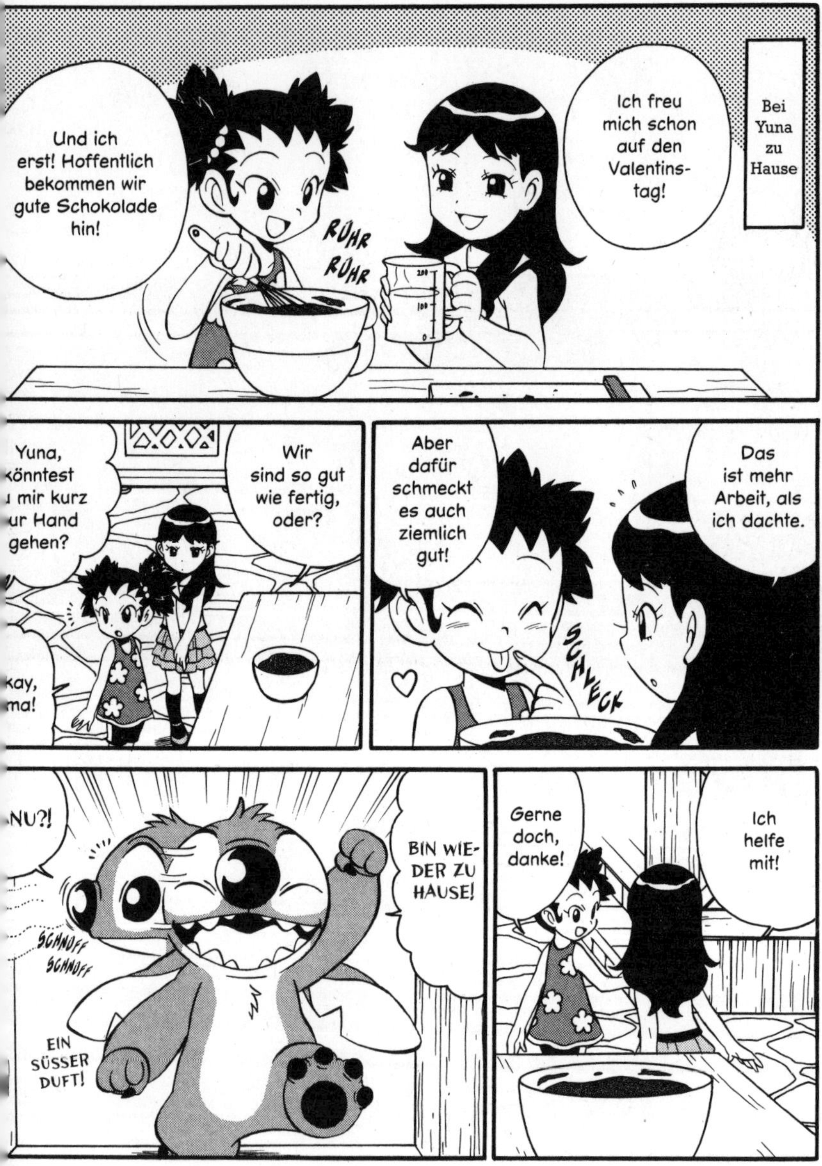
Bei Yuna zu Hause
Ich freu mich schon auf den Valentinstag!
Und ich erst! Hoffentlich bekommen wir gute Schokolade hin!
RÜHR RÜHR
Das ist mehr Arbeit, als ich dachte.
Aber dafür schmeckt es auch ziemlich gut!
SCHLECK
Wir sind so gut wie fertig, oder?
Yuna, könntest mir kurz ur Hand gehen?
kay, ma!
Ich helfe mit!
Gerne doch, danke!
BIN WIEDER ZU HAUSE!
NU?!
SCHNÜFF SCHNÜFF
EIN SÜSSER DUFT!

Hier weiterlesen

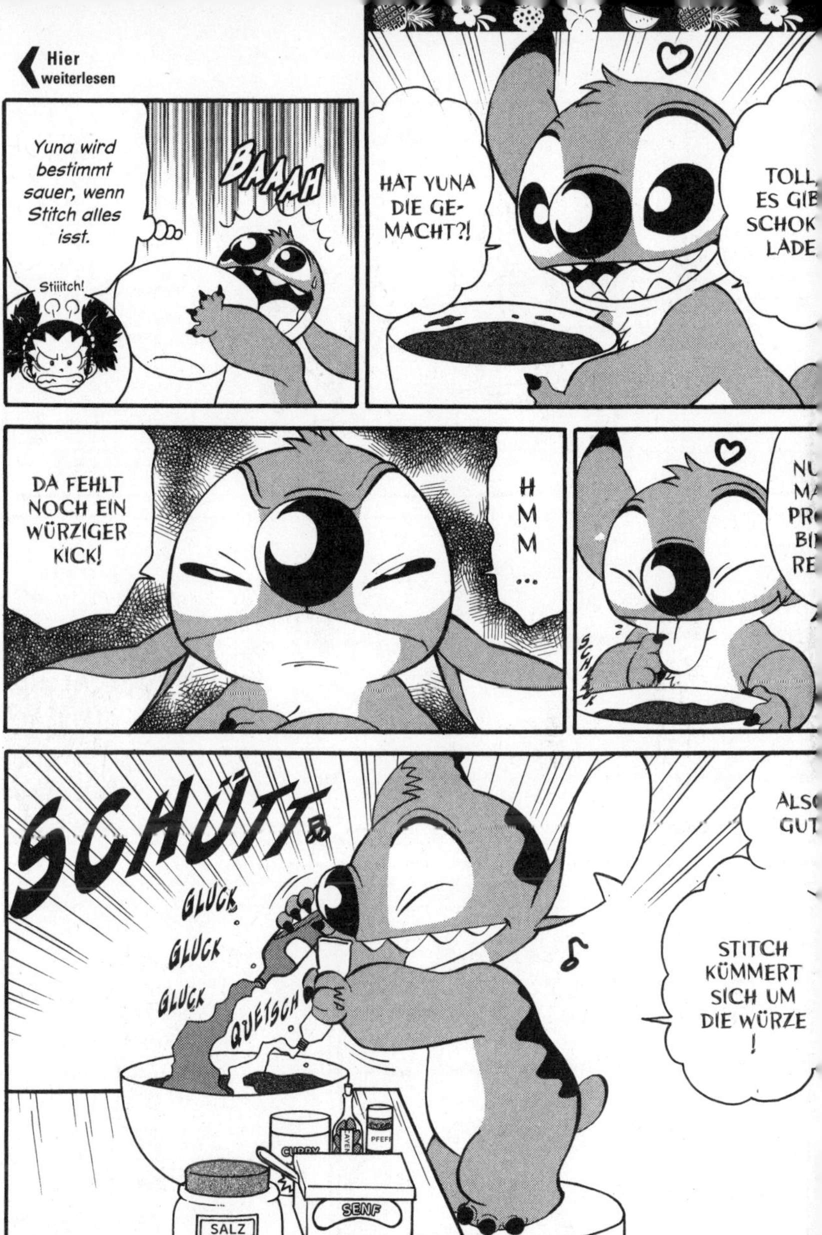

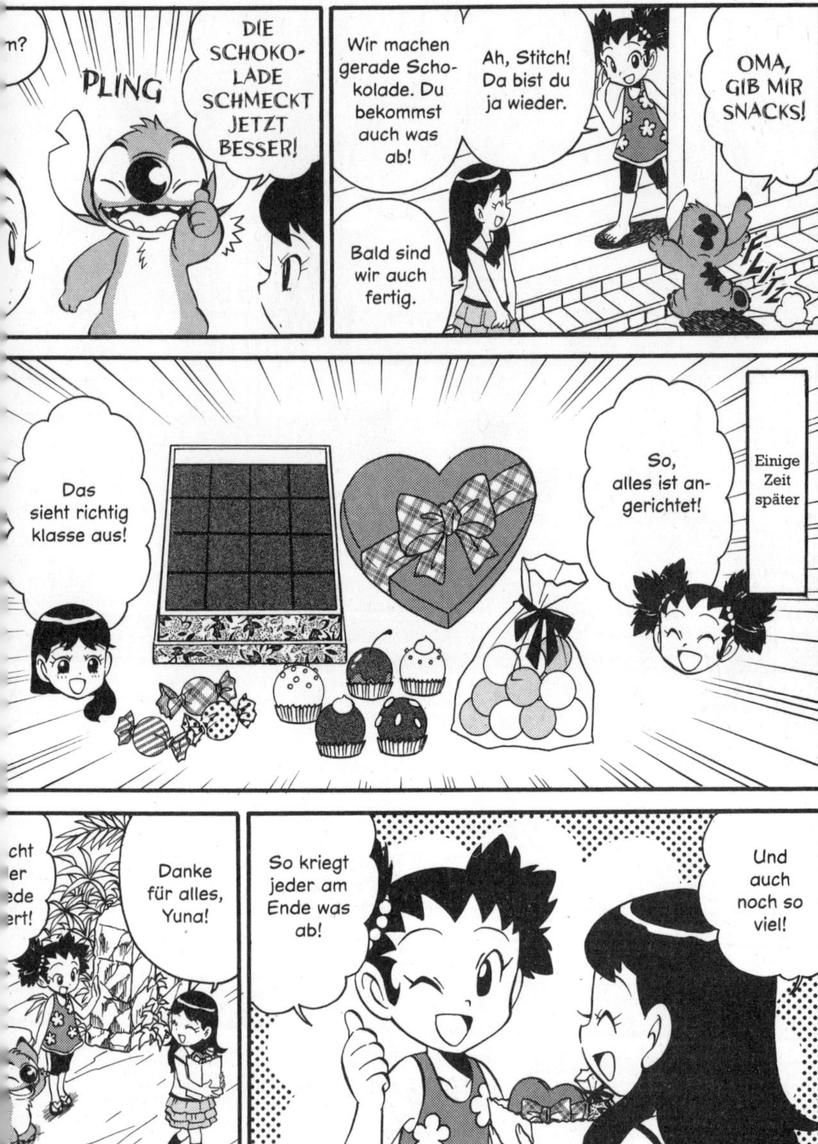
OMA, GIB MIR SNACKS!
Ah, Stitch! Da bist du ja wieder.
Wir machen gerade Schokolade. Du bekommst auch was ab!
Bald sind wir auch fertig.
DIE SCHOKOLADE SCHMECKT JETZT BESSER!
PLING
Einige Zeit später
So, alles ist angerichtet!
Das sieht richtig klasse aus!
Und auch noch so viel!
So kriegt jeder am Ende was ab!
Danke für alles, Yuna!

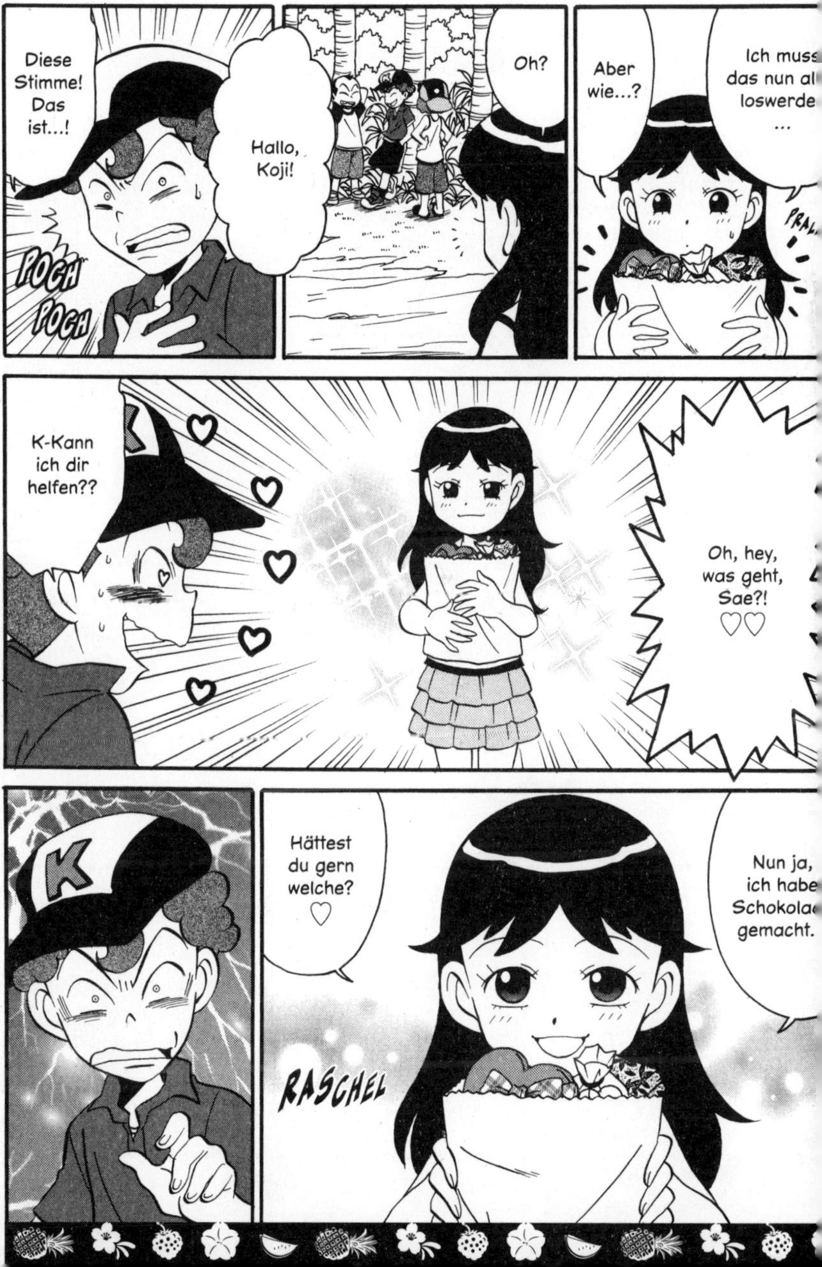

Ich muss das nun al loswerde ...
Aber wie...?
Oh?
Hallo, Koji!
Diese Stimme! Das ist...!
POCH POCH
Oh, hey, was geht, Sae?! ♡♡
K-Kann ich dir helfen??
Nun ja, ich habe Schokola gemacht.
Hättest du gern welche? ♡
RASCHEL

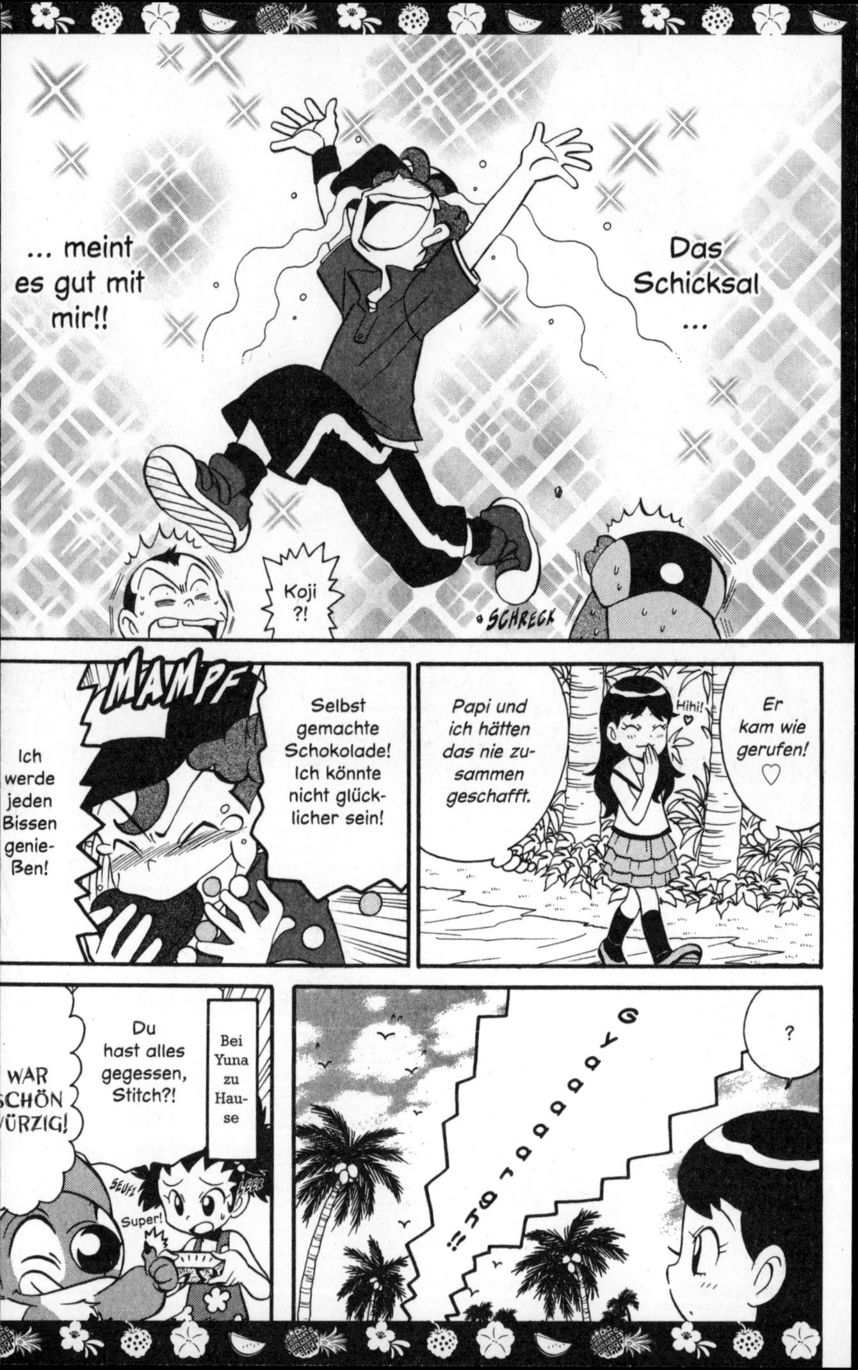

Das Schicksal ...
... meint es gut mit mir!!
SCHRECK
Koji ?!
Er kam wie gerufen! ♡
Hihi! ♡
Papi und ich hätten das nie zusammen geschafft.
MAMPF
Selbst gemachte Schokolade! Ich könnte nicht glücklicher sein!
Ich werde jeden Bissen genießen!
?
Bei Yuna zu Hause
Du hast alles gegessen, Stitch?!
WAR SCHÖN ÜRZIG!
SEUFZ
LEER
Super!

Auf Wiedersehen, Izayoi!

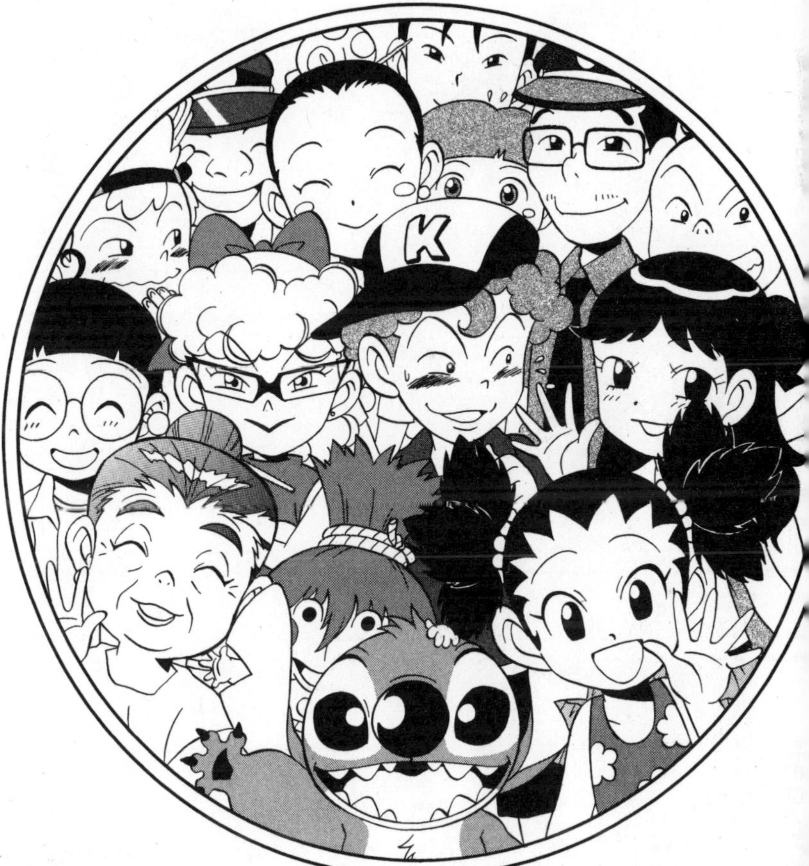

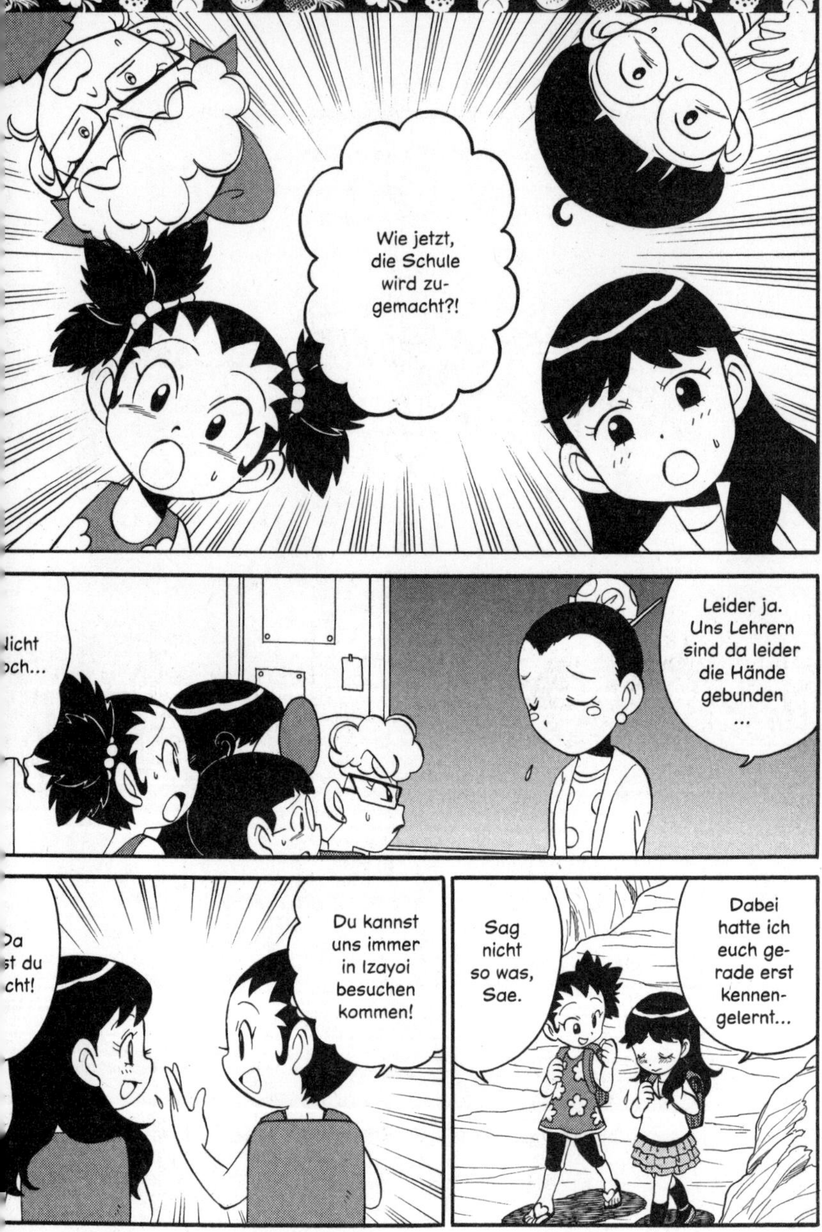
Wie jetzt, die Schule wird zugemacht?!
Leider ja. Uns Lehrern sind da leider die Hände gebunden ...
Dabei hatte ich euch gerade erst kennengelernt...
Sag nicht so was, Sae.
Du kannst uns immer in Izayoi besuchen kommen!

Hier weiterlesen

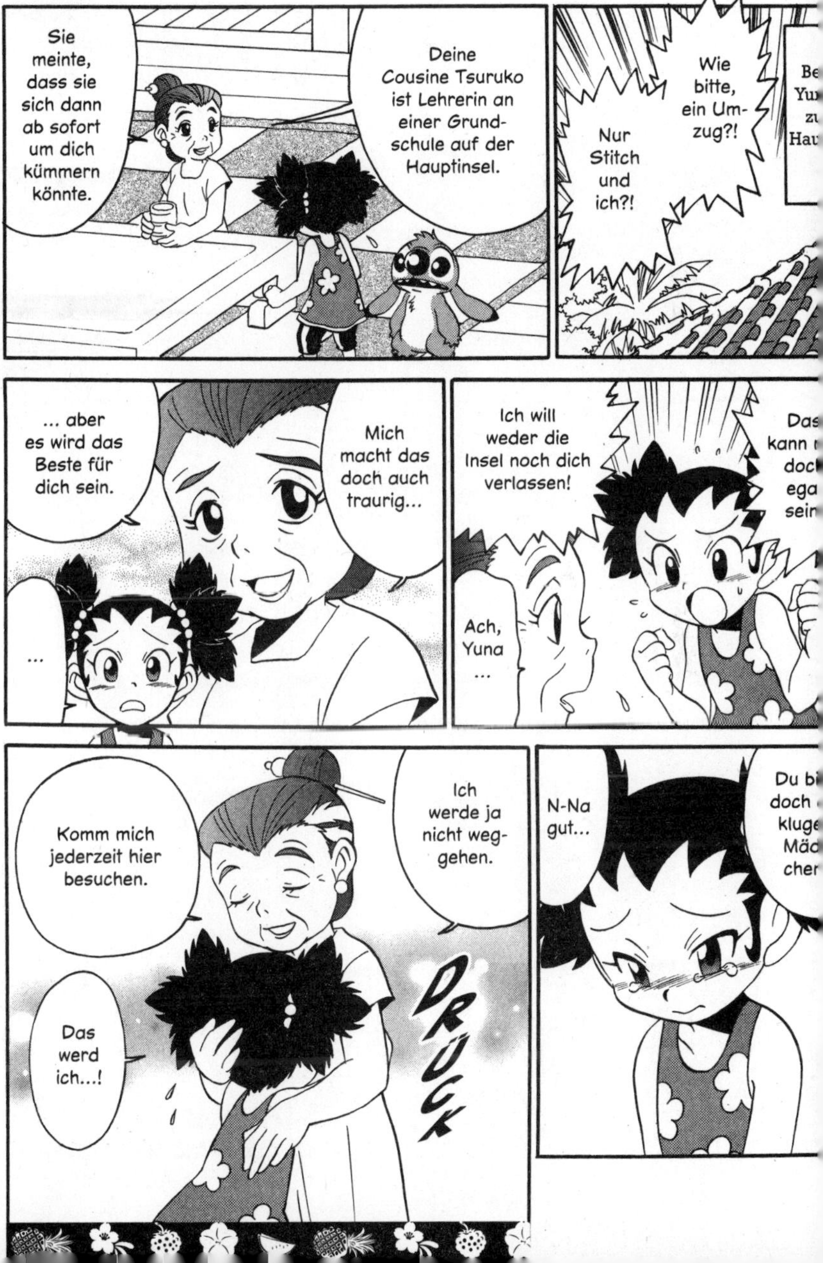

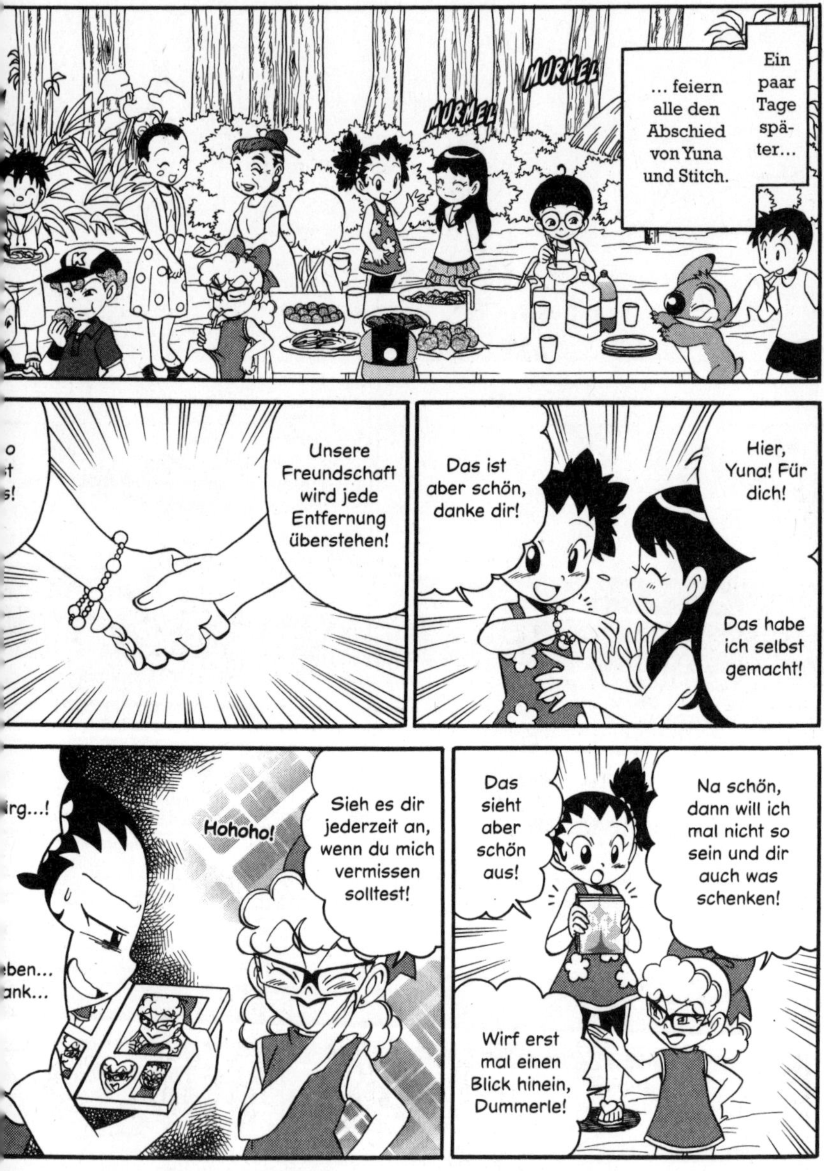
Ein paar Tage später…
… feiern alle den Abschied von Yuna und Stitch.
MURMEL
MURMEL
Hier, Yuna! Für dich!
Das habe ich selbst gemacht!
Das ist aber schön, danke dir!
Unsere Freundschaft wird jede Entfernung überstehen!
Na schön, dann will ich mal nicht so sein und dir auch was schenken!
Das sieht aber schön aus!
Wirf erst mal einen Blick hinein, Dummerle!
Sieh es dir jederzeit an, wenn du mich vermissen solltest!
Hohoho!

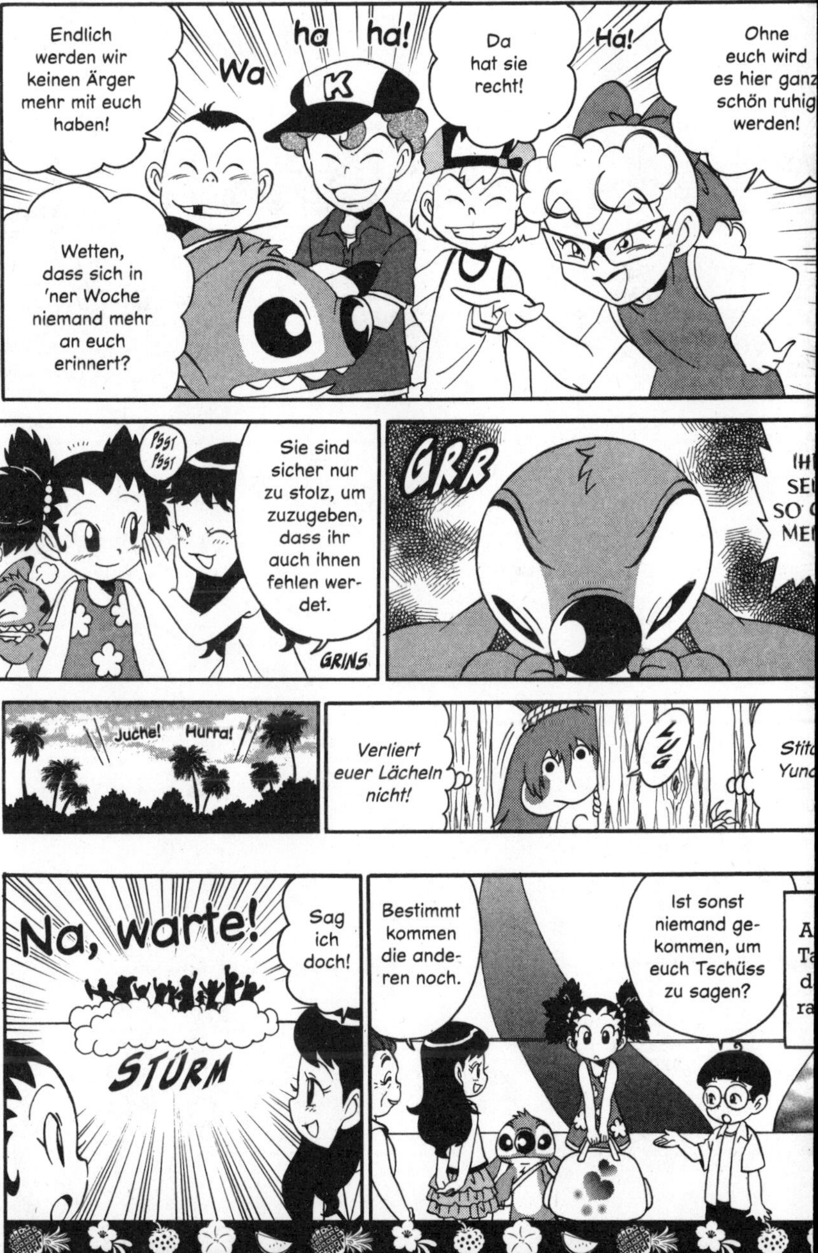
Endlich werden wir keinen Ärger mehr mit euch haben!
Wa ha ha!
Da hat sie recht!
Ha!
Ohne euch wird es hier ganz schön ruhig werden!
Wetten, dass sich in 'ner Woche niemand mehr an euch erinnert?
PSST PSST
Sie sind sicher nur zu stolz, um zuzugeben, dass ihr auch ihnen fehlen werdet.
GRINS
GRR
Juche!
Hurra!
Verliert euer Lächeln nicht!
LUG
Na, warte!
STÜRM
Sag ich doch!
Bestimmt kommen die anderen noch.
Ist sonst niemand gekommen, um euch Tschüss zu sagen?

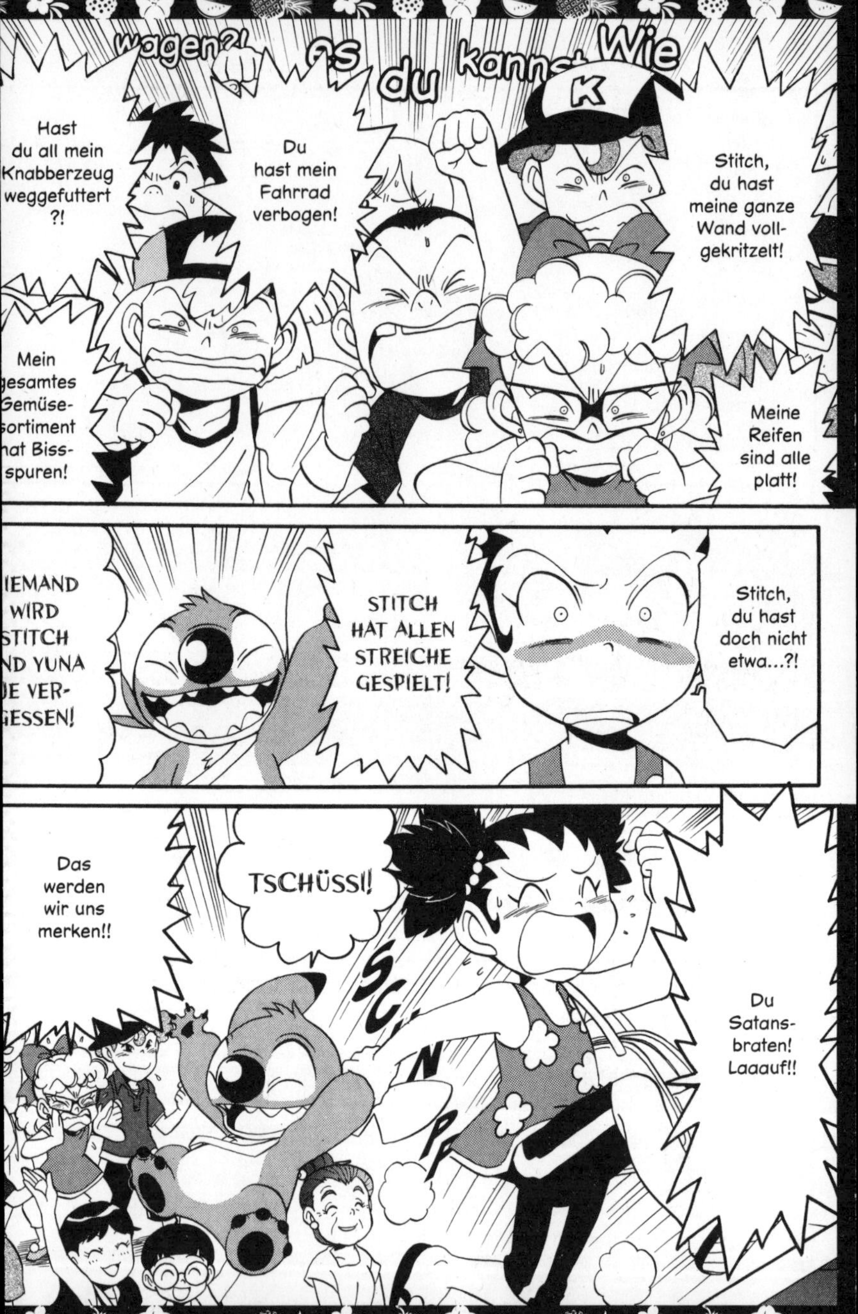
Wie kannst du es wagen?!
Stitch, du hast meine ganze Wand vollgekritzelt!
Meine Reifen sind alle platt!
Du hast mein Fahrrad verbogen!
Hast du all mein Knabberzeug weggefuttert?!
Mein gesamtes Gemüsesortiment hat Bissspuren!
Stitch, du hast doch nicht etwa...?!
STITCH HAT ALLEN STREICHE GESPIELT!
NIEMAND WIRD STITCH UND YUNA NIE VERGESSEN!
Du Satansbraten! Laaauf!!
TSCHÜSSI!
Das werden wir uns merken!!

Eine Rolle voller Rache

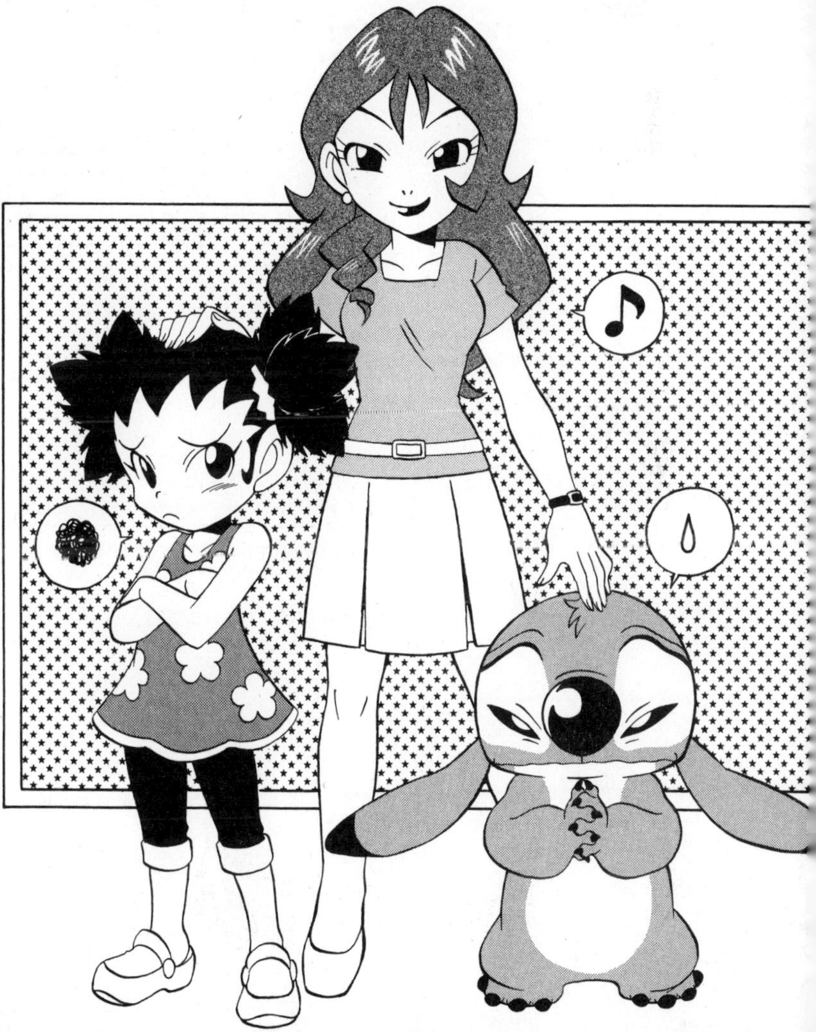

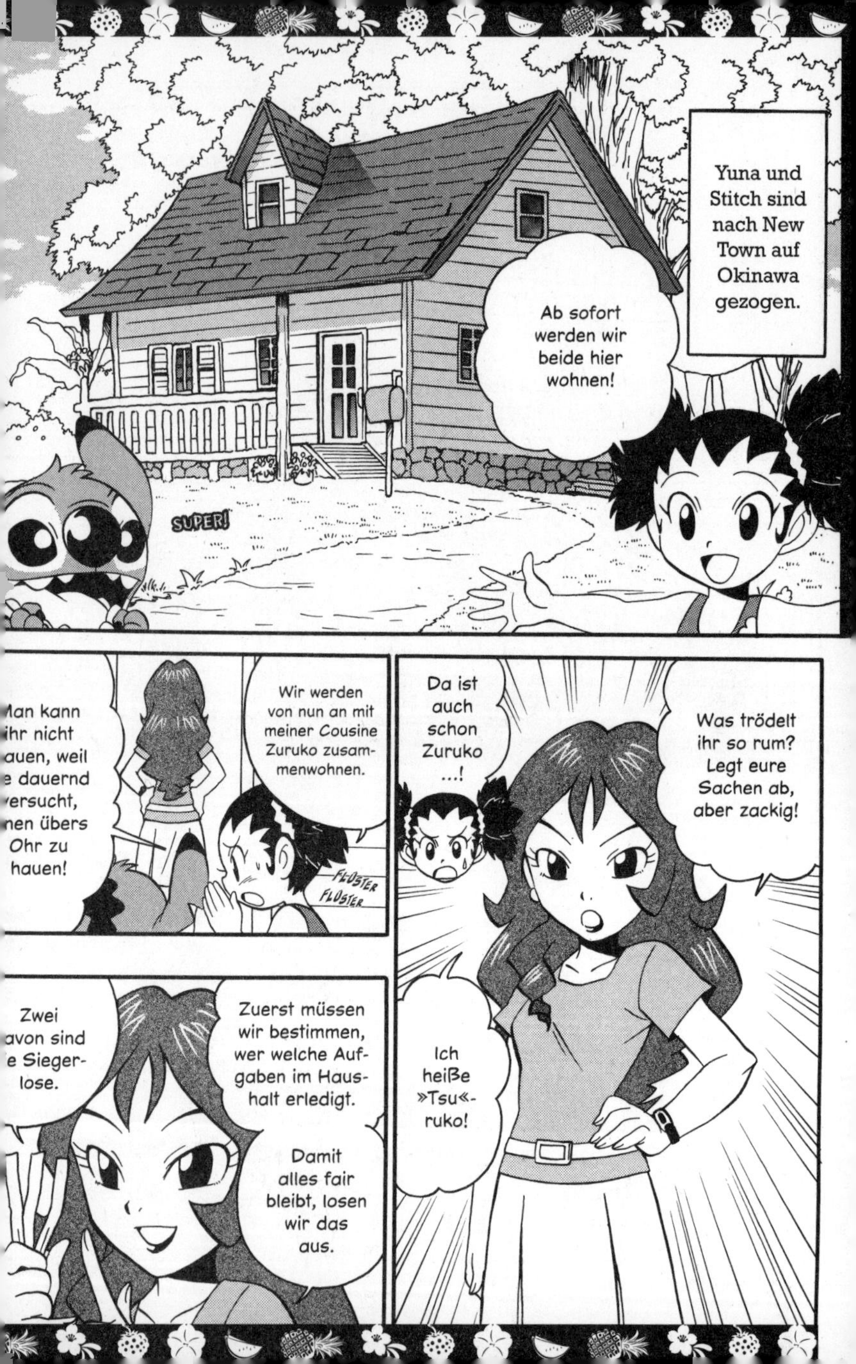

Yuna und Stitch sind nach New Town auf Okinawa gezogen.
Ab sofort werden wir beide hier wohnen!
SUPER!
Was trödelt ihr so rum? Legt eure Sachen ab, aber zackig!
Da ist auch schon Zuruko ...!
Ich heiße »Tsu«-ruko!
Wir werden von nun an mit meiner Cousine Zuruko zusammenwohnen.
Man kann ihr nicht auen, weil e dauernd ersucht, nen übers Ohr zu hauen!
FLÜSTER FLÜSTER
Zuerst müssen wir bestimmen, wer welche Aufgaben im Haushalt erledigt.
Damit alles fair bleibt, losen wir das aus.
Zwei avon sind e Sieger-lose.

Hier weiterlesen

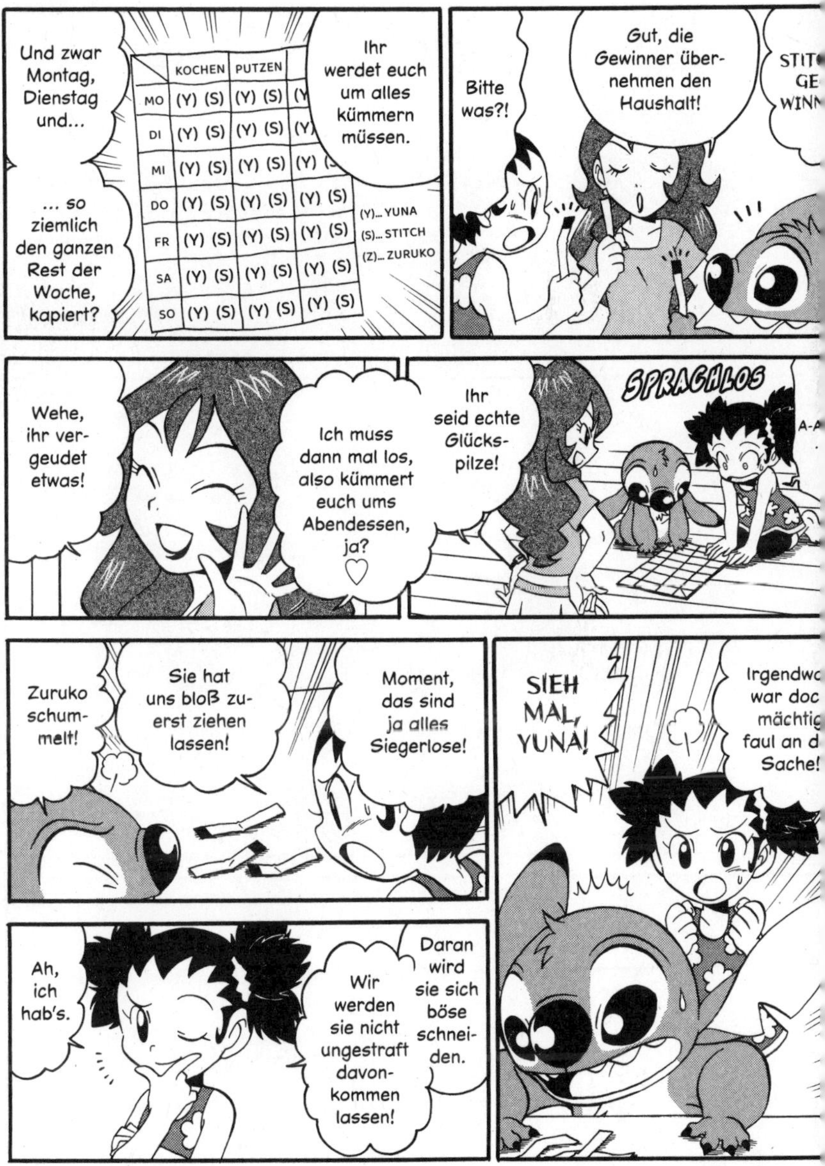

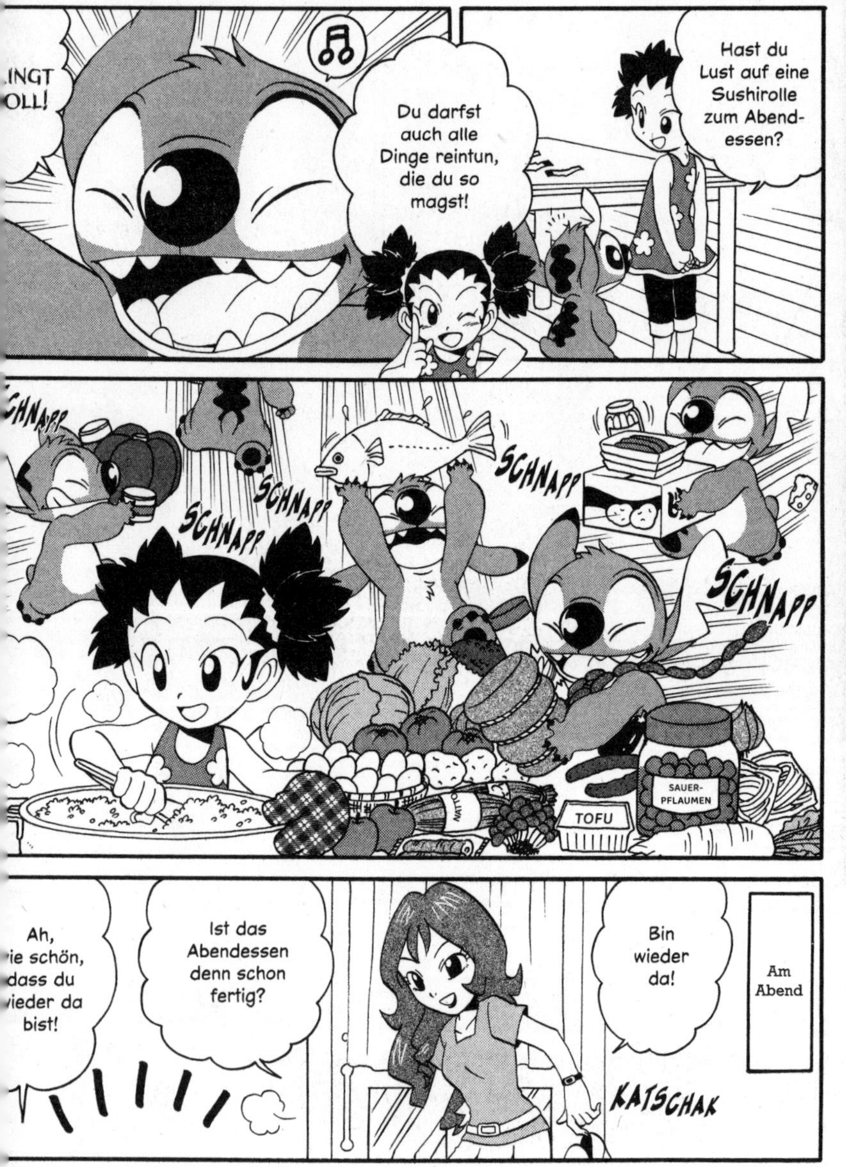

Hast du Lust auf eine Sushirolle zum Abendessen?
Du darfst auch alle Dinge reintun, die du so magst!
INGT OLL!
SCHNAPP
SCHNAPP
SCHNAPP
SCHNAPP
SCHNAPP
TOFU
SAUERPFLAUMEN
NATTO
Am Abend
Bin wieder da!
KATSCHAK
Ist das Abendessen denn schon fertig?
Ah, ie schön, dass du ieder da bist!

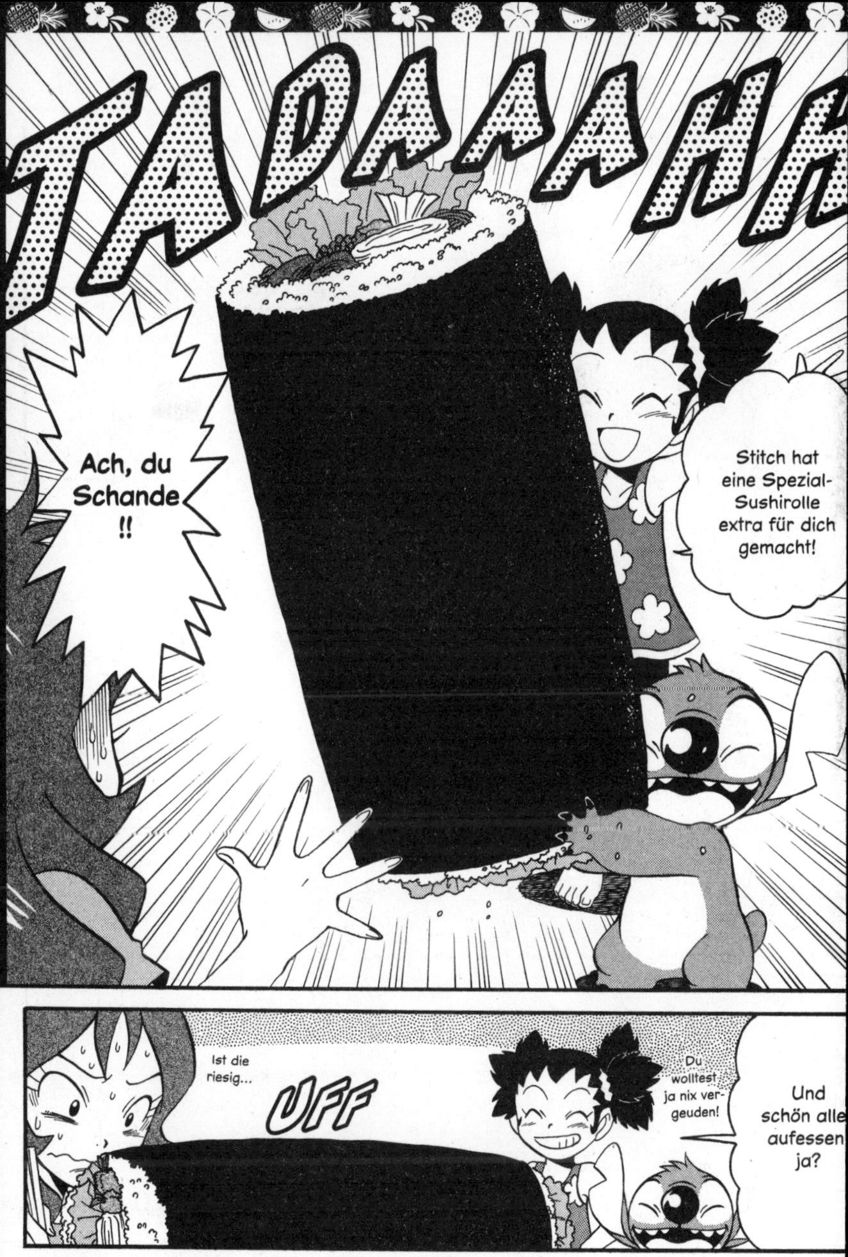
TADAAAH
Ach, du Schande !!
Stitch hat eine Spezial-Sushirolle extra für dich gemacht!
Ist die riesig...
UFF
Du wolltest ja nix vergeuden!
Und schön alle aufessen ja?

Finde die Unterschiede mit Stitch! ♪

Vergleiche die beiden Bilder und versuche, alle sieben Unterschiede zu finden!

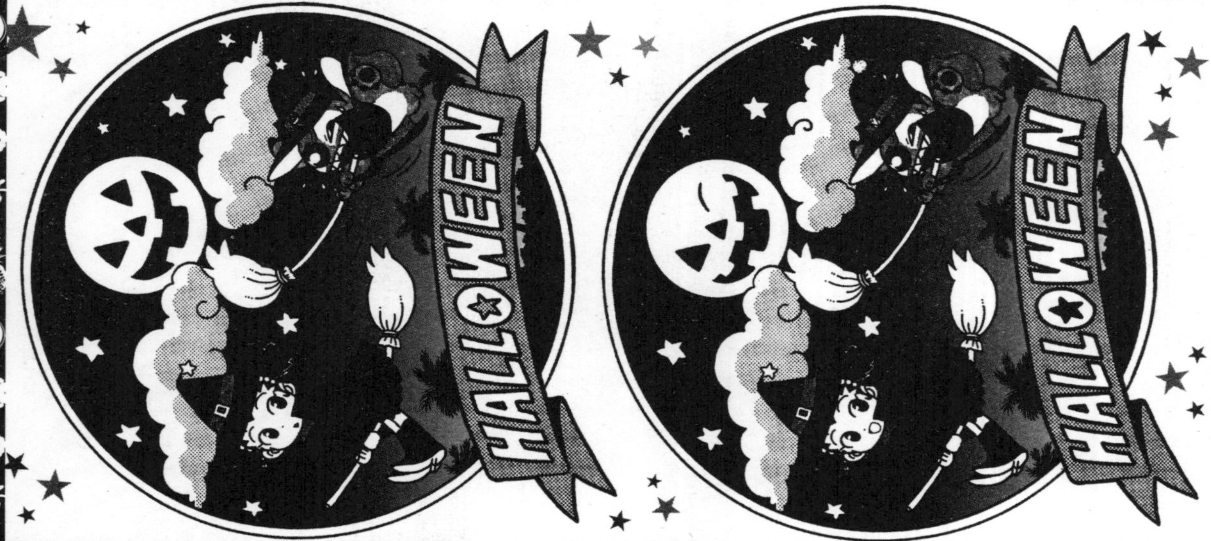

Lösung: (1) Yunas Mund (2) Der Gurt bei Stitchs Hut (3) Die Spitze von Stitchs Hut (4) Ein Auge beim Mond (5) Die Zähne beim Mond (6) Ein Kringel bei der rechten Wolke (7) Die Farbe des Sterns im O von »Halloween«

Kleider machen Yuna

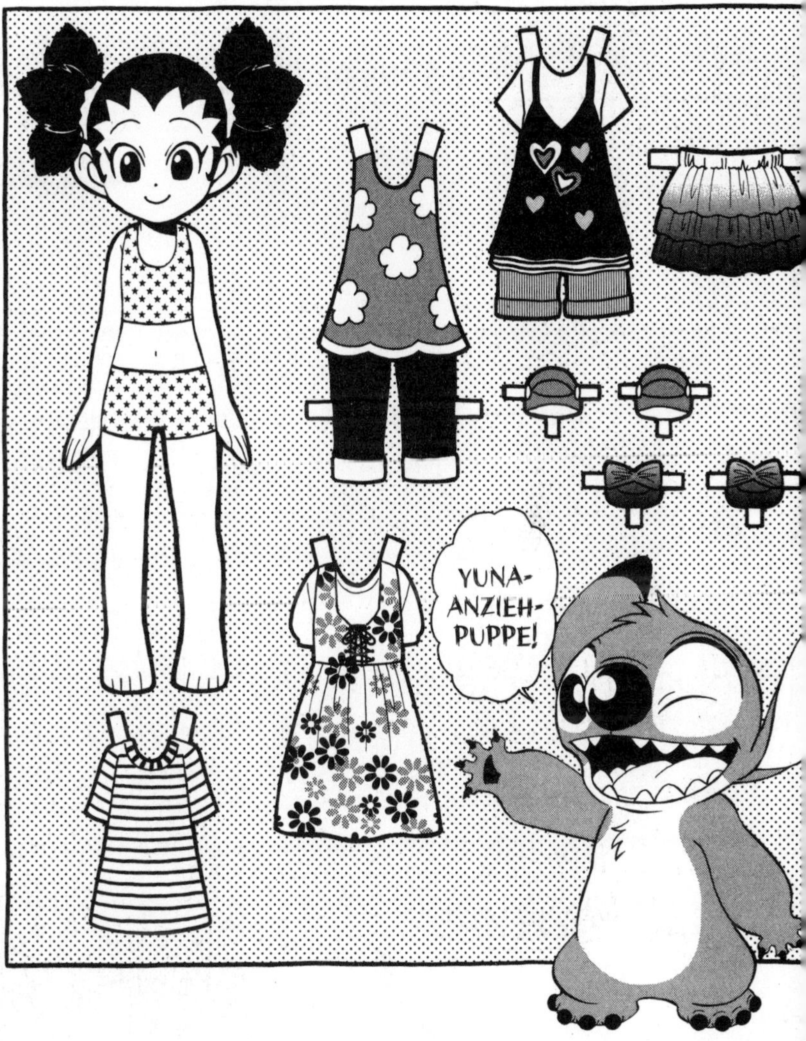

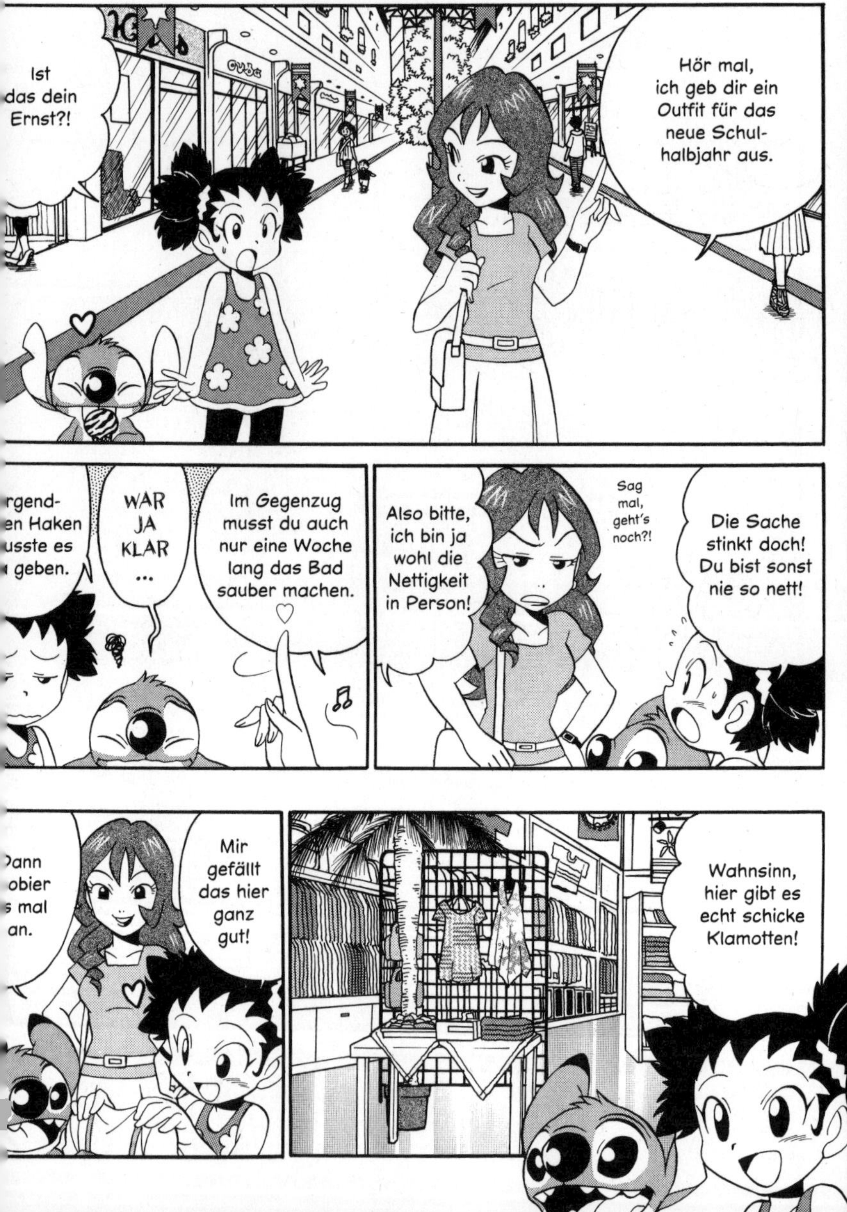
Hör mal, ich geb dir ein Outfit für das neue Schulhalbjahr aus.
Ist das dein Ernst?!
Die Sache stinkt doch! Du bist sonst nie so nett!
Sag mal, geht's noch?!
Also bitte, ich bin ja wohl die Nettigkeit in Person!
Im Gegenzug musst du auch nur eine Woche lang das Bad sauber machen.
WAR JA KLAR ...
rgend- en Haken usste es geben.
Wahnsinn, hier gibt es echt schicke Klamotten!
Mir gefällt das hier ganz gut!
ann obier s mal an.

Hier weiterlesen

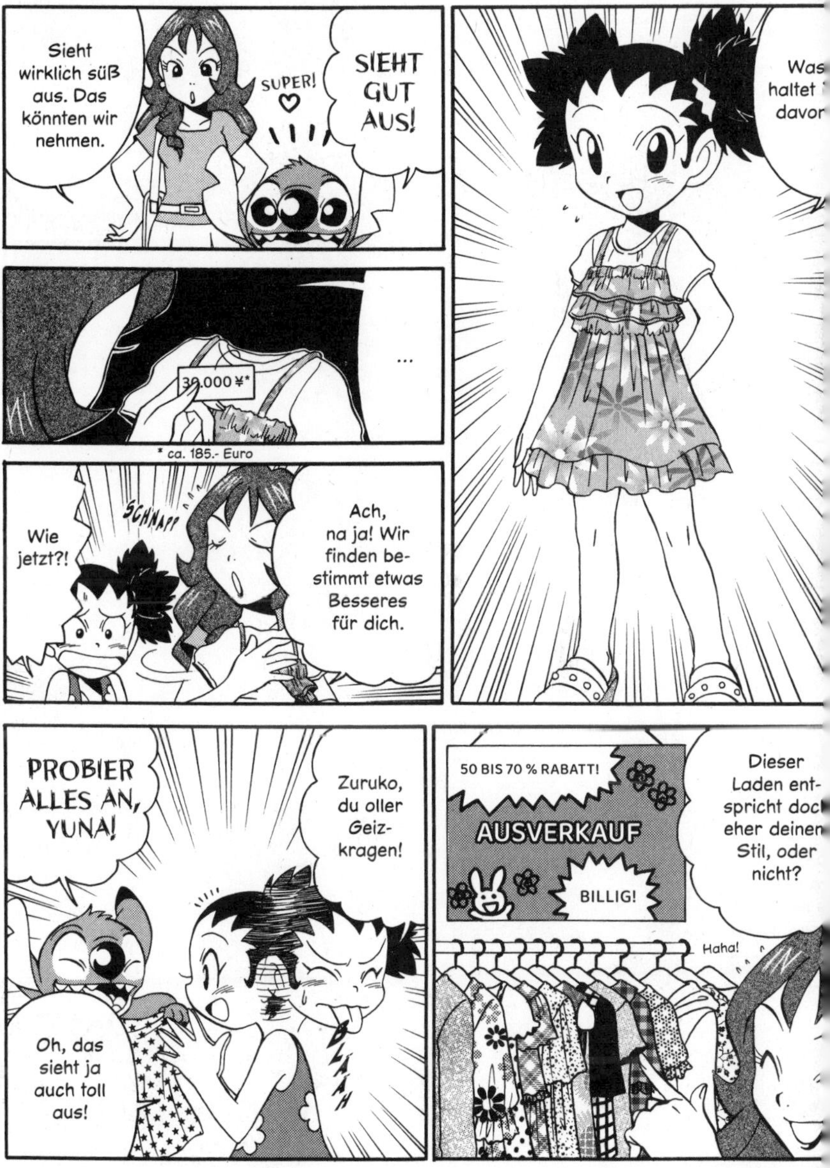

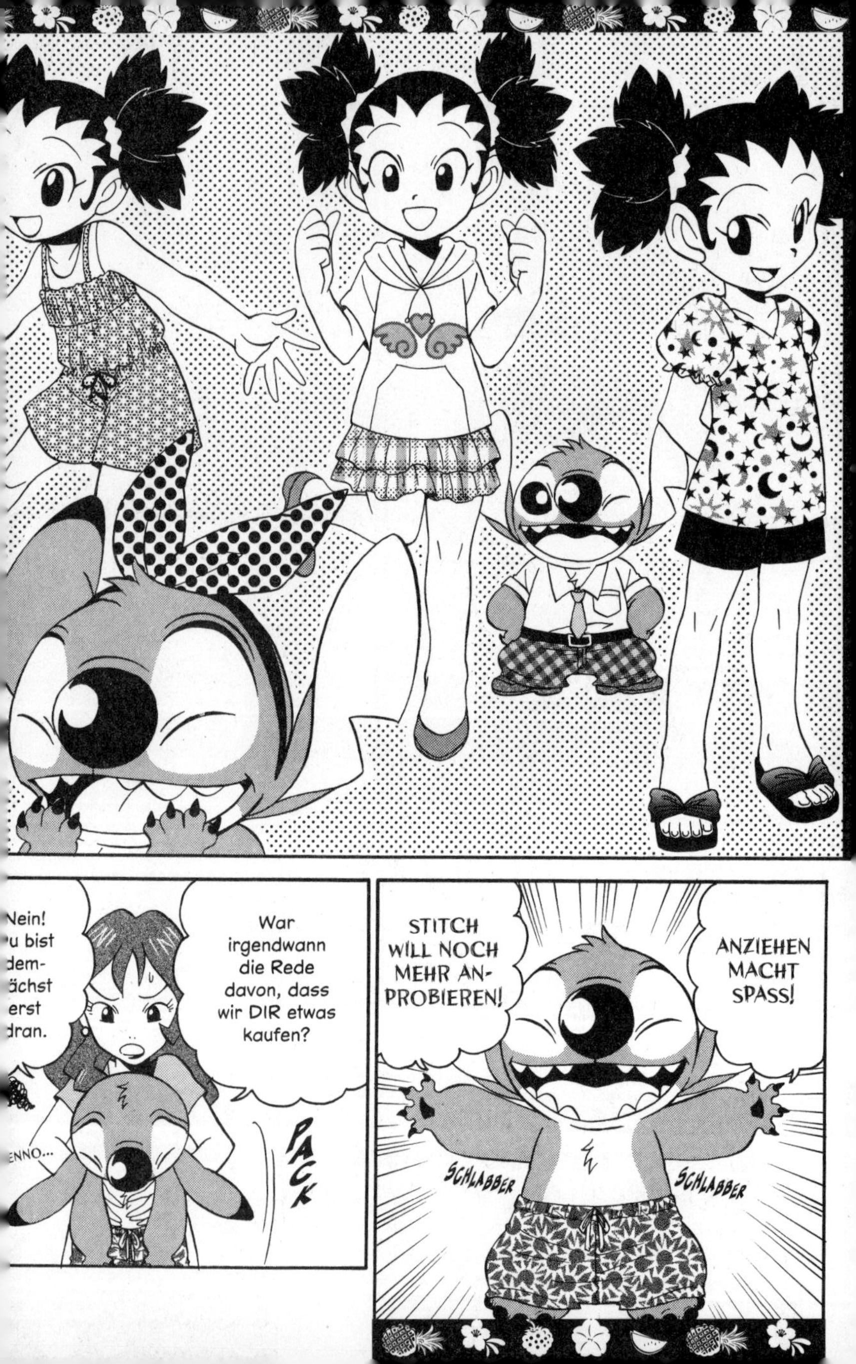
ANZIEHEN MACHT SPASS!
STITCH WILL NOCH MEHR AN-PROBIEREN!
SCHLABBER
SCHLABBER
War irgendwann die Rede davon, dass wir DIR etwas kaufen?
PACK
Nein! u bist dem- ächst erst dran.
ENNO...

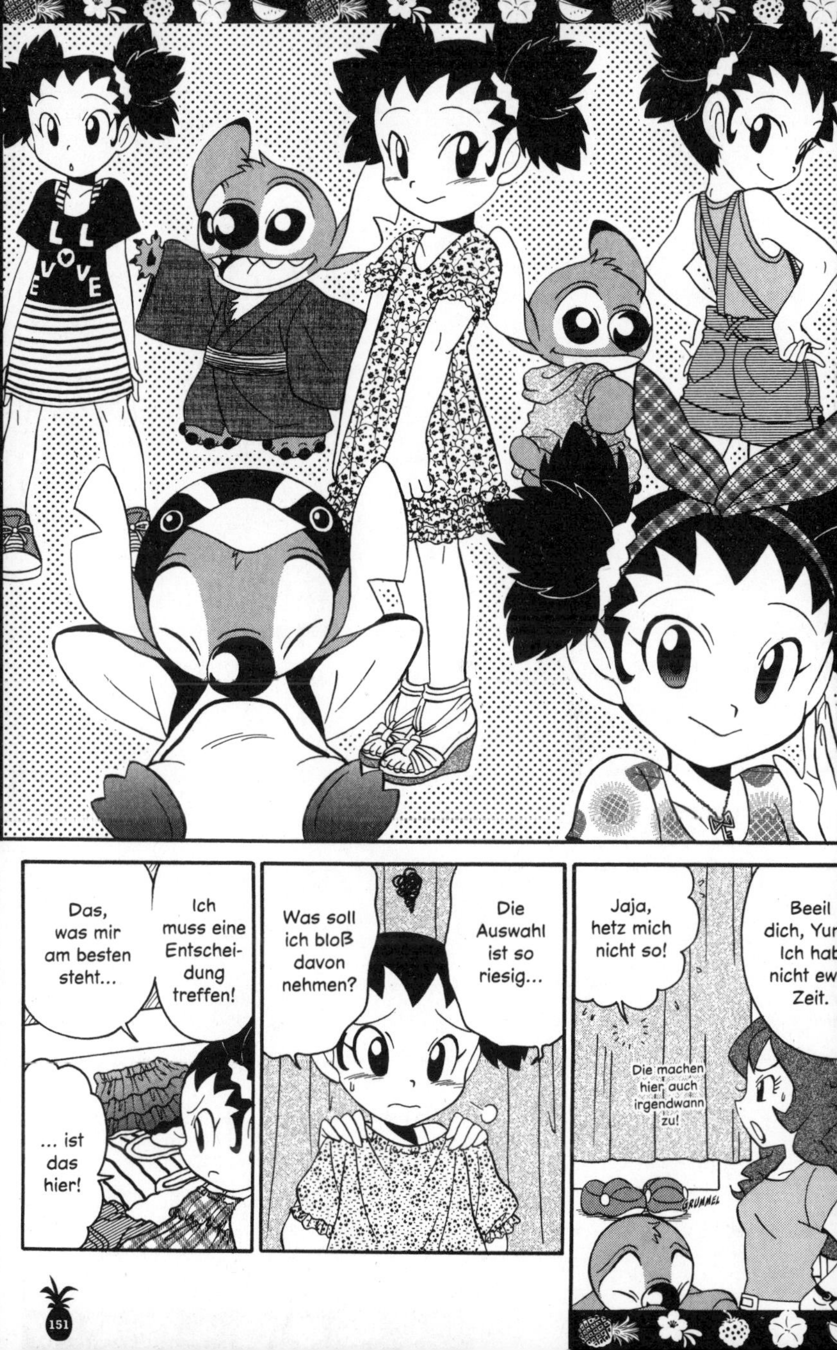
Beeil dich, Yur Ich hab nicht ew Zeit.
Jaja, hetz mich nicht so!
Die machen hier auch irgendwann zu!
GRUMMEL
Die Auswahl ist so riesig...
Was soll ich bloß davon nehmen?
Ich muss eine Entscheidung treffen!
Das, was mir am besten steht...
... ist das hier!
L L O V E V E

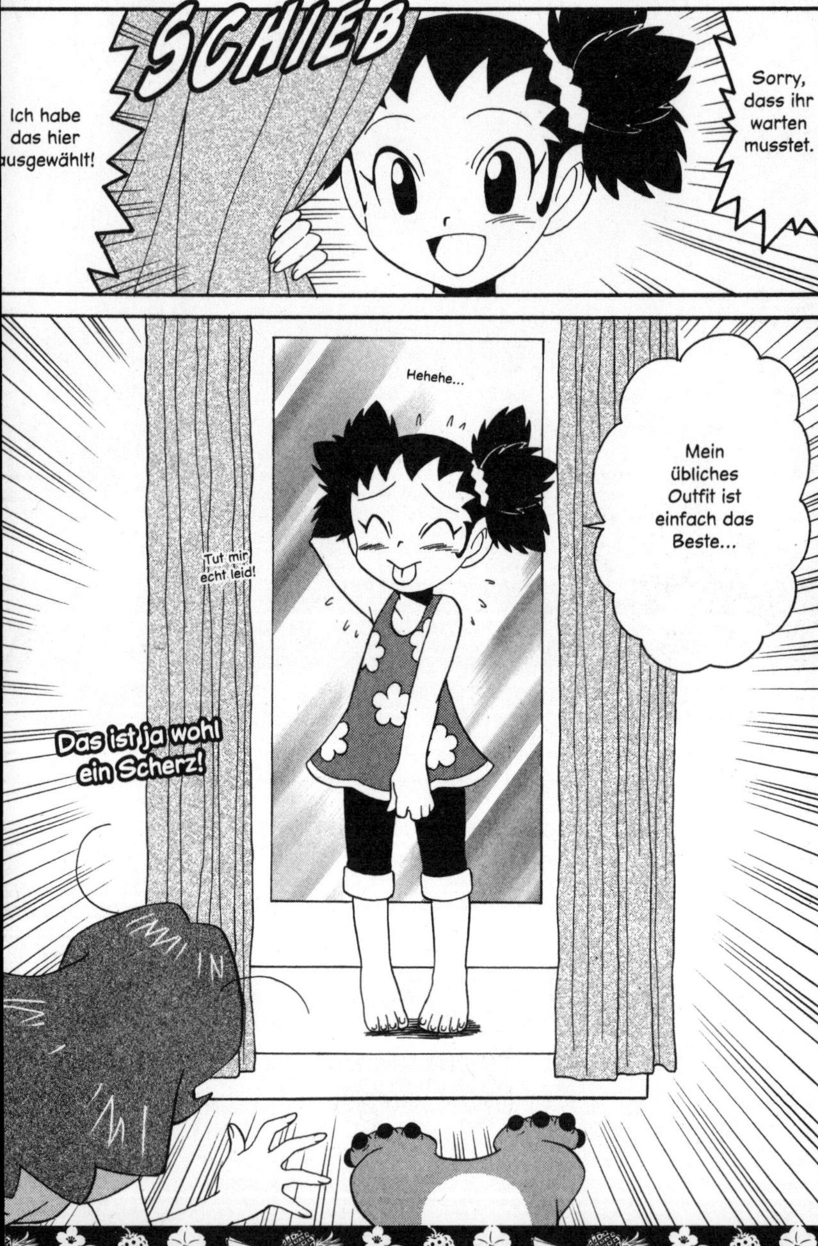

Sorry, dass ihr warten musstet.
SCHIEB
Ich habe das hier ausgewählt!
Mein übliches Outfit ist einfach das Beste...
Hehehe...
Tut mir echt leid!
Das ist ja wohl ein Scherz!

Reikas hohes Ross

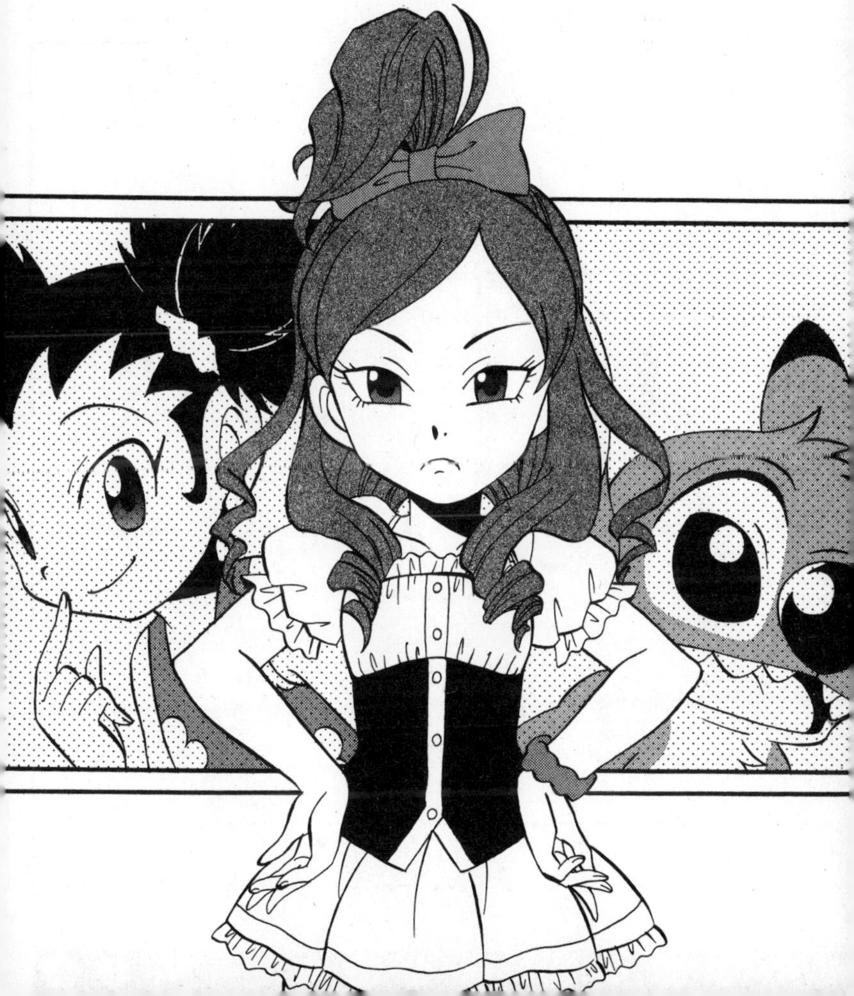

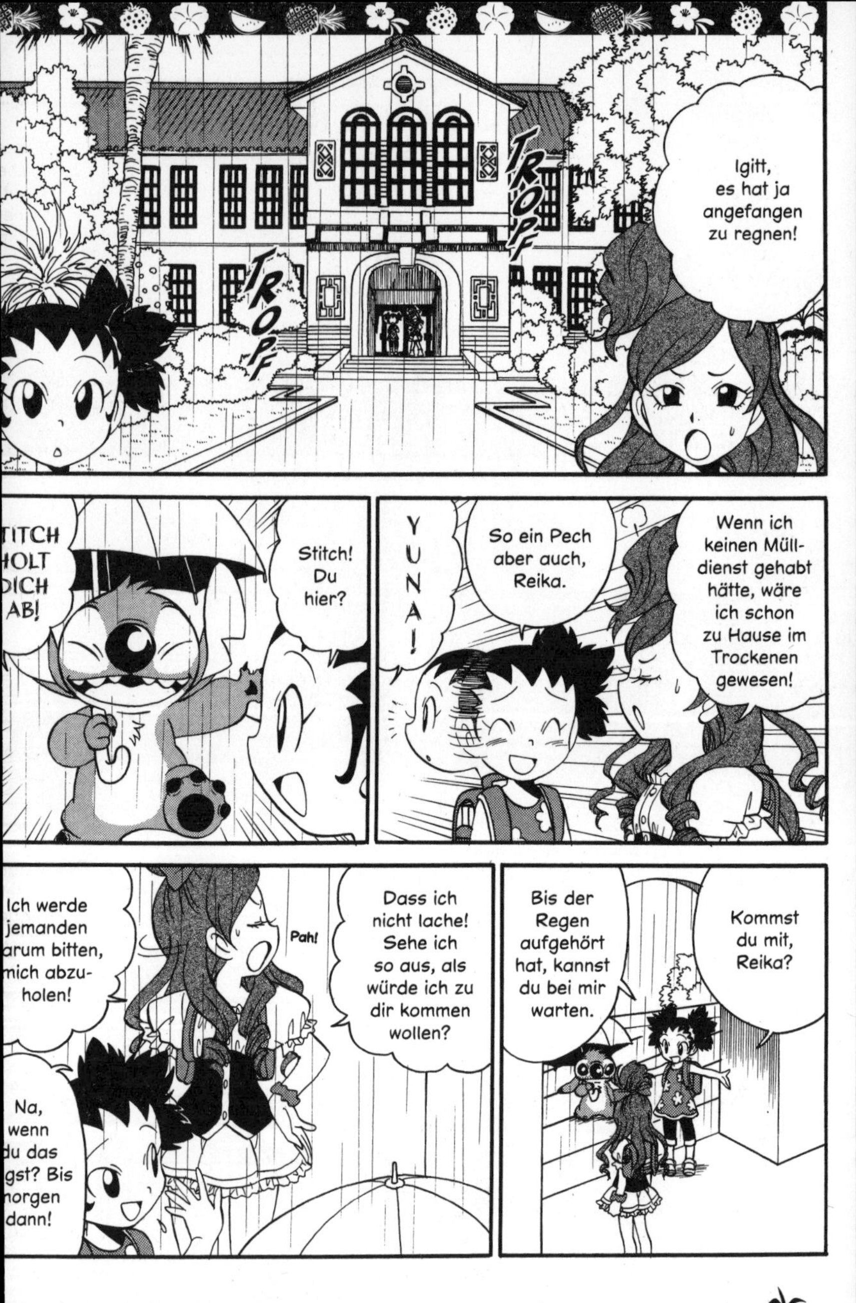
TROPF
TROPF
Igitt, es hat ja angefangen zu regnen!
Wenn ich keinen Mülldienst gehabt hätte, wäre ich schon zu Hause im Trockenen gewesen!
So ein Pech aber auch, Reika.
YUNA!
Stitch! Du hier?
TITCH HOLT DICH AB!
Kommst du mit, Reika?
Bis der Regen aufgehört hat, kannst du bei mir warten.
Dass ich nicht lache! Sehe ich so aus, als würde ich zu dir kommen wollen?
Pah!
Ich werde jemanden arum bitten, nich abzuholen!
Na, wenn du das gst? Bis norgen dann!

Hier weiterlesen

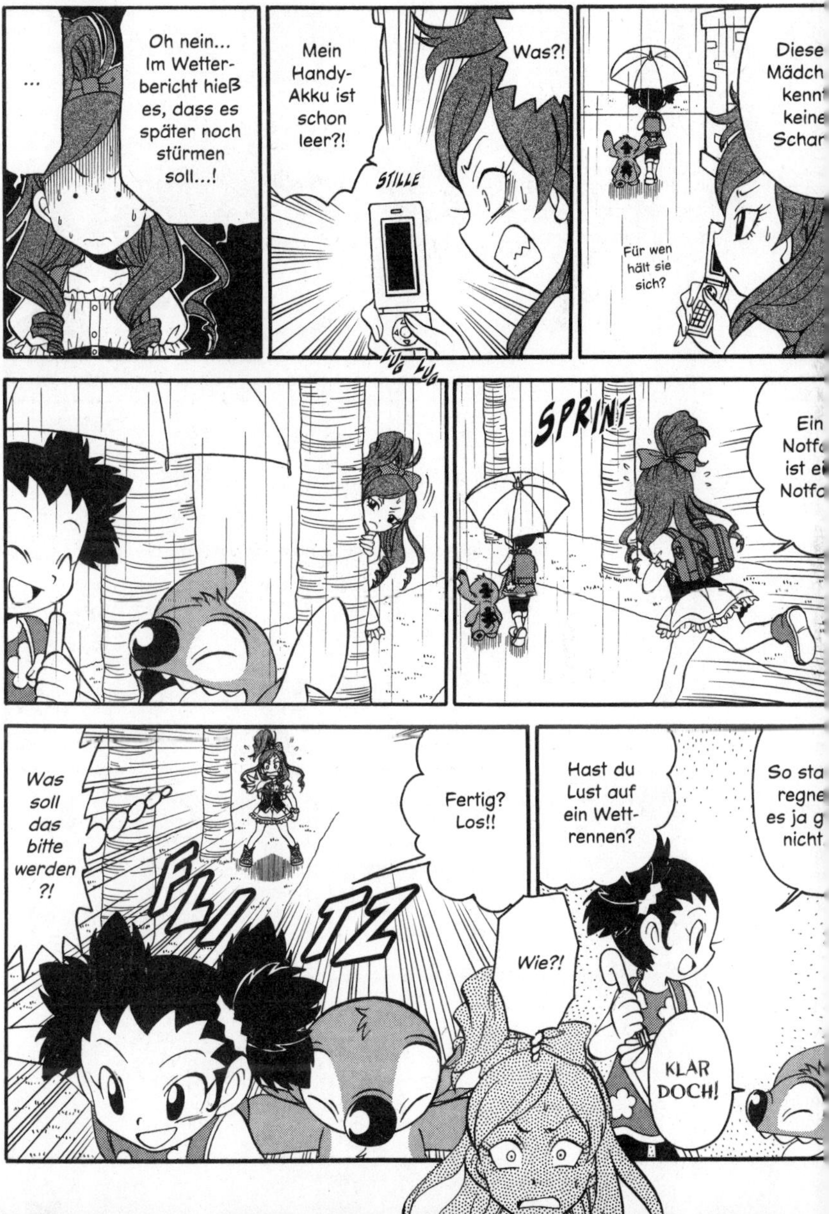

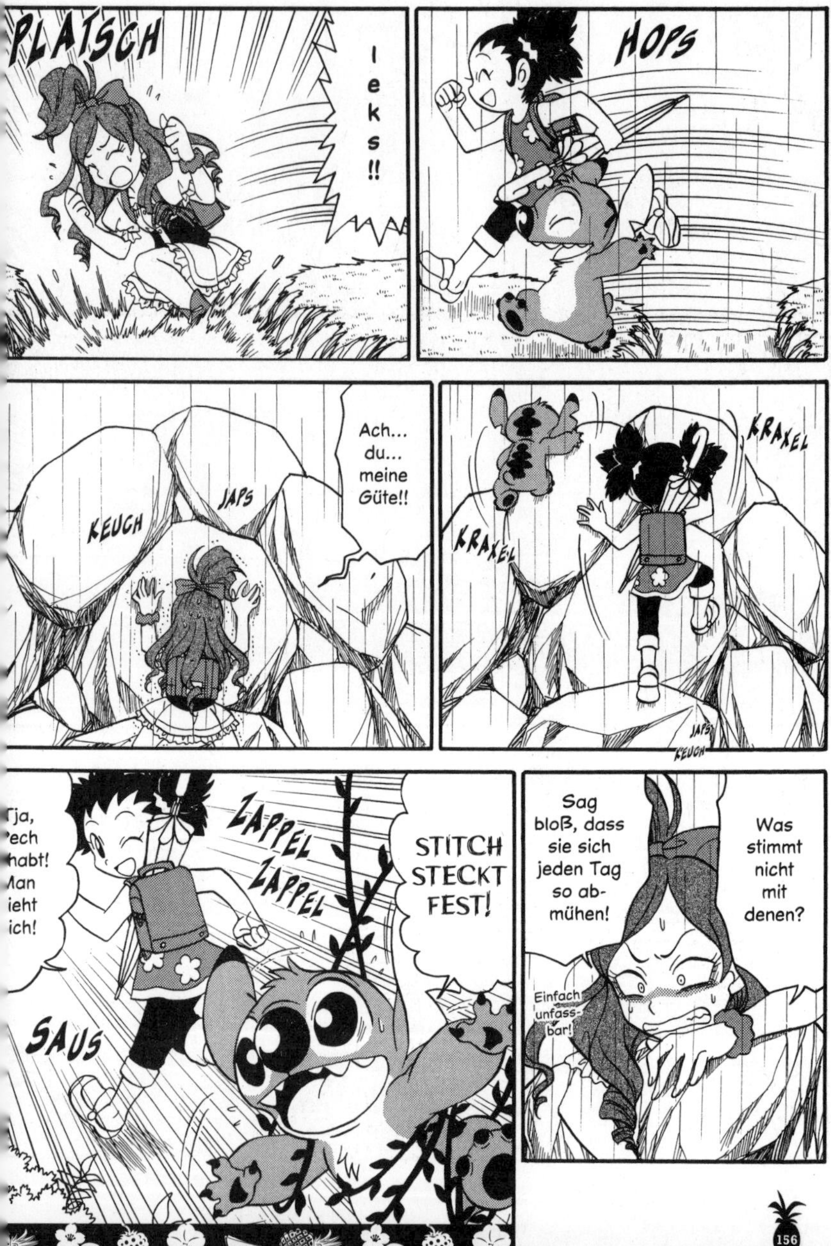
PLATSCH
Ieks!!
HOPS
KEUCH
JAPS
Ach... du... meine Güte!!
KRAXEL
KRAXEL
JAPS
KEUCH
Tja,
ech
habt!
Man
ieht
ich!
ZAPPEL
ZAPPEL
STITCH STECKT FEST!
SAUS
Sag bloß, dass sie sich jeden Tag so ab-mühen!
Was stimmt nicht mit denen?
Einfach unfass-bar!

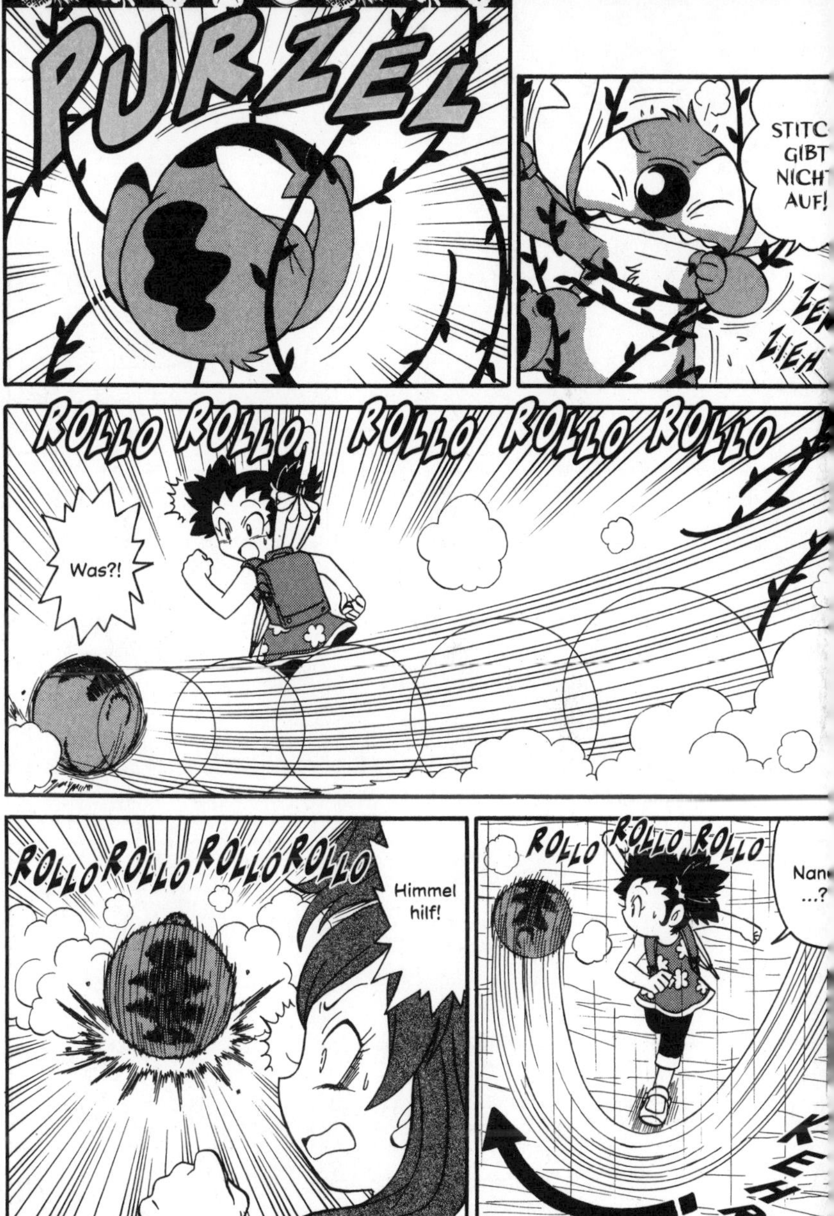
PURZEL
STITC
GIBT
NICHT
AUF!
ROLLO ROLLO ROLLO ROLLO ROLLO
Was?!
ROLLO ROLLO ROLLO ROLLO
Himmel hilf!
ROLLO ROLLO ROLLO
KEHRT

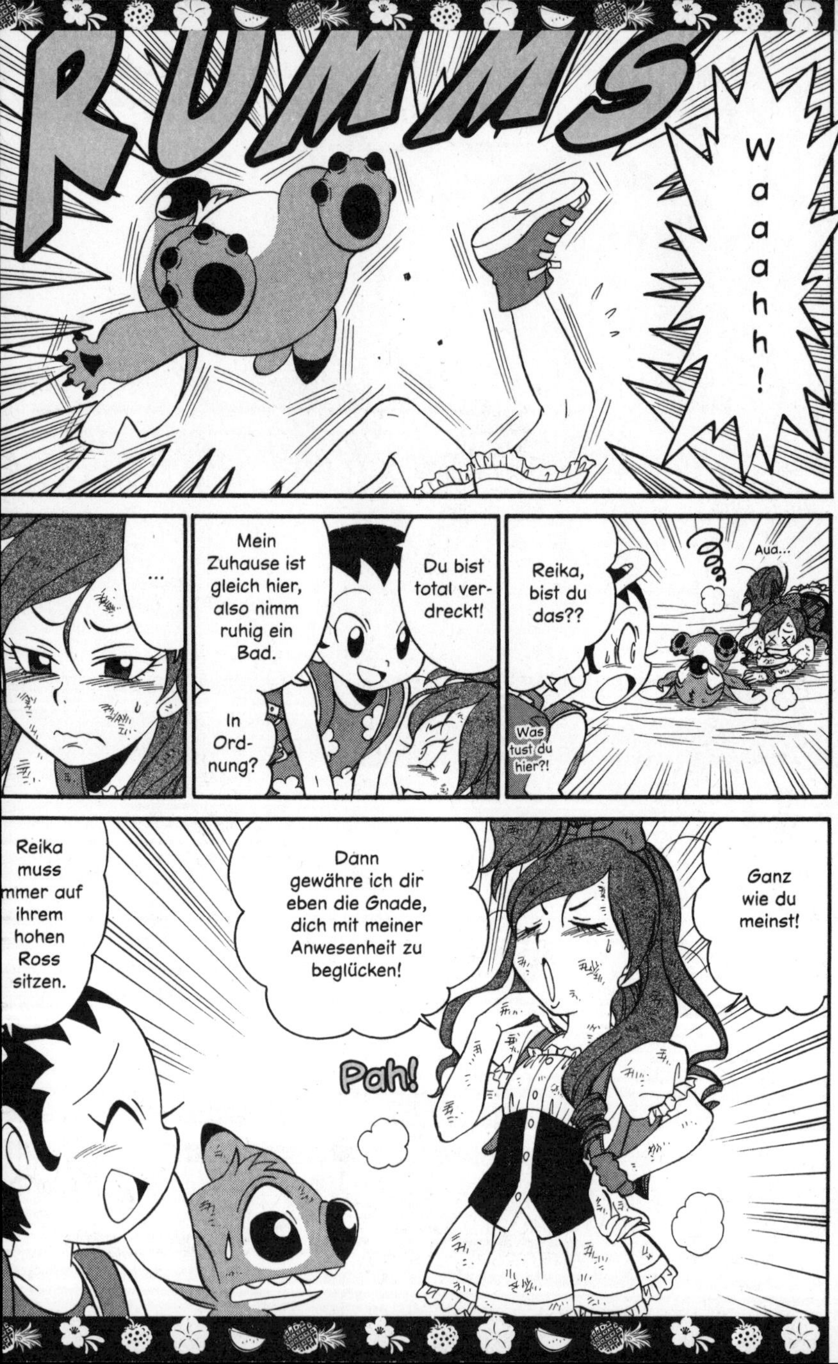
RUMMS
Waaahh!
Aua...
Reika, bist du das??
Was tust du hier?!
Du bist total verdreckt!
Mein Zuhause ist gleich hier, also nimm ruhig ein Bad.
In Ordnung?
...
Ganz wie du meinst!
Dann gewähre ich dir eben die Gnade, dich mit meiner Anwesenheit zu beglücken!
Pah!
Reika muss mmer auf ihrem hohen Ross sitzen.

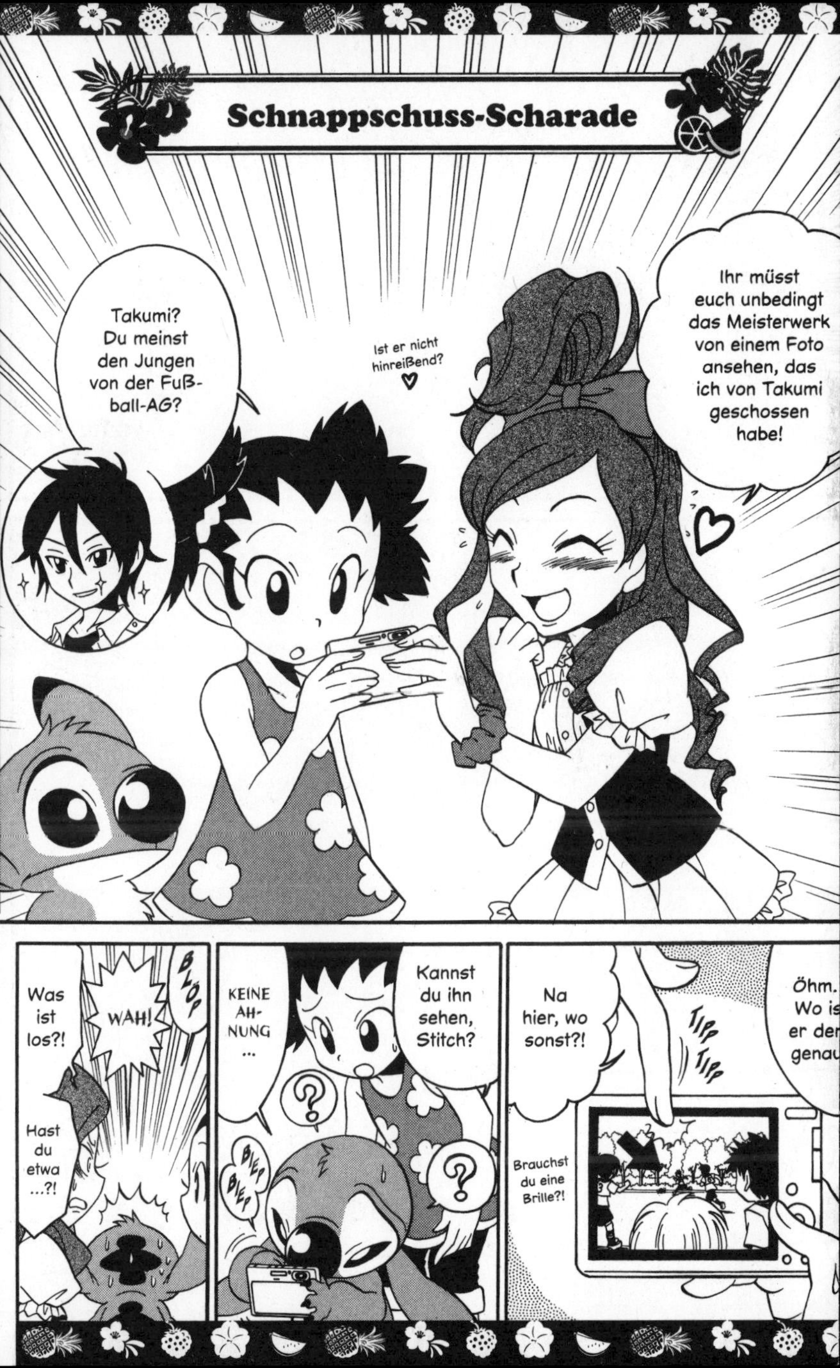
Schnappschuss-Scharade
Ihr müsst euch unbedingt das Meisterwerk von einem Foto ansehen, das ich von Takumi geschossen habe!
Ist er nicht hinreißend? ♥
Takumi? Du meinst den Jungen von der Fuß-ball-AG?
Öhm. Wo is er der genau
Na hier, wo sonst?!
TIPP TIPP
Brauchst du eine Brille?!
Kannst du ihn sehen, Stitch?
KEINE AH-NUNG ...
BIEP BIEP
BLÖP
WAH!
Was ist los?!
Hast du etwa ...?!

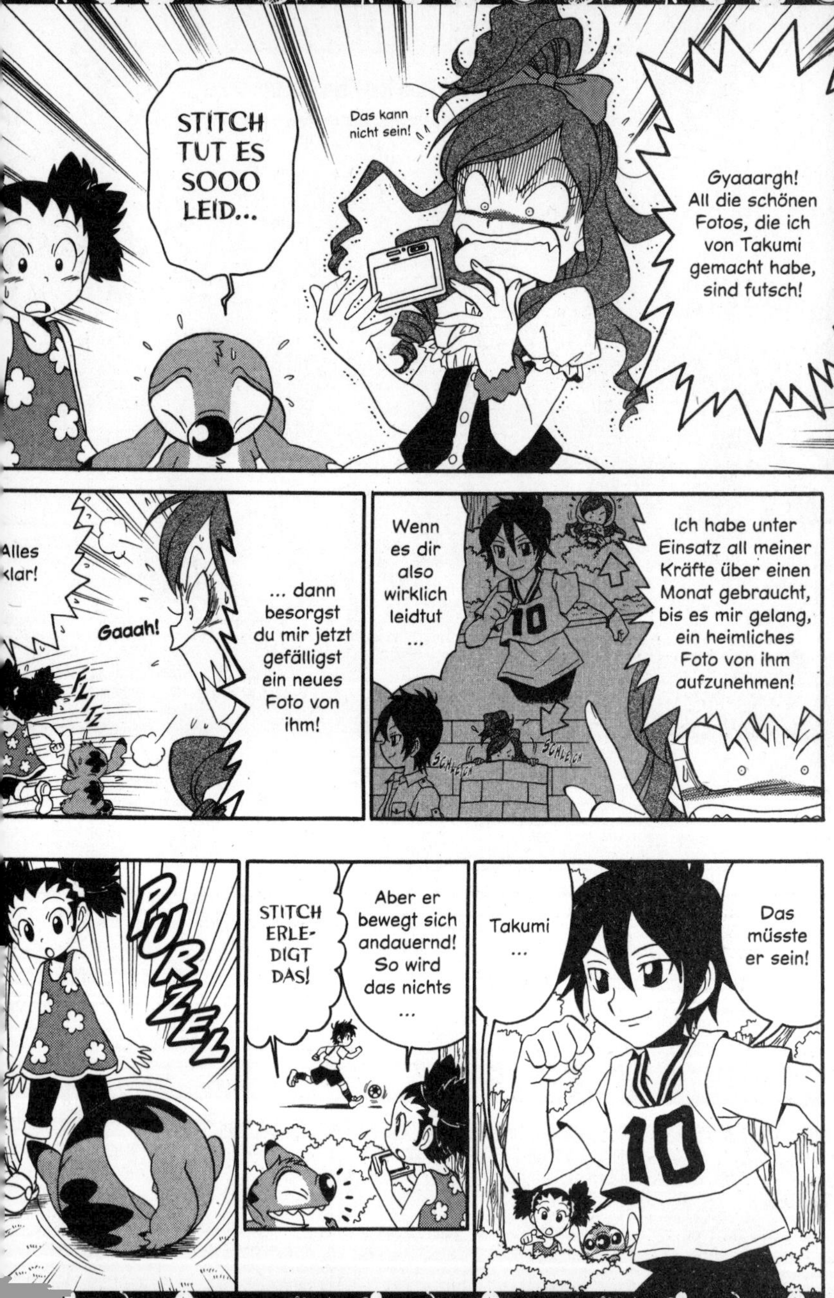
Gyaaargh! All die schönen Fotos, die ich von Takumi gemacht habe, sind futsch!
Das kann nicht sein!
STITCH TUT ES SOOO LEID...
Ich habe unter Einsatz all meiner Kräfte über einen Monat gebraucht, bis es mir gelang, ein heimliches Foto von ihm aufzunehmen!
SCHLEICH
SCHLEICH
Wenn es dir also wirklich leidtut ...
... dann besorgst du mir jetzt gefälligst ein neues Foto von ihm!
Gaaah!
Alles klar!
FLITZ
Das müsste er sein!
Takumi ...
Aber er bewegt sich andauernd! So wird das nichts ...
STITCH ERLEDIGT DAS!
PURZEL

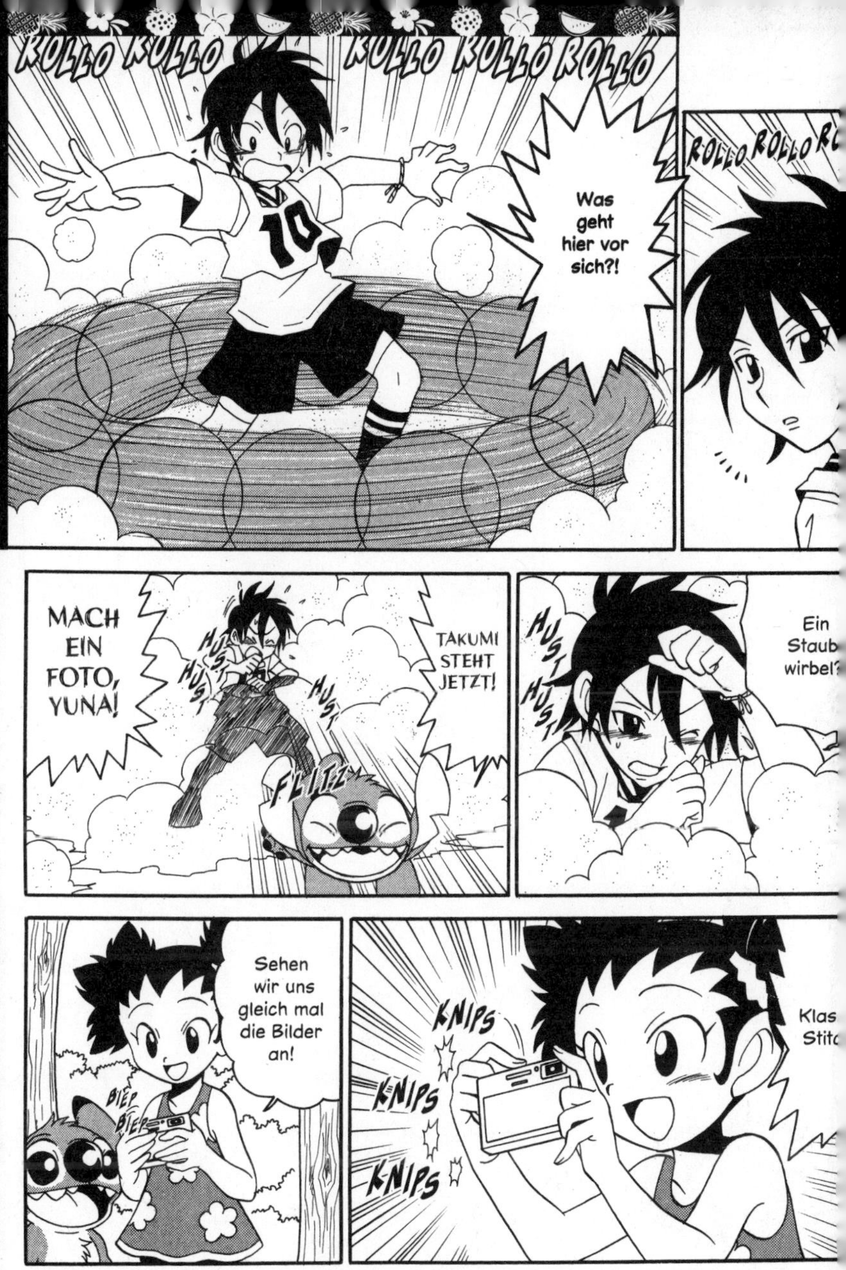
ROLLO ROLLO
ROLLO ROLLO ROLLO
Was geht hier vor sich?!
ROLLO ROLLO RO
MACH EIN FOTO, YUNA!
HUST HUST
HUST
TAKUMI STEHT JETZT!
FLITZ
HUST HUST
Ein Staub wirbel?
Sehen wir uns gleich mal die Bilder an!
BIEP BIEP
KNIPS
KNIPS
KNIPS
Klas Stitc

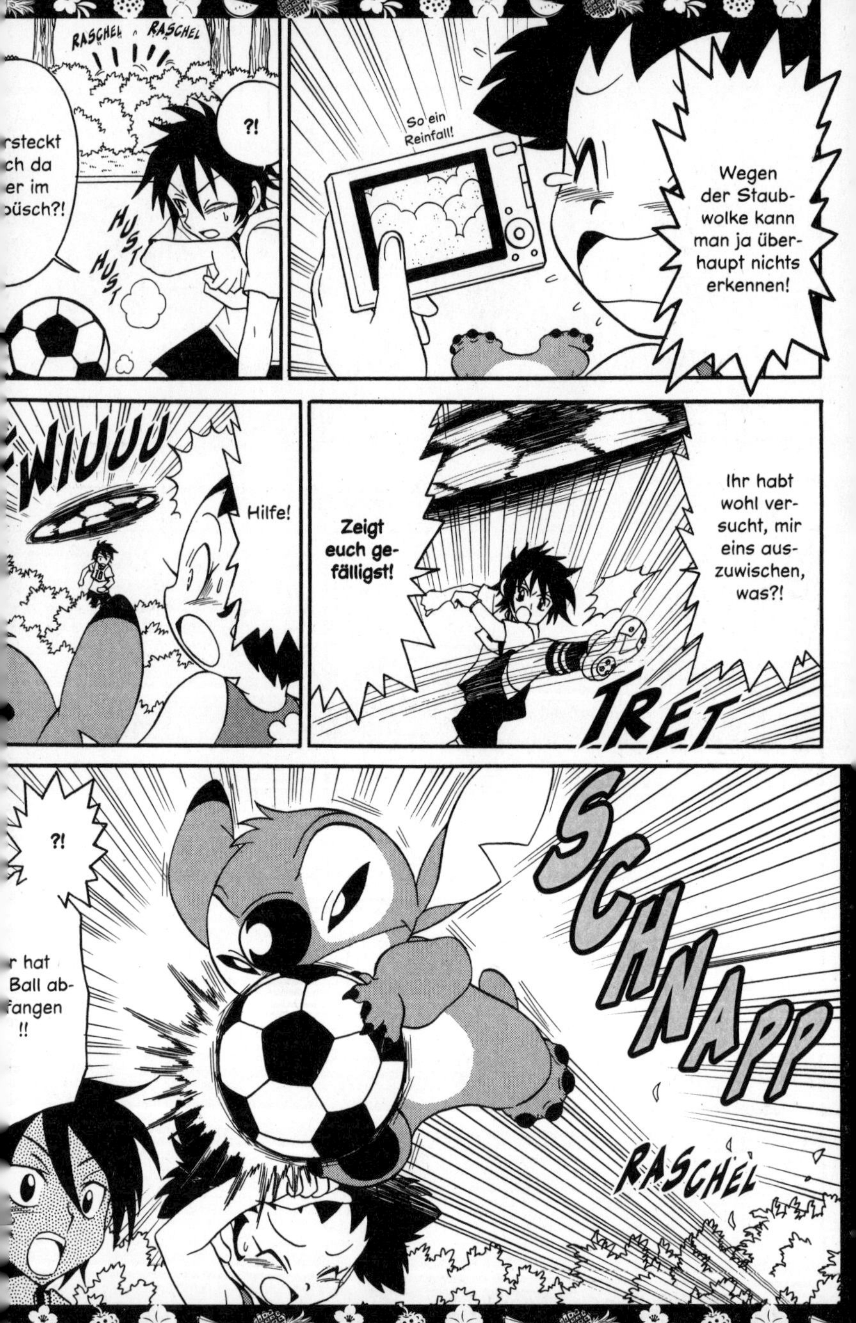

Wegen der Staubwolke kann man ja überhaupt nichts erkennen!
So ein Reinfall!
RASCHEL RASCHEL
?!
rsteckt ch da er im büsch?!
HUST HUST
Ihr habt wohl versucht, mir eins auszuwischen, was?!
Zeigt euch gefälligst!
TRET
Hilfe!
WIUUU
SCHNAPP
RASCHEL
?!
r hat Ball abfangen !!

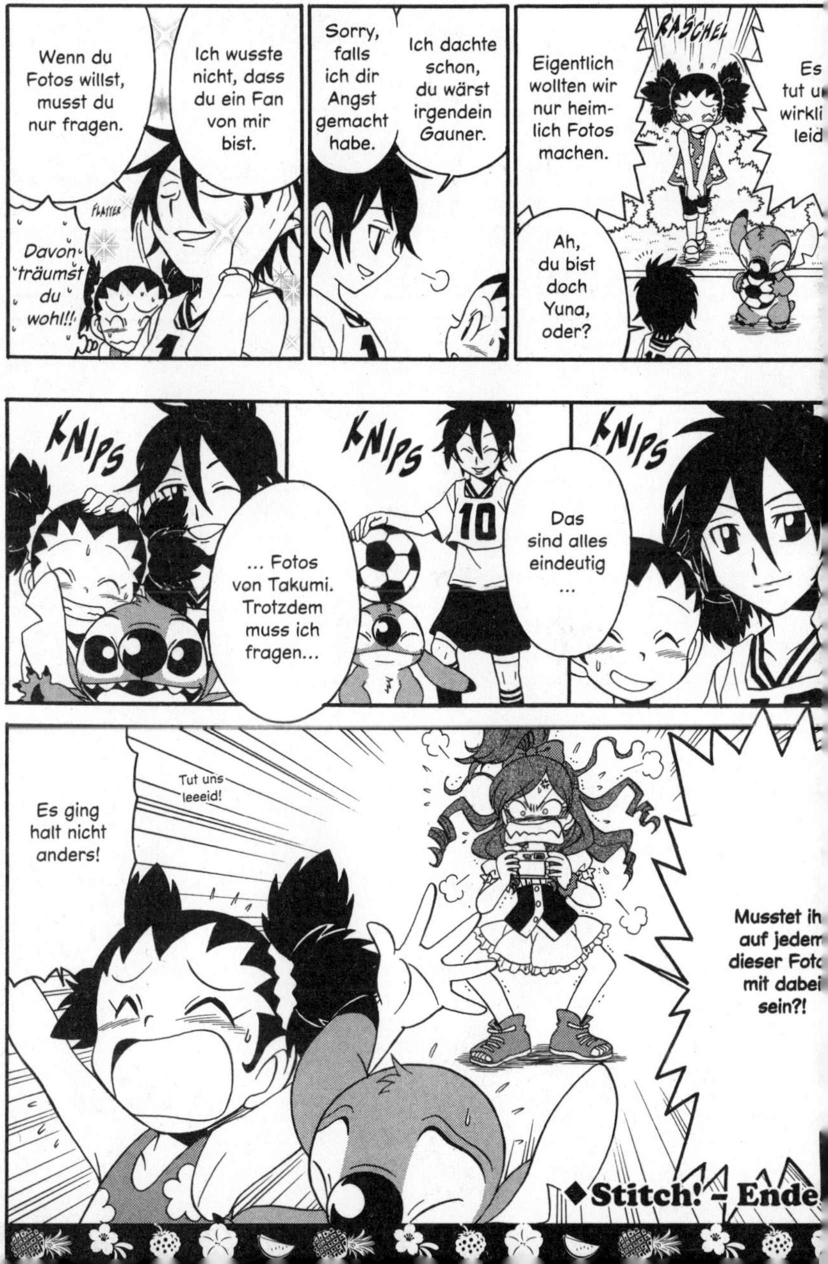
RASCHEL
Es tut u wirkli leid
Eigentlich wollten wir nur heimlich Fotos machen.
Ah, du bist doch Yuna, oder?
Ich dachte schon, du wärst irgendein Gauner.
Sorry, falls ich dir Angst gemacht habe.
Ich wusste nicht, dass du ein Fan von mir bist.
Wenn du Fotos willst, musst du nur fragen.
FLATTER
Davon träumst du wohl!!!
KNIPS
Das sind alles eindeutig ...
KNIPS
... Fotos von Takumi. Trotzdem muss ich fragen...
KNIPS
Musstet ih auf jedem dieser Foto mit dabei sein?!
Es ging halt nicht anders!
Tut uns leeeid!
◆Stitch! – Ende

Ein Quiz rund um Stitch! Was hast du alles gewusst?

Frage 1:
Unter welcher Experimentnummer ist Stitch bekannt?

626

Frage 2:
Wie lautet der Name von Stitchs Herzensdame?

Angel

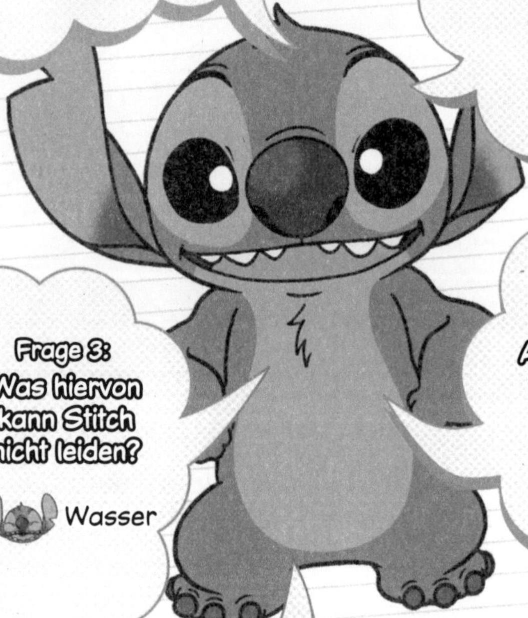

Frage 3:
Was hiervon kann Stitch nicht leiden?

Wasser

Frage 4:
Als was arbeitet Zuruko?

Lehrerin

Wer ist Reikas Schwarm?

Takumi

Disney
Stitch!

Weitere Abenteuer von STITCH! gefällig?

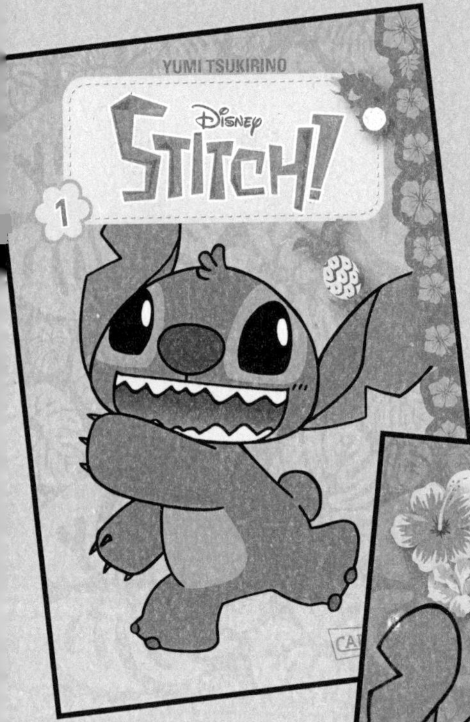

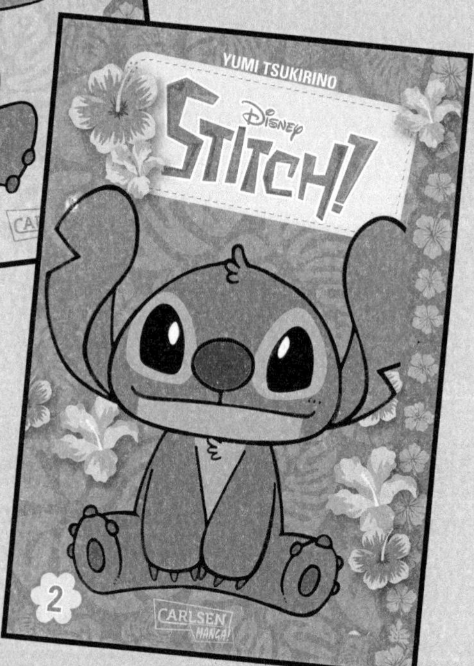

Carlsen Manga! News – jeden Monat neu per E-Mail!
www.carlsenmanga.de | www.carlsen.de

Aus dem Englischen von Tony Toshimitsu Tran

Redaktion: Anne Berling
Produktionsmanagement: Wiebke Düsedau

ISBN: 978-3-551-80275-0

Mit Fragen zur Produktsicherheit wenden Sie sich bitte an: carlsen.de/kontakt.

PRODUZIERT MIT VERANTWORTUNG

MIX
Papier | Fördert gute Waldnutzung
FSC® C083411
www.fsc.org

HALT!

Dies ist die letzte Seite des Buches!

Disney Stitch! ist ein Buch im japanischen Stil und in Japan liest man von »hinten« nach »vorn« und von rechts oben nach links unten, also einfach anders herum als du es gewohnt bist. Du wirst dich ganz schnell daran gewöhnen.

Wie's funktioniert, siehst du an dem Bild, das wir für dich abgebildet haben. Schlage das Buch also auf der anderen Seite auf und dann kann der Spaß losgehen!

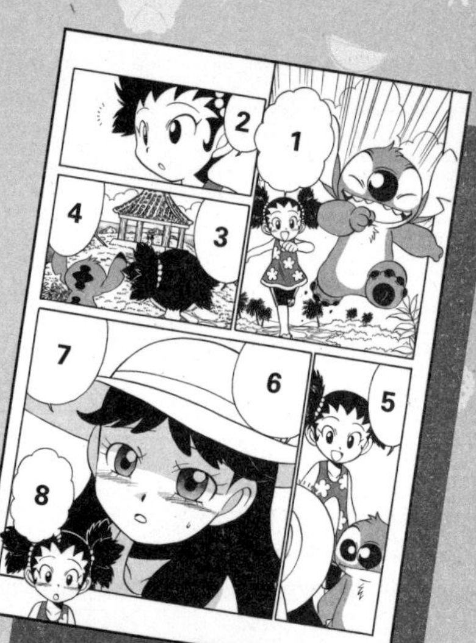